本书编委会

柬埔寨贸易投资法律风险防范指南

中国国际贸易促进委员会云南省分会
北京市中伦文德（昆明）律师事务所
云　　南　　财　　经　　大　　学
编写

法律出版社
LAW PRESS·CHINA
北京

图书在版编目(CIP)数据

柬埔寨贸易投资法律风险防范指南 / 中国国际贸易促进委员会云南省分会，北京市中伦文德(昆明)律师事务所，云南财经大学编写. -- 北京：法律出版社，2023
(南亚东南亚国家贸易投资法律风险防范指南丛书)
ISBN 978 -7 -5197 -8572 -7

Ⅰ. ①柬… Ⅱ. ①中… ②北… ③云… Ⅲ. ①国际贸易－国际投资－金融法－柬埔寨－指南 Ⅳ. ①D933.352.8 -62

中国国家版本馆 CIP 数据核字(2023)第 227286 号

柬埔寨贸易投资法律风险防范指南
JIANPUZHAI MAOYI TOUZI FALÜ FENGXIAN FANGFAN ZHINAN

中国国际贸易促进委员会云南省分会
北京市中伦文德(昆明)律师事务所 编写
云 南 财 经 大 学

策划编辑 黄倩倩
责任编辑 黄倩倩
装帧设计 臧晓飞

出版发行 法律出版社
编辑统筹 学术·对外出版分社
责任校对 王晓萍 王语童
责任印制 陶 松
经 销 新华书店

开本 787 毫米×1092 毫米 1/16
印张 18.5 **字数** 341 千
版本 2023 年 12 月第 1 版
印次 2023 年 12 月第 1 次印刷
印刷 三河市龙大印装有限公司

地址:北京市丰台区莲花池西里 7 号(100073)
网址:www.lawpress.com.cn
投稿邮箱:info@lawpress.com.cn
举报盗版邮箱:jbwq@lawpress.com.cn

销售电话:010 - 83938349
客服电话:010 - 83938350
咨询电话:010 - 63939796

书号:ISBN 978 -7 -5197 -8572 -7
定价:78.00 元

凡购买本社图书,如有印装错误,我社负责退换。电话:010 - 83938349

序言一

中国国际贸易促进委员会云南省分会党组书记、会长　刘琪琳

近年来，中国国际贸易促进委员会云南省分会（以下简称云南省贸促会）深入学习贯彻习近平新时代中国特色社会主义思想和党的二十大精神，充分发挥连接政企、衔接内外、对接供需的独特优势，聚焦贸易投资促进、商事法律服务、参与全球经济治理和应用型智库建设四项主责主业，积极开展提高国际双向投资水平、构建高标准自由贸易网络、完善国际商事法律公共服务体系等工作，持续致力于打造国际化、专业化、枢纽型、平台型、服务型特色更加突出的贸促工作新格局。

为主动融入和服务国家发展战略，加快推进面向南亚东南亚辐射中心建设，促进与南亚东南亚国家贸易投资交流合作，引导企业依法合规、有序开拓南亚东南亚市场，有效防范化解法律风险和矛盾纠纷，云南省贸促会联合有关研究机构、高等院校、律师事务所共同编撰“南亚东南亚国家贸易投资法律风险防范指南系列丛书”。该丛书分国别编撰，定位为实用型工具书，以“看得懂、能借鉴、优服务、助发展”为编撰目的，既对工作所涉国的基本国情、发展态势作简要介绍，同时也对贸易投资法律环境进行分析，并对可能存在的法律风险及防范措施提出建议。

中柬传统友谊源远流长。近年来，中柬经贸合作不断取得新进展。2022 年 1 月 1 日，《区域全面经济伙伴关系协定》（Regional Comprehensive

Economic Partnership，RCEP）和《中华人民共和国政府和柬埔寨王国政府自由贸易协定》同时生效，推动中柬双边贸易迈上新台阶，中柬全面战略合作伙伴关系不断深化，两国经贸关系保持良好的发展势头，工商界合作成果丰硕，双边贸易投资再创新高，中国已连续多年是柬埔寨第一大贸易伙伴和最大的外资来源国。为推动中柬全面战略合作取得更多务实成果，进一步促进中柬贸易投资交流合作，云南省贸促会和北京市中伦文德（昆明）律师事务所联合有关专家、学者编写了《柬埔寨贸易投资法律风险防范指南》。在编写的过程中，编写组得到了社会各界的关心、帮助和支持，在此致以诚挚的感谢。同时，囿于专业水平和工作视野的局限，在编撰过程中还存在不少差距和不足，请各界朋友及时给予批评指导。

衷心期待本书的出版能对致力于推动中柬经贸交流合作的各界朋友有所裨益。

2023 年 7 月

序言二

北京市中伦文德（昆明）律师事务所主任 严 锦

柬埔寨王国（以下简称柬埔寨），古称高棉，坐落于中南半岛，是古代海上丝绸之路的重要国家。柬埔寨是中国在东南亚最重要的战略合作伙伴之一。柬埔寨与中国在经济文化方面的交流具有悠久的历史。三国时期，扶南王朝曾派遣使臣与吴国建交。历经南北朝、唐朝、明朝各时期，中柬两国的交流日益频繁。9 世纪，柬埔寨历史上最鼎盛的吴哥王朝曾称雄东南亚 600 余年。至今，吴哥的微笑仍诉说着昔日吴哥的辉煌。吴哥王朝是佛教从印度传入柬埔寨后一个重要的发展时期，与吴哥王朝同时期的中国大唐王朝年间，中柬两国均正值大乘佛法鼎盛时期，由此可以窥探柬埔寨悠久强大的历史文化底蕴，是支撑柬埔寨人民历经多次战火乃至被殖民长达百年仍能涅槃重生的根本原因。中印文化与柬埔寨自身文明的融合，对柬埔寨历史发展和文明积累有着深刻的影响。深入了解柬埔寨历史文化背景，对于律师行业有效开展国际业务有重要意义。

自 1993 年正式确立君主立宪制以来，柬埔寨国家法制建设进入稳定发展期，并逐步走向市场经济。自 2015 年中国提出“一带一路”倡议以来，中国加大了对柬埔寨的跨境投资，促使柬埔寨在基础设施建设、商业贸易、旅游业等领域得到快速发展。以柬埔寨西港特区作为“一带一路”倡议的标志性成果，中柬两国的合作造福了柬埔寨人民。

云南作为古代南方丝绸之路的要道，是中国唯一可以同时从陆上连接南亚、东南亚的省份。东盟是云南律师最主要的国际业务市场，强化涉外法律服务队伍建设，培养通晓国际贸易规则、具有国际视野的高素质涉外律师成为当务之急。

早在2006年，中伦文德律师事务所就成立了中国第一家位于伦敦的分所，2010年又成立了中国第一家位于中东利雅得的分所，2021年设立纽约分所。多年来，中伦文德培养了一批拥有精湛国际业务服务能力的律师。近年来，包括中伦文德在内的部分优秀中资律师事务所，在欧美市场甚至可以比肩本地第一梯队的律师事务所，充分展现了中国律师在国际社会中出色的专业能力和文化素养。

我们始终坚信，在新时代中国发展的壮阔征程上，云南律师将在征战东盟国际业务的舞台上创造奇迹。是为序！

2023年7月

缩略语对照表

全　称	简　称
中国国际贸易促进委员会云南省分会	云南省贸促会
《区域全面经济伙伴关系协定》（Regional Comprehensive Economic Partnership）	RCEP
柬埔寨王国	柬埔寨
《中华人民共和国和柬埔寨王国关于构建新时代中柬命运共同体的联合声明》	《联合声明》
国内生产总值（Gross Domestic Product）	GDP
普惠制（Generalized System of Preferences）	GSP
世界贸易组织（World Trade Organization）	WTO
《柬埔寨王国投资法》（Law on Investment）	《投资法》
《柬埔寨王国商业企业法》（Law on Commercial Enterprise）	《商业企业法》
柬埔寨发展理事会（Council for the Development of Cambodia）	CDC
《中华人民共和国政府和柬埔寨王国政府自由贸易协定》	《中柬自贸协定》
合格投资项目（Qualified Investment Project）	QIP
《柬埔寨王国投资法修正法》	《修正法》
《柬埔寨王国投资法修正法实施细则》	《修正法实施细则》

续表

全　称	简　称
(出自柬埔寨官方《〈投资法〉特别简报》) 扩展合格投资项目 (Extended Qualified Investment Project)	EQIP
担保投资项目 (Guaranted Investment Project)	GIP
省市投资委员会 (Provincial-Municipal Investment Sub-Committee)	PMIS
合规证书 (Certificate of Compliance)	CoC
有条件注册的证书 (Conditional Registration Certificate)	CRC
最终注册证书 (Final Registration Certificate)	FRC
建造—拥有—转让 (build-operate-transfer)	BOT
建造—拥有—经营—转让 (build-own-operate-transfer)	BOOT
建造—拥有—经营 (build-own-operate)	BOO
建造—租赁—转让 (build-lease-transfer)	BLT
《柬埔寨王国土地法》	《土地法》
商务部 (Ministry of Commerce)	MOC
税务总局 (General Department of Taxation)	GDT
柬埔寨国家银行 (National Bank of Cambodia)	NBC
改性活生物体 (living modified organism)	LMO
《柬埔寨土地利用规划、城市化与建设法》	《土地规划与建设法》
《柬埔寨王国民法典》	《民法典》
西哈努克港经济特区	西港特区
《柬埔寨王国竞争法》	《竞争法》
《柬埔寨王国劳动法》	《劳动法》
《柬埔寨王国税法》	《税法》
多边投资担保机构 (Multilateral Investment Guarantee Agency)	MIGA
国际劳工组织 (International Labour Organization)	ILO
海关数据自动化系统 (Automated SYstem for CUstoms DAta)	ASYCUDA
柬埔寨海关与消费税总署 (General Department of Customs and Excise)	GDCE

续表

全　　称	简　　称
单一管理文件（Single Administrative Document）	SAD
财产清关后审计（Property Clearance Assessment）	PCA
东盟统一关税（Asean Harmonised Tariff Nomenclature）	AHTN
柬埔寨国家商事仲裁中心（National Commercial Arbitration Centre）	NCAC
世界知识产权组织（World Intellectual Property Organization）	WIPO
《伯尔尼保护文学和艺术作品公约》	《伯尔尼公约》
《柬埔寨王国著作权和相关权利法》	《柬埔寨著作权法》
《中华人民共和国著作权法》	《中国著作权法》
专利合作条约（Patent Cooperation Treaty）	PCT
《中华人民共和国专利法》	《中国专利法》
《柬埔寨王国商标、商号和不正当竞争行为法》	《柬埔寨商标法》
《保护工业产权巴黎公约》	《巴黎公约》
《马德里国际商标注册马德里议定书》	《马德里协定》

目 录

第四编　柬埔寨知识产权法律制度风险解读

图表目录

一、图

二、表

引　言

中柬两国有着悠久的传统友谊。

1958年7月19日两国正式建交，至今建交已达65年。长期以来，中国几代领导人与柬埔寨王国（以下简称柬埔寨）太皇西哈努克建立了深厚的友谊，为两国关系的长期稳定发展奠定了坚实的基础。1955年4月，时任总理周恩来与时任柬埔寨政府首脑西哈努克在万隆亚非会议上结识。20世纪50～60年代，时任总理周恩来、时任主席刘少奇曾多次率团访柬。西哈努克曾六次访华。20世纪70～80年代，西哈努克领导柬埔寨人民反抗外来侵略、维护国家独立和主权的斗争，得到中国政府和人民的大力支持。2010年12月，两国建立全面战略合作伙伴关系。2019年4月，两国签署《构建中柬命运共同体行动计划》，双边关系进入新的发展阶段。

2020年11月，习近平主席会见西哈莫尼国王和莫尼列太后，并为莫尼列太后颁授中华人民共和国"友谊勋章"。2022年2月，西哈莫尼国王来华出席北京冬奥会开幕式。2023年2月9日至11日，柬埔寨首相洪森应邀对中华人民共和国进行正式访问，两国发布《中华人民共和国和柬埔寨王国关于构建新时代中柬命运共同体的联合声明》（以下简称《联合声明》），同意从政治、产能、农业、能源、安全和人文六大领域入手，打造中柬"钻石六边"合作架构，其中涉及两国贸易和投资合作的内容主要如下。（1）双方同意发挥好两国政府间协调委员会作用，尽快商签新的构建中柬命运共同体行动计划，统筹推进各领域务实合作。（2）双方同意深化中国"一带一路"倡议同柬埔寨"四角战略"对接合作，共同保障合作项目及企业人员安全，发挥好中柬产能与投资合作机制作用，着眼柬建成西哈努克省多功能经济示范区愿景，探讨打造"工业发展走廊"。依托西哈努克港经济特区和金边—西港高速公路等项目，吸引更多有实力的中国企业加大对柬投资，探讨推进配套交通设施、电力光缆、仓储物流等合作，优化中柬产能合作布局。中方支持柬开展铁路规划、设计、可行性研究等前期工作并推动项目建设，支持柬铁路沿线民生建设。双方期待早日实现柬境内铁路同中老泰铁路对接。双方同意落实好《关于中柬发展合作规划（2023—2025）的谅解备忘录》，推进公路、水库、污水处理、海底光缆等基础设施建设，实施好柬埔寨乡村道路、供水、学校、医疗等项目，支持柬方改善民生。柬方感谢中方为柬埔寨实施相关经济和技术与人力资源发展项目提供多种形式的金融支持。(3) 双方同意探讨打造以柬埔寨西北部和洞里萨湖区为中心的“鱼米走廊”，发展临湖现代化生态农业。加快推进柬埔寨现代农业发展规划编制工作，探讨开展数字农业合作，支持柬埔寨水产养殖、热带种植等优势产业提质升级。加强海关检验检疫合作，积极推动柬埔寨优质农产品输华准入，持续推进“单一窗口”互联互通，促进双边贸易发展。(4) 双方同意加大水电、光伏等清洁能源合作，探讨绿色环保、稳定可靠的能源合作方案等。

《联合声明》为中柬关系未来发展指明了方向。双方高度评价中柬牢不可破的“铁杆”友谊。中柬建交 65 年来，由两国老一辈领导人精心培育的中柬传统友谊历久弥坚，成为新型国际关系的典范。面对当今世界之变、时代之变、历史之变，中柬关系的战略意义更加凸显。无论国际风云如何变幻，中柬双方将坚定不移地深化亲密无间的“铁杆”友谊，坚定不移地开展互利共赢的务实合作，坚定不移地推动构建人类命运共同体。双方宣布启动“中柬友好年”系列庆祝活动，将以 2023 年中柬建交 65 周年和“中柬友好年”为契机，构建高质量、高水平、高标准的新时代中柬命运共同体，让中柬“铁杆”友谊这一两国人民共同的宝贵财富代代相传。

总之，随着《联合声明》的落地，中柬双方将对中国“一带一路”倡议的柬埔寨“四角战略”对接合作深化，柬埔寨将建成西哈努克省多功能经济示范区，探讨打造“工业发展走廊”。根据我国深圳城市规划设计研究院的专家介绍，柬埔寨已经委托我国利用深圳的总体规划，研究分析西哈努克的建设模式，并根据柬埔寨政府 2015 ~ 2025 年发展政策，因地制宜，将西哈努克打造成柬埔寨版的深圳，以吸引投资。同时，随着《区域全面经济伙伴关系协定》（Regional Comprehensive Economic Partnership，RCEP）的正式生效，柬埔寨成为区域内受惠最明显的国家之一，中柬双方的投资和贸易也将迎来新的机遇。

第一编

柬埔寨简介

第一章　柬埔寨基本国情

第一节　政 治 概 况

一、国体与政体

1993 年起，柬埔寨恢复君主立宪制度，君主立宪制为宪法规定的国体，实行多党自由民主制和自由市场经济，立法、司法和行政权分立。

国王是终身制国家元首、武装力量最高统帅、国家统一和永存的象征。国王有权宣布大赦，根据首相建议并征得国会主席同意后，可以解散国会。国王缺位时，由参议院主席代理国家元首职务。王位不能世袭。国王去世、退休或退位后，由首相、佛教两派僧王、参议院和国会正副主席共 9 人组成的王位委员会在 7 日内从安东、诺罗敦和西索瓦三支王族后裔中遴选产生新国王。

柬埔寨实行国会与参议院两院制。

柬埔寨国民议会又称国会，下设 10 个专门委员会，是人民的最高代表机关，也是最高权力机关。《柬埔寨王国宪法》规定国会议员的议席不得少于 120 个，议员通过全国大选选举产生，由全体公民在平等、自由的基础上进行直接、不记名投票。每届国会任期 5 年，国会议员可连选连任。宪法赋予国会的职权主要有立法权、议会自治权、财政控制权和监督权。宪法规定的国会主要职能包括：批准国家预算、国家规划、国家借款、国家对外贷款、金融类协定，以及制定、修改或废除赋税；批准政府预算；批准大赦；批准废除国际条约或国际协定；批准宣布战争法案。首届国会成立于 1993 年。第六届国会成立于 2018 年 9 月，由 125 名议员组成，人民党包揽全部议席。韩桑林任国会主席，钱业任第一副主席，昆索达丽任第二副主席。

柬埔寨参议院为国家立法权力机构，下设 9 个委员会，共有 61 个席位。参议院每届任期 6 年。参议院的议员一部分由任命产生（2 名由国王任命），一部分由选举产生（2

名由国会按多数原则选举产生，其余议员由内部投票选举产生），参议院议员可被重复任命和选举。宪法赋予参议院的职权主要有立法权和议会自治权。参议院的主要职能有：审议国会通过的即将付诸实施的宪法和法律并提出意见；负责协调国会与王国政府的关系；在国王因故不能视事或不在国内时，由参议院主席任代理国家元首职务。首届参议院成立于1999年3月。本届参议院成立于2018年2月，由62名参议员组成，其中，人民党58人，2人由国王直接任命，2人由国会委任。赛冲连任参议院主席，人民党成员辛卡和迪翁分别任第一和第二副主席。

内阁为柬埔寨政府，为国家最高权力机关的执行机关和国家最高行政机构。柬埔寨现政府为第七届政府，成立于2023年8月，洪玛奈任首相。共10位副首相、21位国务大臣，28个部和2个国务秘书处。《柬埔寨王国宪法》规定，在国会主席和两位副主席意见统一的前提下，由国会主席提议，国王从赢得大选的党派中任命1名该党派代表负责组建政府。该代表在国会中选择本党或者其他党派代表，形成内阁名单，并提请国会审议新内阁信任案。在国会审议通过信任案后，国王再通过圣谕任命全体新内阁成员。内阁对国会实行集体负责制，必须要取得国会的信任才可以正式行使职权。如果国会提出弹劾或者不信任案，会致使内阁倒阁。不过，在产生新内阁之前，原来的内阁可以接受国王或者国家元首的委托继续处理国家日常事务。内阁成员不得从事政府职能以外的其他商业活动。

最高司法委员会为柬埔寨的主要司法机构。最高司法委员会是依据宪法和相关法律组建的，由国王、最高法院院长、总检察长、上诉法院院长和检察长、金边法院院长和检察长以及两位法官等人组成，直接对国王负责。其职责主要为监督、检查各级法院法官、检察官以及其他司法人员的工作。此外，还有遴选、任免法官的建议权。柬埔寨无独立的检察院，只在各级法院设置了检察官行使相关职能，柬埔寨的法院分为初级法院、上诉法院和最高法院三级，各级法院独立行使审判权时不受任何行政机构的干涉，仅检察官与最高司法委员会对法官的审判活动有监督权。若法官或其他司法人员存在严重违法行为，最高司法委员会有权作出罢免其职务的决定。

二、政党

柬埔寨为多党制国家，政党政治活跃，目前共有59个政党，其中合法注册的有42个。《柬埔寨王国政党法》规定："柬埔寨18岁以上公民至少80人、拥有柬埔寨王国常住地，有权新建政党""柬埔寨公民年满18岁，有权加入政党"。1993年柬埔寨大选时共有40多个政党参选，2018年大选时有20个政党参选。

三、宪法概述

柬埔寨现行宪法1993年9月21日在金边由柬埔寨制宪议会审议通过，并于1993年9月24日由诺罗敦·西哈努克国王签署生效，截至2015年年底，柬埔寨宪法共经过八次修订。

第一次修订为1994年7月14日，首届国会非常大会通过宪法第28条的修正案，旨在向代理国家元首赋予权力，即当国王不在国内时，经国王书面委托可以代为签署圣谕。

第二次修订于1999年3月4日，第二届国会非常大会通过宪法第11条、第12条、第13条等14条规定的修正案，旨在组建参议院，《柬埔寨王国宪法》由原来的14章149条增至16章158条。

第三次修订于2001年7月2日，第二届国会第六次会议通过宪法第19条、第29条的修正案，旨在明确由“国王设立、颁发勋章”，同时修订第19条中的技术错误，将原第100条修改为第119条。

第四次修订于2004年7月8日，第三届国会第一次会议通过《关于确保国家机关正常运转的补充法案》。该法案旨在确保国家机关在任何情况下都能够遵循多党自由民主的基本准则，满足各类需要，维持正常而良好的运转。

第五次修订于2005年5月18日，第三届国会第二次会议通过宪法第88条、第11条的修正案，旨在修订国会会议的表决人数。

第六次修订于2006年3月2日，第三届国会第四次会议通过宪法第82条、第88条、第90条等7条规定的修正案以及《关于确保国家机关正常运转的补充法案》第6条的修正案。法案的修订和补充旨在完善有关国会成员票决人数的条款，即从2/3多数决定有效性修改为绝对多数决定有效性。

第七次修改于2008年1月15日，第三届国会第七次会议通过宪法第145条、第146条的修正案，明确柬埔寨行政区划分为首都、省、市、县、区、乡、分区。

第八次修订于2014年10月1日，第四届国会通过《关于确保国家机关正常运转的补充法案》第76条的修正案和宪法第15章至第16章各条款的修正案，旨在明确经宪法授权的选举组织机构。

依据《柬埔寨王国宪法》第58条之规定，土地、地下资源、山岭、海洋、海床、海床下资源、海岸、大气、岛屿、河流、溪流、湖泊、森林、自然资源、经济文化中心、国防基础及其他建筑设施等资源、财产属于国家。同时，依据《柬埔寨王国宪法》第59条之规定，土地、水、大气、风、地质资源、环境、矿产、油气资源，以及沙石、宝石、森林和森林副产品、野生动物、鱼类和水产品均受国家管理。①

柬埔寨国旗、国徽见图 1－1，图 1－2。

图 1－1　柬埔寨国旗

图 1－2　柬埔寨国徽

第二节　经 济 概 况

一、能源资源

（一）主要能源及分布

1. 水能资源

柬埔寨水资源丰富，主要河流有湄公河、洞里萨河等，还有东南亚最大的湖泊洞里萨湖，水电和水利开发潜力巨大。水电储藏量约 10,000 兆瓦，50% 储藏在主要河流，40% 储藏在支流，10% 储藏在沿海地区。

据湄公河委员会的初步勘测和估算，湄公河及其支流的水力资源占湄公河中下游总量的 33%。湄公河在柬埔寨境内长约 500 公里，水流湍急，落差甚大，是澜沧江、湄公河各河段中流量最大的，洪水期最高流量达 6 万立方米/秒。此外，湄公河的主要支流也蕴藏着丰富的水能资源。例如，湄公河集纳了罗芬高原和昆嵩高原的许多条支流，总集水面积为 1.75 万平方公里，落差达 1100 米，水量大且有不少瀑布、峡谷和隘口；桑河的集水面积为 1.47 万平方公里，其上游河床镶嵌在层层叠叠的高原上，有较大的落差，可以利用的潜在水能很多。

① 参见《柬埔寨王国宪法》，顾佳赟译，载《亚非研究》2018 年第 1 期。

2. 石油与天然气

柬埔寨部分地区富含煤矿，但蕴藏量不多，工业开采价值不高，煤炭主要依赖进口，石油和天然气资源蕴藏量丰富，但由于勘探起步较晚，其石油产品全部靠从国外输入。据初步勘探，柬埔寨石油储量近20亿桶。

3. 太阳能与生物质能

柬埔寨太阳能资源丰富，约13.45万平方千米的土地适宜发展太阳能，平均日太阳辐射量为5千瓦时/平方米/天，可利用太阳能发电潜力在800万千瓦时以上，但目前柬埔寨太阳能产业发展缓慢，仅有两个太阳能试点专案，且仅占太阳能发电潜能的很小一部分。柬埔寨生物质资源也较为丰富，主要包括稻壳、甘蔗渣等农业剩余物、林业生产剩余物和畜禽粪便等。目前，柬埔寨几乎没有成规模的生物质能发电产业，柬埔寨政府正在积极寻求国外的资金和先进技术发展本国的生物质能。

柬埔寨能源与矿业部表示，柬埔寨直到2030年都没有开发主流水电站的计划。未来，柬埔寨需要发展煤炭、液化天然气、太阳能以及从邻国进口能源来满足本国的电力需求。随着柬埔寨当地能源发展重心的转移，新能源需求量大幅上升，未来几年太阳能光伏发电占比将从2018年的1%提升至20%。

根据柬埔寨电力发展规划，柬埔寨未来经济仍会保持高速的增长率，到2025年和2030年全社会用电量将分别达到150亿千瓦时和239亿千瓦时，全社会最大用电负荷将分别达到267.8万千瓦和427.9万千瓦。此外，湄公河流域将建成装机容量350万千瓦的水电，由于其开发难度较大，可能会在2030年后投产，届时将完全满足柬埔寨的用电需求，使柬埔寨不需要从周边国家进口电力，甚至还可以将多余电力出口至越南和泰国。

（二）主要资源及分布

1. 矿产

柬埔寨自然资源相当丰富，已探明储量的矿藏有20余种，主要的金属矿产有铁、金、银、钨、锌、锰和铅等，非金属矿产有磷酸盐、石灰石、大理石、白云石、石英砂、黏土煤、宝石等。

2. 植物

森林覆盖率为61.4%，主要分布在东、北和西部山区。木材储量约11亿立方米。柬埔寨大部分地区气候炎热潮湿，土地肥沃，适宜各种热带植物生长，木本、藤本和草本植物品种多达上千种。经20世60年代考察发现，柬埔寨的树种有200多种，其中以柚木铁树、紫檀、黑檀、观丹木最为名贵。野生药用植物资源相丰富，主要包括豆蔻、胖大海、马钱子、沉香、桂皮、藤黄、樟脑等。此外，还有种类繁多的水果资源，如香蕉、柑橘、椰子、菠萝、红毛丹、榴莲、木菠萝、番木瓜等。

柬埔寨林业资源十分丰富。20 世纪 90 年代，柬埔寨森林面积约 890 万公顷，木材种类 200 余种，总积蓄量约为 11.36 亿立方米，主要分布在东部、北部和西部山区。柬埔寨盛产珍贵的热带林木和竹类，还出产多种药材。由于战乱和乱砍滥伐，柬埔寨森林资源破坏严重，森林覆盖率已降为 35%。

3. 动物

柬埔寨山区分布广，野生动物资源多，主要有兽类、鸟类、蛇类和鱼类等，既有大象、野牛、老虎、黑豹、熊等，还有鹤、苍鹭、松鸡、孔雀等以及很多蛇类，如眼镜蛇、眼镜王蛇、克雷特蛇等。野牛是柬埔寨国家级保护动物，该物种最有可能灭绝，物种数量少于 250 个成熟个体，列入 2019 年版《濒危野生动植物种国际贸易公约附录Ⅰ、附录Ⅱ和附录Ⅲ》（CITES）附录Ⅰ。鱼类品种主要有黑斑鱼、黑鲤鱼、鳗鱼、鲑鱼、红目鱼等。值得一提的是，柬埔寨人自古以来就有驯养大象的传统，大象被用来驮运货物，充当交通工具。

4. 土地

柬埔寨全国可耕地面积为 670 万公顷，其中可灌溉面积 120.6 万公顷，占可耕地面积的 18%。目前，在耕地面积为 380 万公顷，只占可耕地面积的 56.7%，有进一步扩大耕地面积的潜力。主要农产品有稻谷、玉米、薯类、花生、豆类。此外，还有经济作物，如橡胶、胡椒、棉花、烟草、糖棕、甘蔗、咖啡、芝麻等。

5. 渔业

柬埔寨江河湖泊众多，水产资源丰富。洞里萨湖是世界著名的天然淡水渔场，也是东南亚最大的渔场。因为湄公河水内含冲积物质所带来的养分，使湖中滋生大量的鱼虾，无论旱季、雨季都出产甚丰。目前，洞里萨湖是柬埔寨北部的主要“肉食仓库”，湖的周围有 300 万以上人民直接或间接地以渔业为生，发酵及盐渍的鱼是柬埔寨人的主食。每年的 5 ~ 10 月雨季，湖面面积可达 11,132 平方米，水深达 14 米；当旱季来临时，水深只有 1 米。悬殊的变化，使旱季时露出的湖底淤泥，成为农民播种早稻的肥沃良田。雨季时，藏匿无数昆虫及微生物的杂草沉入湖底，成为滋养鱼类的天然饲料。由于生态环境失衡和过度捕捞，水产资源正在减少。

二、基础设施

2004 年以来，柬埔寨政府把对基础设施的建设和改善列为“四角战略”的重要任务之一，加快恢复和重建的步伐。目前，以公路和内河运输为主的交通网络取得很大发展。

（一）公路

公路运输是柬埔寨最主要的运输方式，占客运运输总量的65%，货运运输总量的69%。国道主要是以首都金边为中心的8条公路，沥青路面铺设。近年来，柬埔寨政府一直把交通基础设施建设作为优先发展领域，其中，公路、桥梁是重中之重。由于财力有限，柬埔寨政府在修路标准方面希望“少花钱，多通路”，首先考虑把路修通。在资金方面，各发展伙伴援助和软贷款是主要来源。

柬政府优先推动金边—西哈努克港高速公路项目，由中国援建的柬埔寨首条高速公路，于2019年3月开始建设，横跨5个省份，起点为金边市第三条环城路，终点为西哈努克省斯登豪县，全长190.63公里。“金边—西港”高速公路现已完工，于2022年10月全线通车正式启用。2022年11月9日，时任总理李克强同洪森首相共同出席金边至西哈努克港高速公路通车仪式暨配套民生工程移交仪式，柬埔寨自此迈入“高速公路时代”。金港高速是柬埔寨第一条高速公路，是中柬共建“一带一路”标志性项目，也是“一带一路”倡议同柬“四角战略”对接的成功范例。项目全长187.05公里，双向四车道，建成后两地车程由5小时缩短至2小时以内，不仅改善了柬埔寨现有公路网结构，提升主干道的道路通行能力，推动货物运输降本增效，还促进了多省和区域的经济联系，有效拉动内需，提升投资便利性，预计未来能够带动相关产业超万个就业机会，对柬经济社会可持续性发展具有重大意义。

柬埔寨第2条高速公路——金边—巴域高速公路于2023年动工建设，该高速由中国路桥工程有限责任公司（China Road & Bridge Corporation，CRBC）建设。

（二）铁路

目前，柬埔寨仅有南北两条铁路线，总长655公里，均为单线米轨。北线从金边至西北部城市诗梳风，全长385公里，建于1931年；南线从金边至西哈努克港，全长270公里，建于1960年。

由于持续几十年的战乱破坏，柬埔寨的铁路长期处于荒废状态。柬埔寨政府于2011年开始开展铁路修复工程，其中，南线于2016年恢复通车，北线于2018年恢复通车。2019年4月22日，柬埔寨和泰国签订了跨境铁路运输协议，尽管柬埔寨和泰国的铁路现已完成接轨，但首都金边至波贝的火车目前仍处于停运状态。“中老铁路”的国际示范效应，让柬埔寨升级国内的铁路系统高铁建设变得愈加急切。

（三）空运

柬埔寨空运主要为客运，货运不发达。柬埔寨有金边、暹粒和西哈努克省3个国际机场。由于柬埔寨政府执行航空开放政策，近年来，开通柬埔寨航线的航空公司数量稳步增长，在柬运营的国内外航空公司达 47 家。

2016 年 6 月，柬埔寨国会通过了《中国—东盟航空运输协议》，其中批准了第五航权，旨在吸引更多国际航空公司在柬埔寨机场途中经停，上下旅客和装卸货物，吸引更多游客来柬埔寨旅游。这对柬埔寨民航事业发展具有重要的意义，使柬埔寨同国际和地区更好实现互联互通。

近年来，中国直飞柬埔寨的航班快速增加。截至 2023 年，共有 15 家航空公司开通了中国直飞柬埔寨航班。

（四）水运

柬埔寨水运分为海运与河运。西哈努克港是柬埔寨唯一的深水海港，有 2 个泊位，码头长度分别为 240 米和 160 米，前沿水深 9 米，主要进口商品有原料、车辆、药品和日用品，主要出口商品有服装、农产品，特别是大米。该港海运线路可抵达美国、欧盟、中国、中国香港特别行政区、印度尼西亚、日本、马来西亚、菲律宾、新加坡、韩国、泰国、越南等国家和地区（多通过新加坡中转）。2020 年，金边港和西哈努克港两大港口吞吐量为 1036.57 万吨，同比增长 0.1%。其中，金边港吞吐量为 392.56 万吨，同比增长 3%；西哈努克港吞吐量 644.01 万吨，同比下降 1.6%。

柬埔寨内陆水系主要包括湄公河、洞里萨河和巴萨河，雨季总长度约为 1750 公里，旱季缩减为 580 公里。全国有 7 个主要河运港口，包括金边港、磅湛码头、桔井码头、上丁码头、奈良码头、磅清扬码头和重涅码头。

2013 年 1 月，由中国提供优惠资金支持的金边港新建集装箱码头项目竣工，位于金边以南约 21 公里的湄公河畔，码头长 300 米，宽 22 米，有 2 个 500 吨级货轮泊位，设计年集装箱吞吐量 12 万个标准箱。

（五）电力

据柬埔寨矿产与能源部统计，2020 年，柬埔寨电力供应量达 122.02 亿千瓦时，同比增长 6.3%。在柬埔寨部分城市和大部分农村地区，电力供应质量仍不稳定，无法保证 24 小时供电。柬埔寨供电价格较高，电价为 0.15～0.2 美元/千瓦时。2019 年 12 月 23 日，柬埔寨国会审议通过了 6 项关于确保柬埔寨发电站顺利投资和供应合理价格电力给予全国人民的草案。截至 2021 年年底，柬埔寨全国 97.53% 乡镇已实现电气化。

柬埔寨政府正在制定电力中期规划，通过建设大型火电及天然气厂实现能源供应多元化，减少对石油的依赖性，降低发电成本，计划开发所有具备潜力的水电站。根据柬埔寨电力规划，计划在全国范围内建设三大主电网，以降低供电成本，实现“2020 年将电力覆盖到全国，2030 年使全国 70% 的家庭有电用”的目标。

（六）数字基础设施

1. 电信

柬埔寨的电信市场竞争激烈。前三大移动（蜂窝）网络供应商分别为马来西亚投资（SmartAxiata）、越南投资（Metfone）和柬埔寨本地投资（Cellcard）。柬埔寨电信服务价格实惠，流量和电话套餐费用均低于全球平均水平。柬埔寨流行“移动优先”，民众习惯通过移动设备上网而不是电脑。柬埔寨邮电部报告显示，2019 年，移动电话用户数 2167.6 万，普及率约 140%。截至 2019 年年底，全柬埔寨陆上骨干光纤里程 41,643.6 公里，由 TelecomCambodia（TC）、Viettel（Cambodia）和 CFOCN 3 家公司提供，光纤长度分别为 2291.6 公里、22,000 公里和 17,352 公里；海底光纤 3800 公里，由 TelcoTech（MCT）和 CFOCN（AAE－1）2 家公司提供，光纤长度分别为 1300 公里和 2500 公里。

2. 互联网

互联网服务于 1997 年引入柬埔寨，由邮电通信部下设的 CamNet 公司负责提供互联网接入服务。柬埔寨主要城市的带宽足够支持电子商务活动，许多活跃的互联网服务供应商（ISPs）正在增加全国宽带容量。市场上活跃的互联网服务供应商约有十几个，最大的有 S. I. Net 和 Ezecom，其次有 Digi、ONLINE、WiCAM、MekongNet、Opennet 和 TodayCommunication。

三、国民经济

（一）经济概况

柬埔寨实行开放的自由市场经济政策，经济活动高度自由化。在美国传统基金会公布的《2022 年度经济自由度指数》排名中，柬埔寨居第 106 位，较上年上升 12 位。在东盟成员中，柬埔寨排在新加坡、马来西亚、文莱、泰国、菲律宾和印度尼西亚之后。美国、欧盟、日本等 28 个国家（地区）给予柬埔寨普惠制待遇。对于自柬埔寨进口的纺织服装产品，美国给予较宽松的配额和进口关税减免政策，欧盟不设配额限度，加拿大给予免征进口关税等优惠。

在外来投资方面，受新冠肺炎疫情影响，2020 年柬埔寨吸收外资规模较 2019 年下降 1%，基本持平于 36 亿美元，2021 年外国直接投资（Foreign Direct Investment，FDI）恢复增长。柬埔寨央行的数据显示，1994～2021 年，柬埔寨获得的外国直接投资约为 410 亿美元。其中，我国投资占据了最大的比例，为 180 亿美元。

在出口贸易方面，保持持续增长。柬埔寨海关总署统计数据显示，柬埔寨 2020 年全年对外贸易总额 368.19 亿美元，同比增长 4.98%。其中，出口 176.33 亿美元，同比增长16.6%，主要商品是纺织和鞋制品、木材制品、大米、橡胶、渔产品、黄金制品和自行车等。

在旅游业方面，受新冠肺炎疫情影响较大。据柬埔寨旅游部统计，2020年柬埔寨接待外国游客明显减少，接待外国游客人次下降80.2%（130.61万人次）。疫情前，中国是柬埔寨的第一大外国游客来源地。在2019年660万名访问柬埔寨的外国游客中，超过1/3来自中国。柬埔寨旅游大臣唐坤表示，为了给重返柬埔寨的国际游客特别是中国游客提供更好的服务，柬方已经做了各方面的准备，例如，加强中文导游培训、鼓励在柬使用和流通人民币。预计2023年柬埔寨将接待约400万人次的国际游客，其中，中国游客将达100万人次。①

在金融方面，2019年柬埔寨金融稳定，银行存款和贷款量快速增长，与2018年相比分别增长了25%和26%，存贷款基本平衡。2020年，柬埔寨银行和金融机构贷款总额达370亿美元，其中银行贷款占302亿美元。2021年，柬埔寨银行和金融机构贷款总额达457亿美元，存款总额增至385亿美元，增长15.4%，总资产增至682亿美元，增长16%。②

关于柬埔寨宏观经济情况见表1－1。

表1－1　柬埔寨宏观经济情况

指标	2016年	2017年	2018年	2019年	2020年	2021年
国内生产总值/亿美元	200.2	221.8	245.7	270.9	258.7	269.6
国内生产总值增速/%	6.9	7.0	7.5	7.1	－3.1	3.0
人均国内生产总值/美元	1281.1	1400.9	1533.3	1671.4	1577.9	1625.2
通货膨胀率/%	3.0	2.9	2.5	1.9	2.9	2.9

资料来源：世界银行公开数据：https://data.worldbank.org.cn/country/cambodia?view=chart。

（二）贸易状况

1. 简述③

据柬埔寨海关总局最新统计，2022年，柬埔寨对外贸易总额达524亿美元，同比增长9.2%。其中，出口总额为224.82亿美元，同比增长16%；进口总额为299.41亿美元，同比增长4.3%。在RCEP于2022年1月1日正式生效后，柬埔寨贸易取得“开门

① 参见北京日报网：https://news.bjd.com.cn/2023/02/14/10335575.shtml。
② 参见国家税务总局国际税务司国别（地区）投资税收指南课题组：《中国居民赴柬埔寨投资税收指南》。
③ 参见经济日报：http://paper.ce.cn/pc/content/202301/28/content_267816.html。

红”，成为区域内受惠最明显的国家之一。柬埔寨与 RCEP 成员间的贸易额占其整体贸易总额的近 60%。柬埔寨商业部近日发布的消息显示，2022 年，柬埔寨与 RCEP 其他成员贸易额达 310 亿美元，同比增长 4%。相关报告指出，2022 年柬埔寨对 RCEP 其他成员出口为 63.4 亿美元，同比增长 7%；自 RCEP 其他成员进口达 246.8 亿美元，同比增长 3%。中国仍是柬埔寨最大的贸易伙伴，2022 年柬中贸易额为 145 亿美元。

柬埔寨是积极推动 RCEP 的国家之一。柬埔寨首相洪森 2022 年伊始即要求各部门充分利用 RCEP 正式生效这个机遇推动出口，带动经济复苏。柬埔寨原首相助理部长、新任东盟秘书长高金华表示，作为世界上最大的自由贸易协定，RCEP 推动合作共赢，为各方提供了新机遇。RCEP 是自由贸易和多边主义的胜利。从长远来看，RCEP 将为所有成员带来巨大利益，它极大地促进了商品的自由流通，并有助于吸引外国直接投资，非常有利于相关国家间开展中长期合作。

世界银行此前评估认为，柬埔寨将成为 RCEP 受惠最明显的国家之一。因柬埔寨制造业在国内生产总值（Gross Domestic Product，GDP）占比相对更高，RCEP 原地产规则简化和生产力显著提升给柬埔寨带来的利益将比关税减免更高。预计在 2022 年至 2035 年，柬埔寨实质收入增长率将达约 4%。排除新冠疫情等特殊因素，出口和投资增长将平均给柬埔寨 GDP 带来 2% 以上的增长。

随着 RCEP 生效，具有技术专长的人力资源将加快在区域内流动。柬埔寨将吸收更多来自国外尤其是中国的技术，发展数字经济，推动建立互联网生态系统。2022 年，柬埔寨政府宣布实施《2022—2035 年柬埔寨数字政府政策》，这是柬埔寨政府推出的第二项以数字为重点的政策。2022 年 2 月 24 日，柬埔寨和马来西亚发表联合声明，双方将致力于加强人力资源开发、劳动力、数字经济和绿色经济等领域的合作。柬埔寨国内的数字企业也非常期待继续加强与中国企业在电子商务、支付系统、金融科技、数字货币等方面的合作，RCEP 为这些经济技术合作提供了更好的平台。

2. 经贸协定

近十多年来，在众多发达国家给予普惠制（Generalized System of Preferences，GSP）和配额优惠的条件下，柬埔寨积极吸引外商投资，努力扩大对外贸易。

【全球贸易协定】2003 年，柬埔寨正式成为世界贸易组织（WTO）成员。

【区域贸易协定】1999 年，柬埔寨加入东盟。根据东盟第 31 次经济部长会议的决定，柬埔寨、老挝、缅甸、越南 4 个新成员按步骤实现自贸区的降税目标，已于 2015 年前把进口关税降到零。作为东盟成员，柬埔寨同样受东盟与其他国家签署的自由贸易协定关税减让的约束。根据《中国—东盟全面经济合作框架协议货物贸易协议》，中柬双方于 2009 年 10 月 1 日起正式启动降税程序。中国于 2010 年 1 月 1 日率先对柬埔寨绝大部分产品实现零关税，柬埔寨2011年实行降税，并于2013年、2015年进一步实施降税安排。

【区域全面经济伙伴关系协定】2020年11月15日，中国、柬埔寨在内的15个亚太国家正式签署RCEP。RCEP的签署标志着全球最大的自由贸易区成功启航，是东亚区域经济一体化新的里程碑。RCEP于2022年1月1日正式生效。

3. 中柬经贸

柬埔寨海关与消费税总署的统计数据显示，中国在2022年再次成为柬埔寨最大的商品贸易伙伴，全年贸易额达到创纪录的116.86亿美元，比2021年增长4.4%，占柬埔寨当年国际商品贸易总额524.25亿美元的22.29%。①

中柬两国自1958年7月建交以来，双边经贸关系持续发展，尤其是1993年柬埔寨政府成立后，两国经贸合作关系得到全面恢复和发展。

2023年是中柬建交65周年。60多年前，中国就曾援助柬埔寨建立纺织、三合板、水泥等工厂。进入21世纪，两国关系加速推进，2006年两国建立"全面合作伙伴关系"，2010年升级为"全面战略合作伙伴关系"，2017年双方签署了《共同推进"一带一路"建设合作规划纲要》，2019年4月两国签署《构建中柬命运共同体2019—2023年行动计划》，2020年10月签署自由贸易协定，并于2022年1月1日正式生效。

65年来，在两国领导人战略引领下，中柬关系不断深化，为两国人民带来了实实在在的利益。中国援建了柬埔寨第一条全线四车道国道、第一家水泥厂、第一座火电站、规模最大水电站。中柬共建"一带一路"重点项目不断取得新成果。柬埔寨特本克蒙省医院、考斯玛中柬友谊医院和柬埔寨国家体育场等援建项目也相继竣工交付。截至目前，中国已为柬埔寨援建或提供优惠贷款修建了8座跨河大桥、3000多公里公路、总灌溉面积约42万公顷的水利项目，铺设光缆总长度超2万公里，架设柬埔寨国家电网和农村输变电线路总长8000多公里。2022年10月，连接金边和旅游胜地西哈努克港的金港高速公路通车试运营，助柬埔寨进入"高速公路时代"。作为中柬务实合作的样板，西哈努克港经济特区进驻企业已达175家，为当地创造约3万个就业岗位。暹粒新国际机场、西哈努克港至我国香港特别行政区海底光缆、桔井湄公河大桥及接线公路等项目正在紧锣密鼓地建设中。

随着共建"一带一路"项目的开展，两国经贸关系迈上新台阶。中国是柬埔寨最大的外国直接投资来源国，截至2022年年底，中国企业累计对柬埔寨各类投资额超过100

---

① 参见参考消息网：http：//www.cankaoxiaoxi.com/#/detailsPage/%20/9690e42ae6914a65890beaabaac56254/1/2023-04-26%2010：39？childrenAlias=undefined。

亿美元。2021 年中柬双边贸易额首次突破 100 亿美元关口，2022 年随着 RCEP 和中柬自由贸易协定生效，中柬双边贸易额达到 160.2 亿美元，同比增长 17.5%，中国已连续 11 年保持柬埔寨第一大贸易伙伴地位。中国已成为柬埔寨优质大米、新鲜香蕉、芒果的最主要出口市场，柬埔寨巴沙鱼、玉米、龙眼等农产品也相继完成输华程序，将陆续进入中国市场。

柬中合作减贫援助项目不断取得新进展，惠及柬埔寨众多农村，使两国人民“心相通、情更近”。中国在柬埔寨实施的“东亚减贫合作倡议”柬埔寨项目已顺利完成验收并移交柬方。启动于 2021 年年初为期 3 年的中柬友好扶贫示范村项目，帮助示范村建设乡村道路，提供清洁饮用水，改善教育和医疗条件，发展养殖和畜牧业，开展技能培训和改善村庄环境等，极大提高了示范村民众的生活质量，被柬埔寨列为柬中扶贫合作的典范，并拟在柬埔寨全国推广脱贫经验。2022 年，中国派出的援柬埔寨农业发展规划项目专家组将更有效地助力柬埔寨农村发展和农民生活改善。

目前，柬埔寨已申请加入中国人民银行跨境支付系统，以便为前来投资的中国企业提供跨境支付便利，吸引更多中国投资者加入柬埔寨“工业发展走廊”，助力西哈努克省多功能经济示范区建设。柬埔寨第二条高速公路金边至巴域高速公路拟于 2023 年破土动工，第三条金边至暹粒高速公路和柬埔寨高铁项目也已列入规划中，柬埔寨交通基础设施建设不断加速。农业部门正和中方合作加紧进行农业发展整体规划，加强与中国开展临湖农业合作，着力建设“鱼米走廊”。柬埔寨旅游部则加快推进“中国准备好（China Ready）认证系统”，宣布中国游客可以在柬埔寨以人民币支付消费，所有国际边境口岸将为中国旅客提供入境便利。柬埔寨旅游部还将举办三场大型活动，以实现 2023 年吸引 100 万人次中国游客的目标。中柬双方还将加大对柬埔寨水电、光伏发电等绿色能源项目的投入，并继续开展联合执法共同打击犯罪等合作。

2023 年是中柬建交 65 周年，随着中柬双方达成的协议深入落实和“中柬友好年”系列庆祝活动的广泛开展，新时代中柬命运共同体将向更高质量、更高水平、更高标准的 2.0 版迈进，并助力两国友谊越发根深叶茂。

（三）投资状况

柬埔寨发展理事会是唯一负责重建、发展和投资监管事务的一站式服务机构，由柬埔寨重建和发展委员会与柬埔寨投资委员会组成。该机构负责对全部重建、发展工作和投资项目活动进行评估和决策，批准投资人注册申请的格投资项目，并颁发最终注册证书。

根据柬埔寨政府与联合国开发计划署（The United Nations Development Programme，UNDP）合作制定的《柬埔寨可持续发展目标投资者地图》（SDG Investor Map），到

2025年，柬埔寨可供用以发展的投资资金预计达到234亿美元，占GDP的69.8%，主要来自国内资金、外来直接投资、移民工汇款和外国游客消费。该地图列出15个涵盖6项可持续发展目标的优先领域，包括农业和相关工业、金融服务、基础建设、再生能源、教育和医疗保健。①

（四）税收体系

柬埔寨税务局由柬埔寨财经部设立，行使税务征收和管理的职责。柬埔寨税务局下设7个科室，包括税政科、纠纷处理科、调查科、税务征收科、欠款催缴科、审计科和审核科。调查科负责调查公司是否办理税务证，是否漏税、逃税；审计科负责审计公司的财务报告。

柬埔寨的税务体系是一种自行申报的税务体系，2016年正式开始使用这种申报体系。在这个体系下，将纳税人划分为三种：小型纳税人、中型纳税人与大型纳税人。小型纳税人主要适用于本地小型家庭企业。作为外国投资人只能作为中型纳税人或大型纳税人进行税务申报。柬埔寨实行全国统一的税收制度，并采取属地税制。柬埔寨税法体系包括但不限于以下税种：所得税、工资税、增值税、关税、最低税、特定商品和服务税、租赁税、印花税、土地闲置税、车船税、酒店住宿税、公共照明税、财产税、登记注册税等。

四、产业发展

近年来，柬埔寨继续保持稳定的政治经济环境，积极融入区域和次区域合作，重点参与区域连通计划的软硬设施建设，加大吸引投资，特别是私人领域参与国家建设，通过“四驾马车”（农业、以纺织和建筑为主导的工业、旅游业和外国直接投资）拉动经济稳步前行。

柬埔寨经济产业可简略地划分为三类：农业、工业（主要是纺织服装产业和建筑业）、服务业（主要是旅游业）。

（一）农业

农业是柬埔寨国民经济的第一大支柱产业。柬埔寨农业资源丰富、自然条件优越、劳动力充足、市场潜力较大、农业经济效益良好。此外，柬埔寨历届政府都高度重视农业发展，将农业列为优先发展的领域。柬埔寨农业发展前景广阔。

农业是柬埔寨经济第一大支柱产业。柬埔寨农业占就业人口比重达54.7%，全国60%人口生活在农村，农业劳动力较为丰富。

---

① 参见柬中时报：https://cc-times.com/posts/19089。

近年来，柬埔寨政府不断创造良好的投资贸易环境，加速经济和社会发展，柬埔寨经济发展加快，农业在 GDP 中比重有所下降，2021 年农业 GDP 占比约为 22.8%，较 2011 年的 34.6% 下降明显。①

柬埔寨以种植水稻、木薯、玉米为主，还有甘蔗、热带水果（杧果、香蕉等）、天然橡胶等作物。2000 年后，柬埔寨粮食总体实现自给自足，其生产的稻米出口增长迅速，尤其是香米竞争优势明显。此外，中国已成为柬埔寨优质大米、新鲜香蕉、芒果的最主要出口市场，柬埔寨巴沙鱼、玉米、龙眼等农产品也相继完成输华程序，将陆续进入中国市场。柬埔寨胡椒已完成输华所有程序，是首个获准输华的调味料作物。

《联合声明》——双方同意探讨打造以柬埔寨西北部和洞里萨湖区为中心的“鱼米走廊”，发展临湖现代化生态农业。加快推进柬埔寨现代农业发展规划编制工作，探讨开展数字农业合作，支持柬埔寨水产养殖、热带种植等优势产业提质升级。加强海关检验检疫合作，积极推动柬埔寨优质农产品输华准入，持续推进“单一窗口”互联互通，促进双边贸易发展。用好 RCEP 和《中华人民共和国政府和柬埔寨王国政府自由贸易协定》（以下简称《中柬自贸协定》），推进中国—东盟自贸区 3.0 版谈判，借助双边电商合作机制和中国国际进口博览会、中国进出口商品交易会、中国东盟博览会等平台，提升柬埔寨农产品等商品在华竞争力和知名度，推动双边贸易再创新高。鼓励两国有关地方发挥各自优势，加强农业、经贸等务实合作。

农业合作，重点打造“鱼米走廊”。柬埔寨农业资源丰富，农业是柬埔寨经济的重要支柱。柬埔寨西北部和洞里萨湖区是柬埔寨重要粮仓和“鱼仓”，双方将探讨打造以该地区为中心的“鱼米走廊”，发展临湖现代化生态农业，帮助柬埔寨加快实现农业现代化、增加农民收入、推动更多优质农产品输华。中国的江苏省是中国的鱼米之乡，在现代农业发展方面具有先进技术和丰富经验，中国驻柬埔寨使馆将尽快推动中国江苏省同柬埔寨方建立“点对点”合作机制，推进“鱼米走廊”建设。② 当前，柬埔寨农业基础设施仍需完善、农业科技力量薄弱，中国在农业基础设施建设、投融资方面经验较丰富，并且具有科技、人才和技术优势。中国企业可积极援助柬埔寨农业基础建设，通过技术输出、技术培训、共建研发中心等方式，参与到柬埔寨的农业生产和市场开发中，挖掘投资潜力，增进贸易合作，帮助当地农民脱贫致富，带动柬埔寨经济发展，更好地推进中柬农业农资经贸合作务实深化，互利升级。③

---

① 参见世界银行数据库：https://data.worldbank.org.cn/country/cambodia? view = chart。

② 参见中国驻柬埔寨大使馆：https://mp.weixin.qq.com/s/2tc4MfyC_TnjaceQwzQjMQ。

③ 参见中国东盟农资商会：https://web.cacac.com.cn/article/10281。

（二）工业

纺织服装产业和建筑业是柬埔寨工业的两大支柱产业。柬埔寨充分利用美国、欧盟和日本等28个国家（地区）给予柬埔寨的普惠制待遇等优惠政策，凭借当地劳动成本低廉的优势，积极吸引外资投入制衣和制鞋业。纺织服装业既是柬埔寨工业的支柱，又为柬埔寨提供就业、消减贫困和保持社会稳定发挥了重要作用。柬埔寨工业、科技和创新部报告显示，2022年全柬埔寨在运营的大型工厂共1982家，较2021年增加103家。新成立的大型企业186家，同比减少23家。关闭的大型企业83家。全年创造1,026,671个就业岗位，同比增长4.05%。新成立的中小企业和手工作坊共1229家，继续经营的共1423家，创造21,069个就业岗位；关闭490家，减少5885个就业岗位。截至2022年年底，全柬埔寨共有工业手工业企业43,997家，创造451,024个就业岗位。其主要涉及纺织制衣、食品、饮料、木材加工、纸产品和印刷、化工、橡胶、塑料、金属生产和加工等行业。全年工业领域投资额166.91亿美元，同比增长20.84%，投资目的地主要位于首都金边市、西哈努克省、干拉省、实居省、柴桢省和贡布省等。

在中柬产能合作方面，重点打造“工业发展走廊”。西哈努克省是柬埔寨经济发展重要一极，目前柬埔寨政府正着力将其打造成多功能经济示范区。中方愿为此提供助力，通过深化发展战略对接、发挥中柬产能与投资合作机制作用，探讨打造以西哈努克省为中心的“工业发展走廊”，依托西港经济特区和金港高速等项目，鼓励更多中国企业赴西省投资，推进配套交通设施、电力光缆、仓储物流等合作。中方积极支持柬埔寨铁路建设，期待早日实现柬埔寨境内铁路同中老泰铁路对接。①

（三）旅游业

据柬埔寨旅游部报告，2022年全柬埔寨共接待外国游客2,276,626人次，同比增长1058.6%。前十大游客来源地分别为：泰国（853,376人，占37.5%，同比增长942.7%）、越南（463,995人，占20.4%，同比增长1997.6%）、中国（106,875人，占4.7%，同比增长133.5%）、美国（93,386人，占4.1%，同比增长1329%）、老挝（92,609人，占4.1%，同比增长32,740.1%）、印度尼西亚（75,653人，占3.3%，同比增长799.6%）、韩国（64,040人，占2.8%，同比增长954.3%）、法国（56,509人，占2.5%，同比增长1451.6%）、马来西亚（53,123人，占2.3%，同比增长1677.3%）和英国（44,123人，占1.9%，同比增长3516.6%）。

其中，空路来柬埔寨791,603人，占34.8%，同比增长693%；陆路和水路来柬埔

① 参见中国驻柬埔寨大使馆：https://mp.weixin.qq.com/s/2tc4MfyC_TnjaceQwzQjMQ。

寨 1,485,023 人，占 65.2%，同比增长 1436.2%。金边、暹粒和西哈努克省三大国际机场是重要的外国游客入境地，入境人数分别为 609,667 人、165,180 人和 16,756 人，占比分别为 26.8%、7.3% 和 0.7%，同比分别增长 575.6%、151.24% 和 97.1%。

金边、暹粒吴哥景区、沿海地区和生态旅游区是主要旅游目的地，接待外国游客人数分别为 1,058,556 人、287,454 人、424,189 人和 21,052 人，同比分别增长 634.2%、2540.6%、300.6% 和 387.9%。西哈努克省作为重要的沿海旅游区，共接待外国游客 343,418 人，同比增长 284.2%。①

五、金融环境

随着政治经济局势基本稳定，柬埔寨政府采取了一些积极措施改善和加强对财政与金融的管理，取得了一定成效。

（一）当地货币

柬埔寨官方货币为瑞尔。1993 年，柬埔寨政府通过并实施《外汇法》，规定汇率由市场调节。近 5 年来，汇率基本稳定在 4000 瑞尔兑 1 美元。美元被允许在市场上流通。近十多年来，美元成为柬埔寨社会的主要交换媒介，流通量占市场货币流通总量的 80% 以上。柬埔寨汇率变动情况见表 1－2。

表 1－2　柬埔寨汇率变动情况

项目	2020 年	2021 年	2022 年
1 美元兑瑞尔（官方价）	4045	4074	4117
1 美元兑瑞尔（市场价）	4079	4112	4118
可转让存单瑞尔（一年期利率）	1.95%	1.95%	2.00%
可转让存单美元（一年期利率）	0.17%	0.28%	3.70%

资料来源：中国工商银行金边分行：https://mp.weixin.qq.com/s/ZltEvfucEDNVcI5G8mGbQw。

（二）外汇管理

柬埔寨《外汇法》规定：允许居民自由持有外汇。通过授权银行进行的外汇业务不受管制，但单笔转账金额在 1 万美元（含）以上的，授权银行应向国家银行报告。

只要在柬埔寨商业主管部门注册的企业均可开立外汇账户。

① 参见驻柬埔寨王国大使馆经济商务处：http://cb.mofcom.gov.cn/article/jmxw/202302/20230203382960.shtml。

（三）银行和保险公司

【银行】柬埔寨银行体系由国家银行和商业银行构成。柬埔寨的银行业监管采用的是单一监管体系，国家银行为其监管机构。

【国家银行】国家银行的主要职能：建立金融体系的法律框架，维持稳定的价格体系，为制定金融政策提供依据，增加国家资本、承担政府间的财务清算和管理本国货币，管理外汇储备，监督和调控商业银行、专门金融机构等依法运营。

【中央银行】柬埔寨中央银行要求金融机构的资本充足率不得低于15%，并针对金融机构经营管理等方面制定了法律法规，涵盖金融机构监管、金融机构准入及退出机制，支付及清算管理、反洗钱等。柬埔寨中央银行主要通过非现场监控及现场检查对金融机构实行监管。柬埔寨中央银行对本国和外资商业银行实行统一标准，在机构设立、资本金要求、准备金等方面均未区分本资及外资。

【中资银行】柬埔寨政府实施的宽松外汇政策，使外资商业银行获得了较快的发展。截至2020年年底，全国共有商业银行52家，专业银行14家，可接受存款的微型贷款机构6家，不可接受存款的微型贷款机构75家，农村贷款机构246家，结算服务机构24家，贷款信息分享公司1家，外国银行代表处6家，货币兑换商2889家。中国银行、中国工商银行都已在柬埔寨设立分行。

中国银行柬埔寨分行金边联系方式：00855－23－988886。

中国工商银行金边分行联系方式：00855－23－955888。

【保险公司】2012年柬埔寨成立了第一家人寿保险公司。截至2020年年底，柬埔寨境内共有普通保险公司16家，寿险公司11家和小额保险公司5家。2020年，保费收入2.72亿美元，同比增长7.3%。其中，普通保险保费收入1.14亿美元，同比增长10.5%；寿险保费收入1.52亿美元，同比增长6.6%；小额保险保费收入近600万美元，同比下降24.6%。①

（四）融资渠道

柬埔寨商业银行业务范围相对较窄，尽管能够提供海外资本划拨、信用证开立及外汇服务，但是提供不动产抵押、贷款等服务仍很困难，且借款期限较短，利率较高。目前，人民币在柬埔寨不能自由流通，中资企业不能使用人民币在柬埔寨开展跨境贸易和投资合作。

---

① 参见中国驻柬埔寨大使馆经商处编：《对外投资合作国别（地区）指南》之《柬埔寨》。

（五）信用卡使用

自2007年起，信用卡消费在柬埔寨兴起。柬埔寨全国共有7家银行发行超过1万张信用卡，主要种类为万事达卡、维萨（VISA）卡和美国运通卡。但由于本地基础设施和技术限制，信用卡在商业领域使用还较有限，主要在高档酒店、餐厅、大型超市使用信用卡付账。中国发行的银联卡可在当地大型商场、银行使用。

（六）证券市场

2011年7月11日，柬埔寨证券交易所在金边成立，这是柬埔寨历史上首家证交所。柬埔寨证交所由柬埔寨政府与韩国证券公司合作成立，其中，柬方持股55%，韩方持股45%。

2012年4月18日，柬埔寨证券交易所正式开业。截至2020年年底，在柬埔寨上市公司共7家，分别为金边水务局、崑洲制衣厂、金边港口、金边经济特区、西哈努克港、爱喜利达银行和Pestech电力公司。

第三节　科技、教育和文化

一、科技

柬埔寨早期受到战争和政治的严重影响，自独立以来科技人才十分稀缺，以教育事业为基础的科技水平长期处于相对低下的水平。20世纪五六十年代，柬埔寨历史上第一批高级科技人才前往以法国为主的西方国家接受培训，但回国后并未如愿从事科技事业，因国内政治环境影响，其中一部分转而从政，成为职业政治家。例如，红色高棉领导人波尔布特、乔森潘、胡荣、英萨利，他们回国相继成为职业革命家，其他大部分人由于国内战乱而选择生活在海外。1970年朗诺政变后，柬埔寨陷入连年战火中，不仅导致教育事业一直处于瘫痪状态，而且使原有的各类科技人才、知识分子大量流失，科技事业因此遭遇了前史未有的大倒退。20世纪90年代，柬埔寨进入和平重建时期，随着教育缓慢恢复，科技人才开始发挥作用。但长期战争的摧残及战后重建工作开展得十分缓慢，其科学技术也一直未有起色。

近年来，柬埔寨政府关注劳动力水平对经济社会发展所起到的关键作用，致力于通过改善劳动力的技能来提高经济增长率，制定了“四角战略”来实现国家经济发展计划。尽管该战略在实施过程中面临巨大困难，但目前经济政治改革广泛参与技术培训非常有利于发展公民生活技能，并提高弱势群体就业能力。

在推动科技发展的过程中，国际社会的援助和带动起到非常重要的作用。比如，在推动农村发展方面，在荷兰开发组织的援助下，柬埔寨于2005年开始实行家庭沼气池项目，旨在建设长期的家庭沼气池，推动柬埔寨再生能源领域的发展，同时也保护森林和环境。不仅如此，考虑自然灾害给人民生活劳作带来的困难，法国国家气象局同柬埔寨水源与气象部合作开工兴建了高科技的气象台，向澳大利亚引进了“免耕”的播种机。

二、教育

由于长期的法国殖民统治和本国封建君主专制的统治，柬埔寨的近代教育相当落后。1863年，法国殖民者正式将柬埔寨变为“保护国”后，深入乡村发展基督天主教徒，对人民进行精神麻痹，严重阻碍了柬埔寨教育事业的发展。1953～1969年西哈努克统治时期，柬埔寨的教育事业得到了很大的发展。柬埔寨提倡学习民族文化，规定小学教育要以高棉语为主，为使学生全面发展，政府还鼓励学生积极参与修筑公路、建校舍、修水库等义务教育。这期间，柬埔寨建立了较为完整和系统的幼儿园学前教育到大学教育的现代教育体系。然后1970年开始的长期战争使柬埔寨刚起步的教育事业遭遇低谷，柬埔寨的教育部门基本上被取消，大批教师和知识分子被视为“资产阶级”被逼迫到农村进行劳动改造，正规学校完全关闭。20世纪80年代中期，柬埔寨的正规教育开始慢慢有所复苏，政府开始针对教师实施教资培训计划，通过不同培训模式对各级老师进行职前或在职培训，教师队伍的质量在一定程度上得到了基本保证。1993年新政府产生后，国内政局稳定导致教育恢复的速度加快，学校教育开始走上正轨。进入21世纪，在柬埔寨政府投资的优先项目的资金中，教育发展处于第一位。政府的教育改革重点在于保障儿童公平入学和接受教育的权利，提升和改善教育服务的质量和效率，为实现去中央化和权力下放所进行的下属机构建设。

但是，柬埔寨目前的教育水平现状依然令人担忧，如管理不善、条块分割、专业狭窄、僵化的铁饭碗分配制度、经费过少、财政效率不高、教育质量差、高水平人才匮乏、师资不足都制约着柬埔寨的教育发展。

三、文化事业

柬埔寨独立之后，王国政府中设立了新闻部，以加强对新闻事业的领导和管理。1980年，柬埔寨成立了柬新社，自1993年实行经济改革和对外开放以来，新闻事业得到了较快的发展。但根据柬埔寨一些新闻出版机构的调查报告，柬埔寨有63%的成年人不识字，众多人口不识字等因素，导致柬埔寨的各种报刊不受欢迎。各种刊物和报纸的发行也只限于金边市及各个省会，造成占全国人口80%的农村居民无从得知新闻信息；

1983 年，金边政权在越南的帮助下建立了第一座电视台，开创了柬埔寨的电视事业。1993 年新政府成立后，柬埔寨的电视事业在援助国的帮助下有了较大的新发展。现柬埔寨已经建立了国家电视台，仙女台第 11 频道、第 9 频道、第 5 频道，首都第 3 频道，巴扬广播电视台，CTN 电视台，KNN 电视台，NAT 电视台和 SEA 电视台等，国家电视台目前的国内广播覆盖率较高；柬埔寨最早的广播电台“柬埔寨国家广播电台”成立于 1947 年法国殖民统治时期，1953 年 11 月 9 日柬埔寨宣布独立之后，该广播电台由新政府的宣传部接管，更名为“柬埔寨之声”广播电台，其宗旨是向人民群众及时发布和评价国内外发生的重大事件。1993 年大选之后，《柬埔寨王国宪法》规定了言论自由、区域自由和多党自由民主体制等条款，这为柬埔寨广播事业开辟了广阔的空间。如今柬埔寨已经拥有了 16 家电台，如金边广播电台、DAP 广播电台、柬埔寨国家广播电台、ABC 广播电台、佛教广播电台、巴扬广播电台、英国广播电台、仙女广播电台、高棉微笑电台、新金边广播电台等。

四、宗教

东南亚在历史上很长一段时间都遭受西方国家殖民，在争取民族独立和构建民族国家进程中，宗教聚合起广泛的社会认同，动员社会民众为赢得民族独立展开斗争，在东南亚很多国家都发挥了关键性作用。柬埔寨是东南亚地区具有悠久历史和灿烂文明的古国之一，扶南建国历史悠久，真腊文化辉煌灿烂，吴哥遗迹举世闻名。经历了两千多年历史的洗礼，柬埔寨文化在现今仍旧散发着璀璨的光芒，其宪法规定：“柬埔寨男女公民均享有充分的信仰自由。国家保障公民的宗教信仰自由，但不得触及他人的宗教信仰和扰乱社会治安。”

（一）佛教

柬埔寨是东南亚典型的以佛教为宗教认同的国家，佛教启蒙了柬埔寨的民族意识，是其民族国家构建初期执政理念的重要组成。佛教在柬埔寨已经有了近 1500 年的历史，在国家发展和社会变迁不断消长变化，在历史上留下了不可磨灭的印记。1993 年 5 月，柬埔寨政府不仅在宪法中再次确定了佛教的国教地位，还确认了柬埔寨国家箴言：“国家、宗教、国王”，这将佛教提升到极高的地位，不断推动和促进佛教事业的正常发展。

佛教作为柬埔寨的国教，佛教信仰和佛教文化在柬埔寨深入民心，无论是在官方还是民间都有至关重要的作用。按照佛教传统，柬埔寨的男子不论地位高低，一生至少出家一次，一般为 3 个月，以此报答佛恩。在柬埔寨，僧侣神圣享有很高的社会地位，受到各个阶层的尊敬和膜拜。在现代教育尚未形成之前，教育工作是由佛教来担任的，寺庙是提供教育的正式场所，寺庙在国民初级教育中发挥着主导作用。无论是王室贵族还是庶民百姓，男孩子都必须在寺庙中学习文化，在 12 岁时披上黄袈裟，称为沙弥，等到 20 岁左右若有意向出家修行，便可受戒成为比丘。柬埔寨社会十分尊重和尚以及受过寺庙教育的人，在传统的佛教教育下，柬埔寨佛教观念深入民心，当时的社会犯罪相对较少。如今，佛教在柬埔寨社会道德的教化上仍然发挥着重要作用。柬埔寨主要的电视媒体都要播出德高望重的僧侣讲经说法的节目，在宣传佛法的同时会结合社会发展，将深奥的佛理经过阐释融入人们的现实生活中，从而实现教化作用。接受教诲的人当中包括政府官员，也有普通民众，大多数则是各所学校的学生，在潜移默化中，人们接受了佛教的道德观念，进而形成了社会普遍的道德准则。

（二）婆罗门教

印度移民迁入柬埔寨后，当地的民间信仰受到了移民的影响。印度宗教婆罗门教与佛教传入了柬埔寨。婆罗门教在柬埔寨主要是由国王倡导，作为官方宗教自上而下地传播。在柬埔寨两千多年的历史当中，婆罗门教曾长期占据主导地位，对古代柬埔寨的政治体制和社会制度影响深远。柬埔寨王室的重大仪式和祭祀活动，比如，国王登基、王子剃度、王室婚葬等仪式都需要婆罗门教祭司主持。国王被尊为婆罗门教教主，婆罗门教祭司则被封为国师，象征王权的王冠、宝剑、掌扇、罗伞、金鞋也都由婆罗门负责保管。柬埔寨王宫是以高棉风格为主的宫殿，金顶白墙，金黄色象征着佛教，而纯白色则象征了婆罗门教。由于婆罗门教各种教派都由国王提倡和宣扬，强迫百姓接受，而且喜好修建庞大的庙宇，举行烦琐的祭祀仪式，信奉婆罗门教的国王，婆罗门和贵族高高在上，脱离了群众基础，婆罗门教无群众基础。所以，1594 年，吴哥王朝的首都洛韦被暹罗人攻破，信奉婆罗门教的王室和贵族集团逐渐衰落，湿婆神像被改造成佛陀，婆罗门教祭祀被僧侣取而代之，小乘佛教开始在柬埔寨大规模传播。但婆罗门教对柬埔寨民俗习惯、语言文字和艺术建筑等方面都有巨大的影响，许多寺庙仍然存留着婆罗门教的痕迹，民间的宗教法事和祭奠仍然在流传。

（三）其他宗教

1. 伊斯兰教

伊斯兰教是柬埔寨国内的第二大宗教，信仰伊斯兰教的绝大多数人是占族人（又称伊斯兰高棉人）和马来人。占族人主要从古代与柬埔寨接壤的占婆迁徙而来，马来人是 15 世纪随着马来帝国的强盛和马六甲商人活动扩大而迁入柬埔寨的。柬埔寨的伊斯兰教在 19 世纪末得到统一，主要分布在沿海一带，占族穆斯林分为传统和正统两个分支。传统穆斯林保留了很多古代穆斯林的传统和习俗，例如，将安拉视为全能的神，同时信奉其他非伊斯兰教的神灵，相信巫术和超自然的力量，他们比较保守，穿着纯白色的衣服，不留头发和胡须；正统穆斯林由于与马来人较为接近，他们采用马来人的习俗和家庭组织方式。占族穆斯林通常聚居在穆斯林村庄中，建立清真寺，与外界往来不多，保持着本民族的宗教特色。柬埔寨的穆斯林遵守着伊斯兰教的基本功课，生丧嫁娶等生活习俗也按照伊斯兰教的风俗习惯，坚持自己的民族语言和宗教习俗，很少与外族人通婚。

2. 天主教与基督教

天主教在1660年由葡萄牙罗马天主教传教使团传入柬埔寨，但在很长一段时间内发展进程是十分缓慢的。在法国殖民统治期间，天主教得到了很快的发展。20世纪50年代初，天主教一度超越伊斯兰教成为柬埔寨的第二大宗教，天主教教徒主要是在柬埔寨的越南人和在柬埔寨的法国人，主要集中在金边和南部的各大城市。基督教在1923年由美国传入柬埔寨，当时，传教活动集中在柬埔寨北部和东北部一些少数民族部落。1976年民主柬埔寨政府执政期间，天主教和基督教的外国传教士全部被驱逐出境，教会学校、修道院、慈善机构一律被取消。20世纪80年代后，金边政权恢复了宗教信仰自由。1993年，新成立的王国政府实行自由开放的宗教政策，天主教与基督教得以恢复发展。

五、民族与习俗

柬埔寨是一个多民族、多元文化共存的国家。各民族的风俗习惯各有特色，呈现多样性的特点。

（一）民族

柬埔寨全国有二十多个民族和部族。除属于南亚语系的高棉族及其近亲民族外，还有属于汉藏语系的华族、缅族、泰族等语系的民族。其中，高棉族有800多万人，约占柬埔寨全国人口的80%，是柬埔寨的主体民族，无论是在经济上，还是在政治、文化上，高棉族都占据主导地位。高棉人分为平原高棉人和山地高棉人，平原高棉人占绝大多数，山地高棉人只有约12万人。

山地高棉人又称为高棉卢乌人，事实上是由众多部落集团组成的一个非高棉的山地部落集团。山地高棉人主要分布在腊塔那基里、上丁和蒙多基里等北部山区省份，主要包括：库伊人、布劳人、墨农人、斯丁人、比尔人、嘉莱人、拉德人。

（二）风俗

1. 服饰

由于地理位置影响，柬埔寨人民通常衣着单薄，朴素简约。男子经常着无领直扣开襟衫，式样与中国相似；女子上身着紧身开襟齐腰短上衣，下身服饰包括纱笼、松波、凤尾裙等，装饰物有水布，通常不戴帽子。

在柬埔寨还有用服装颜色代表星期的古老风俗。古代柬埔寨人用星宿和颜色表示一周中的每一天：星期日代表太阳，使用红色；星期一代表月亮，使用橙色；星期二代表火星，使用紫色；星期三代表水星，使用绿色；星期四代表木星，使用灰白色；星期五代表金星，使用蓝色；星期六代表土星，使用黑色。人们就根据这一风俗变换衣服的颜色。但柬埔寨将白色视为死亡的象征，于是星期四改穿为浅绿色服装。但随着社会的发展和外来文化的影响，现代柬埔寨人的衣着已有了很大的变化，人们喜欢着各式衬衫、西装、各种制服，女性服饰更加艳丽多彩。

柬埔寨独立后，人们逐渐改变了赤脚行走的习惯。柬埔寨人都喜欢穿拖鞋，普通百姓无论是男女老少，无论在什么场合都经常穿。政府官员、有社会地位的人、富人喜欢穿皮鞋，女性通常赤脚穿凉鞋和高跟鞋。僧侣和佛教徒认为佛堂和禅房是圣洁之地，除僧侣以外的任何人都无权穿鞋入内，信徒在进入之前，要把鞋脱在外面的台阶。而进入高脚屋时，人们会将鞋脱在楼梯下，进入设在高脚屋的佛堂时，僧侣也要脱鞋入内。

2. 饮食

柬埔寨地理条件优越，土地肥沃、雨量充沛，十分适于稻米的生长；同时，全国各条水系纵横交错，大大小小的河流湖泊都盛产鱼虾。柬埔寨人大多信奉佛教，忌杀生，因此不太吃动物肉，喜食素菜。柬埔寨人民的主食是大米，居住在山区和高原地区还以玉米、白薯、蚕豆等杂粮为主食。由于气候湿热，柬埔寨人倾向于吃各种酸、辣、甜的食物，还有生菜、凉拌菜等刺激性强、味道浓郁的菜肴。进餐时，全家席地而坐，不需要桌凳，饭菜和餐盘摆在席子上，饭前净手，用手抓取饭菜，将饭菜包在准备好的生菜叶里，蘸上佐料进食，且以右手为净，左手为秽。随着整个社会生活的改变，越来越多的人开始使用筷子和勺子，菜肴的品种也逐渐丰富。

3. 丧葬

柬埔寨人将为逝者举行葬礼作为家庭成员应尽的义务。如果谁没有为逝世的人举行葬礼会受到社会的批评。早期，人们通过剃发和剃须来表达哀思。葬尸的方式有四种：水葬，将尸体放入河流之中；火葬，火化尸体；土葬，埋葬尸体；野葬，将尸体放在野外，由动物吃掉。如今，柬埔寨大多采用火化的方式，家里有人逝世后会请僧侣前来念佛诵经，作佛事。火化的当天夜里要请僧侣诵经，第二天早餐，人们要斋僧表示对逝者的悼念。满 7 日和满 100 日时，人们都要举行这个仪式。在举行完 100 日的悼念仪式之后，人们可以将遗骨继续供奉在家中，也可以存放在寺庙的骨灰塔中。从此之后，人们便可以在传统节日中进行供奉祖先，举行祭祀来纪念逝者的恩德。逝者的直系亲属一般通过剃发，穿白色或黑色衣服这些方式来表示悼念。

4. 礼仪

合十礼是柬埔寨最常见的一种相见礼仪。行礼时要根据对象把握好掌尖的角度，女子向父母，孙儿向祖父母，学生向教师，应当将合十的掌尖举到眼眉。在向王室或僧侣行礼时，还需跪下或蹲下表示尊重。在农村，人们只行合十礼；在城市，现也有行握手礼的。

5. 禁忌

柬埔寨人十分信奉佛教，不仅僧侣神圣不可侵犯，而且禁止对他们的宗教说三道四，否则会被认为罪孽深重。在旅游期间，如到当地人家中做客，禁止把鞋子带入门内。由于农村的房子多为高脚式竹木结构，地板离地面约两米，用扶梯上下。客人上梯前应先将鞋脱掉放在梯下，否则是会触犯禁忌。柬埔寨人认为左手是不洁的，用左手拿东西或食物是十分不礼貌的表现。他们还认为，头是人的神圣部位，因此别人不能触摸他们的头部，也不能随意抚摸小孩的头部。柬埔寨人认为黄牛和水牛都受到守护动物的神灵保护，一旦伤害他们，便会遭到生病的报应。他们还认为星期六是鬼魂妖魔喜欢的日子，是不吉利的，在这一天办事或外出均要小心。

第二编

柬埔寨投资法律制度风险解读

近年来，中柬两国关系不断提升，在柬埔寨投资或表示有兴趣投资的中国投资者数量一直稳步攀升，几乎涉及每个领域。柬埔寨央行的数据显示，1994年至2021年，柬埔寨获得的外国直接投资约为410亿美元。其中，中国（包括港澳台）占据了最大的比例，为43.9%，约180亿美元。

柬埔寨发展委员会于2023年1月6日发布的报告显示，柬埔寨2022年共吸引46.8亿美元的固定资产投资，较2021年同期的43.5亿美元增长7.5%。中国是柬埔寨第一大投资来源国，对柬埔寨投资中基础设施建设、农产品加工和农用工业、矿产资源以及电气和电子元件制造等是中国投资者关注的主要领域。

总体而言，开放的自由市场经济政策、高度自由化的经济活动、丰富的劳动力资源、低成本的投资合作，以及多个国家和地区给予的普惠制待遇及关税减免，是柬埔寨投资环境的重要优势。但对柬埔寨投资如何依法依规，降低风险，也是中国投资者应当关注及重视的问题。

2021年以来，柬埔寨制定和修订了包括《柬埔寨王国投资法》（Law on Investment，以下简称《投资法》）、《柬埔寨王国商业企业法》（Law on Commercial Enterprise，以下简称《商业企业法》）等一系列法律法规，通过明确柬埔寨发展理事会（Council for the Development of Cambodia，CDC）作为投资主管机构，规范主要法律形式、简化投资程序流程并缩短审批流程，为投资者提供了更加明确且透明的投资法律制度，吸引外商投资。

《投资法》及其《柬埔寨王国投资法修正法》（2003年，以下简称《修正法》）等相关法律规定制约所有柬埔寨人和外国人在柬埔寨境内的投资活动，对投资主管部门、投资程序、投资保障、鼓励政策、土地所有权及其使用、劳动力使用、纠纷解决等作出了明确。

此外，《中柬自贸协定》已于2022年1月1日正式生效实施。根据《中柬自贸协定》的安排，中国和柬埔寨除了加强在货物贸易关税领域的合作外，也在投资领域加强了合作，投资者在柬埔寨法律框架体系外，也有可能受益于不断深入和落实后的贸易便利化措施。

第二章　有关市场准入的相关法律法规解读

第一节　投资项目的注册

（一）法律规定

《投资法》

第 2 条　本投资法适用于所有合格投资项目、合格投资项目的扩展计划以及在柬埔寨发展理事会或省市投资委员会注册的且获得投资担保的投资项目。

第 10 条　有意实施合格投资项目或合格投资项目扩展计划或仅获得投资担保的投资项目的个人，应向柬埔寨发展理事会或省市投资委员会提交书面注册申请。

上述的投资项目注册申请也可以通过信息技术平台申请。

凡是有意在柬开展投资活动（包括合格投资项目、合格投资项目扩展计划、仅获得投资担保的投资项目）的投资人都需要向 CDC 提交书面的注册申请。

《投资法》及《修正法》分别对各类投资项目做了明确的名词释义。

投资项目：合格投资项目、合格投资项目的扩展计划和仅获得投资担保的投资项目。

合格投资项目（Qualified Investment Project，QIP）：已获得 CDC 或省市投资委员会注册证书的投资项目。

服务于出口的合格投资项目（Export-oriented QIP）：合格投资项目已将其任一比例的产品出售或转让给柬埔寨王国以外的买家或接收者。

属支持行业类型的合格投资项目（Supporting Industry QIP）：合格投资项目的任一比例产品需供应出口行业。

服务于国内市场的合格投资项目（Domestic QIP）：不服务于出口的，产品用于柬埔寨境内销售的合格投资项目。

扩展合格投资项目（Extended Qualified Investment Project，EQIP）：合格投资项目以

某一些形式进行扩展，例如，扩大现有生产规模，通过同一产品生产链中生产目标的多元化进行扩展，通过配备提高生产力或保护环境的新技术进行扩展。扩大为基本的电信服务提供服务的基础设施或扩大法令规定的其他形式的扩展。

担保投资项目（Guaranted Investment Project，GIP）：在 CDC 或省市投资委员会（注明为 GIP）注册的投资项目，但未能获得税务方面的优惠。

根据《投资法》第 5 章相关规定，投资者依法享有部分投资保护，包括不因外国国籍受歧视，以及资产免受国有化等，但投资项目如需享有免税等特定投资奖励时，投资者必须根据投资项目类型和注册资本，向 CDC 或省市投资委员会（Provincial-Municipal Investment Sub-Committee，PMIS）申请，将投资项目登记为“合格投资项目”，即“QIP”。

第 25 条 前述第 24 条所述的未列入负面清单的行业和投资活动，在获得合格投资项目资格的注册证书后，应获得全部或部分的基本税收和/或关税优惠。

《修正法》

第 1 条 本法适用于合格投资项目，并规定自然人或法人设立合格投资项目的程序。

本法规定的投资优惠仅适用于合格投资项目。

（二）主管机关

CDC 是柬埔寨王国政府的参谋，监督和管理合作发展、私人投资和经济特区等工作的一站式服务机构。有意实施合格投资项目的投资者，应向柬埔寨发展理事会或省市投资委员会提交书面注册申请，由柬埔寨发展理事会进行审查和决定。

《投资法》

第 12 条 在收到投资项目的注册申请后，柬埔寨发展理事会将通过单一窗口机制对该申请进行审查和决定。

《柬埔寨王国投资法修正法实施细则》（2005 年，以下简称《修正法实施细则》）

第 4 条 省/直辖市管理委员会，是指依据次法令成立的省或直辖市委员会，可在省或直辖市级别审议并批准 200 万美元以下的投资项目。

（三）申请程序及证书核发

《投资法》

第 12 条 如所申请的投资项目不在法令另外规定的负面清单上，CDC 应在不超过 20 个工作日内向申请人出具注册证书。

QIP 在投资者取得注册证书（Registration Certificate）后方可生效。所有 QIP 每年都必须从 CDC 取得合规证书（Certificate of Compliance，CoC），才能获得投资奖励。CoC

是 QIP 遵守了柬埔寨所有税法和投资法规的证明。

1. 申请材料

根据实践经验，申请 QIP 需要的材料一般可能包括：

（1）QIP 项目公司的完整英文名称。

（2）项目总投资金额及投资计划书。

（3）以自然人身份作为项目公司股东，须提供所有股东的姓名、地址、身份证、护照及由户籍地公安部门签发的无犯罪证明。

（4）如果以法人为项目公司股东，需提供以下材料：

①柬埔寨公司法定代表人的身份证、护照、无犯罪证明；

②母公司营业执照及公司章程公证件；

③母公司董事会决议，内容含项目投资额、母公司指定代表人及在新公司担任的职务（主席、董事、总经理、普通股东或受薪职员）。

（5）董事免冠正面照片 20 张（4cm × 6cm）。

（6）公司名字须经柬埔寨商业部核准，完成公司注册后，可在柬埔寨当地银行开设银行账户，投资款项到账户后，由银行出具资金存款证明。

（7）土地地主的身份证明、厂房地契（必须经当地政府有关部门认证）。

（8）项目地址租约（必须经当地政府有关部门认证）。

（9）厂房建筑物批文、已缴纳上年度土地税证明（必须经当地政府有关部门认证）。

（10）新公司经营项目范围、生产成品。

（11）生产成品目标市场。

（12）流动资金分析。

（13）当年需申请免税进口的机械设备及原材料明细表，即 Master list。

（14）厂区内机器设备分布图，厂区内各相关部门的位置分布图。

2. 申请程序

申请 QIP 需要的一般程序可能包括：

（1）向 CDC 或 PMIS 提交合格投资项目申请表；

（2）提交正式及已署名的《合格投资项目申请表》（需以柬埔寨语填写）、《可行性研究报告》、《公司章程》（根据柬埔寨王国政府的规格）；

（3）QIP 的申请费用，支付申请费至 CDC；

（4）CDC 或 PMIS 会为申请者颁发有条件注册的证书（Conditional Registration Certificate，CRC）。CRC 列有 QIP 运营所需要的授权、许可、证件及负责办理上述事项的政府部门；

(5) 提交商业银行结单，向 CDC 提交公司 25% 的注册资本的银行结单；

(6) 提交增值税注册申请表，通过 CDC 提交增值税注册申请表至财经部税务局；

(7) CDC 或 PMIS 会为申请者颁发最终注册证书（Final Registration Certificate, FRC），在颁发 CRC 后 28 个工作日内由 CDC 颁发，并附以下文件：《有公司印章的公司注册证书》（商业部）、《专利税注册证书》（财经部税务局）、《增值税注册证书》（财经部税务局）；

(8) 提交《免进口税申请表》（Master list），通过 CDC 为建设材料、生产设备和原料提交《免进口税申请表》至财经部税务总局；

(9) 申请免税期（Tax holiday），通过财经部提交申请免税期；

(10) 申请出口许可证（GSP certificate），通过商务部申请出口许可证；

(11) 提交《工厂经营申请表》，通过 CDC 提交《工厂经营申请表》至工业矿产和能源部；

(12) 提交《建设批准申请表》，通过 CDC 提交《建设批准申请表》至国土规划、城市开发与建设部；

(13) 申请《消防证》（Fire permit）；

(14) 提交《劳工证明》，通过 CDC 提交《劳工注册》至劳工与职业培训部；

(15) 提交《环境评估声明》，通过 CDC 提交《环境评估声明》至环保部。

3. 证书核发及审批程序

除此之外，《修正法实施细则》第 5 条、第 6 条、第 7 条较为详尽地规定了申请及证书核发的程序。

《修正法实施细则》

第 5 条 5.1 申请及取费：自然人或法人拟享受投资优惠及投资保障，或仅享受投资保障的，需填写投资建议申请表，提交理事会或省/直辖市投资委员会，并缴纳 700 万瑞尔（约合 1750 美元）申请费，作为办理各项证照及核准手续（含印花税）的管理费。申请表需由申请人本人，或经适当授权的代理人签字。

5.2 申请表：投资建议申请表见本细则附件二规定。

5.3 授权代理证明：代理人代表申请人签署投资建议的，需将授权代理证明文件与投资建议一并提交理事会或省/直辖市投资委员会。

5.4 多种经营项目：自然人或法人建议投资并开展超过一项投资活动，且注册后作为一个合格投资项目实施的，需为每项投资活动单独提交投资建议。

5.5 选择免缴利润税：申请人拟在领取最终注册证书时，依据《投资法》第 14 条第 1 款及本细则第 15 条规定享受免缴利润税待遇的，需在投资建议中书面选择，做出意思表达。

5.6　选择不享受其他财政补贴：申请人做出第5款内所述选择的，视为申请人认可选择享受《投资法》第14条有关免税期规定，且投资人无资格申请税法规定合格投资项目可享受的投资补贴。

5.7　单选投资保障：受投资法管辖的非合格投资项目，申请人拟仅享受投资保障的，可在申请表中书面选择。理事会或省/直辖市投资委员会可据此向申请人核发特别证书。

第6条　6.1　注册程序：理事会或省/直辖市投资委员会须在受理按第5条第1款规定提交的投资建议3个工作日内：

1. 不存在第2项、第3项所述情况的，依据第6条第3款进行投资建议注册，并通知申请人。

2. 投资建议所述投资活动：

（1）属于不予享受投资优惠项目；

（2）已经或正在由投资人，或其他自然人或法人执行，且已依据投资法享受投资优惠的，依据第6条第6款驳回投资申请，并通知申请人。

3. 投资建议未提供第5条第1款规定全部信息的，依据第6条第6款驳回投资建议，并通知申请人。

4. 特定投资项目关系国家利益或环境敏感的，理事会或省/直辖市投资委员会有权予以推迟注册，并在受理投资建议3个工作日内告知申请人因由。该类项目需通过理事会和省/直辖市投资委员会一站式机制处理。

6.2　投资建议修正：提交理事会的投资建议与本细则第5条规定不符的，理事会或省/直辖市投资委员会可在受理投资建议3个工作日内，书面通知申请人，要求其修正，并向理事会或省/直辖市投资委员会重新提交投资建议。

6.3　有条件注册证书核发：理事会或省/直辖市投资委员会按第6条第1款第1项注册投资建议的，须依照附件三规定格式，在受理投资建议3个工作日内，向申请人核发有条件注册证书。证书内容含：

1. 合法执行合格投资项目所需证照及核准手续，及负责核发上述文件的部委、部门、机构、实体或王国政府有关部门。申请人应符合核发上述文件所需条件；

2. 申请人依据第5条第5款、第6款、第7款所做选择；

3. 核发最终注册证书后投资项目可享受的投资优惠及投资保障，包括《投资法》第14条第1款规定的利润税免税期；

4. 申请人依据第5条第7款所做选择，及其据此无权享受投资优惠；

5. 认可执行合格投资项目法人章程。

第 7 条 7.1 理事会或省/直辖市投资委员会应依据第 6 条第 3 款协助办理各项核准手续，并在核发有条件注册证书后，代表并协助申请人办理第 6 条第 3 款第 1 项所述相关部委、部门、机构、实体或王国政府有关部门的证照及核准手续。

……

7.3 最终注册证书核发：有条件注册证书持有人取得第 6 条第 3 款第 1 项所述全部证照及核准手续的，理事会或省/直辖市投资委员会须核发最终注册证书。

7.4 核发最终注册证书期限：自核发有条件注册证书之日起 28 个工作日内，持有人未取得第 6 条第 3 款第 1 项所述全部证照及核准手续的，理事会或省/直辖市投资委员会须核发最终注册证书。

……

7.6 合格投资项目启动：最终注册证书核发日即为合格投资项目启动日，同时开始进入《投资法》第 14 条第 1 款及本细则第 15 条第 1 款所述利润税免税期的启动期。

一般而言，如所申请的投资项目不在法令另外规定的负面清单上，涉及违法领域、政治敏感或国家利益等问题，CDC 应在不超过 20 个工作日内向申请人出具注册证书。但部分投资项目提交须提交至部长会议批准。

《关于柬埔寨发展理事会的组织和运作》第 147 号次级法令

第 11 条 CDC 应将下列情况的投资项目提交至部长会议批准：

1. 拥有 5000 万美元及以上的资本投资；
2. 涉及政治敏感问题；
3. 以勘探和开发矿产和自然资源为经营目标；
4. 极有可能对环境产生负面影响；
5. 拥有长期发展战略；
6. 对于一些基础设施项目有其用途，例如，基于建造—拥有—转让（build-operate-transfer，BOT）、建造—拥有—经营—转让（build-own-operate-transfer，BOOT）、建造—拥有—经营（build-own-operate，BOO）或建造—租赁—转让（build-lease-transfer，BLT）模式的项目。

第二节 投资鼓励

柬埔寨对外商投资持开放和自由政策，除了禁止外国人在柬埔寨持有土地所有权，几乎没有限制，也不存在专门管理外国投资者的单独法律或特别规则。总体而言，任何投资柬埔寨的外国投资者，包括外国国有企业，都要遵守柬埔寨的法律，与适用于当地投资者的法律一致。

QIP 的优惠是针对项目发放的，而不是针对公司整体的。在柬埔寨投资额在 200 万美元以上的 QIP 项目申请由 CDC 直接受理，200 万美元以下的由项目所在省、市投资委员会 PMIS 受理。在拿到 CDC 或 PMIS 委员会的 QIP 后，并获得最终注册证书，可以享受相应的优惠政策。

（一）投资优惠领域

《投资法》规定了鼓励投资的重点领域和活动，几乎囊括所有产业，由此更加可以看出柬埔寨政府对外商投资的大力扶持。

《投资法》

第 24 条　以下的投资领域和活动应受到鼓励：

1. 具创新及研究发展的高科技产业；

2. 提供具附加值、创新和高竞争力的新兴产业或制造业；

3. 服务于区域和全球生产链的产业；

4. 农业、旅游、制造相关的支持性产业、服务于区域和全球生产链的产业以及与连接供应网的产业；

5. 电气和电子产业；

6. 备件装配及安装产业；

7. 机械与机器产业；

8. 服务于国内市场或出口的农业、农工业、农产品加工业和食品加工业；

9. 优先领域中的中小企业、中小企业集群发展、工业园、科技和创新园区；

10. 旅游业及与旅游相关的活动；

11. 经济特区的发展；

12. 数字产业；

13. 教育、职业培训和提高生产力领域的投资；

14. 卫生领域的投资；

15. 发展实体基础设施；

16. 对物流领域的投资；

17. 对环境、生物多样性管理保护以及循环性经济的投资；

18. 对绿色能源及有助于适应和减缓气候变化的科技领域的投资；

19. 柬埔寨王国政府认为具有社会经济发展潜力的，而本法未列出的其他领域投资活动。

（二）投资优惠总规定

《投资法》

第25条 上述第24条所述的未列入负面清单的行业和投资活动，在获得合格投资项目资格的注册证书后，应获得全部或部分的基本税收和/或关税优惠。

QIP的优惠政策主要体现在所得税、增值税、关税减免、特殊折旧等方面：

1. 免缴企业利润所得税：免税期由起动期3年+免税期3年+优先期3年构成（最多9年）；

2. 特别折旧：企业可以根据实际项目情况，在免企业所得税和特别折旧优惠之间二选一。

第26条第1款 注册为合格投资项目的投资活动有权在以下两种基本鼓励选项中做选择。

选项1

根据投资领域与活动，豁免3年至9年的所得税，免税期将在取得首次收入始计。其投资领域和活动，以及所得税免税期，将由财政管理法和/或法令规定。所得税免税期结束后，合格投资项目有权享有以下按相比于应缴税款的累进税率纳税：

1. 前两年为25%。

2. 接下来两年为50%。

3. 最后两年为75%。

（1）在所得税豁免期间，豁免所得税预缴税款。

（2）通过应有的独立审计报告，获得豁免最低税额。

（3）获得免税出口，除非其他法律及司法规范文件中另有规定，或

选项2

1. 有权通过现行税收规定中规定的特殊折旧扣除资本支出。

2. 可享有高达200%，长达9年的其他具体开支抵扣。有关投资行业和活动与具体支出以及抵扣期限，应在财政管理法和/或法令中规定。

3. 根据财政法和/或法令中规定的行业和投资活动，在某一个具体时间内获得所得税预缴的豁免。

4. 必须有独立审计报告，以获得豁免最低税额。

5. 获得免税出口，除非其他现行法律与司法规范文件中另有规定。

第27条 除本法第26条所述的基本鼓励措施之外，对登记为合格投资项目的投资活动还获得如下鼓励：

1. 合格投资项目的实施所购买的在当地生产的生产投入，获得免增值税的鼓励。

2. 对以下任何活动，可获得在计务基础上的支出抵扣达150%：

（1）调研、开发与创新；

（2）通过向柬埔寨工人提供职业技能培训来发展人力资源；

（3）为工人/雇员建造他们负担得起费用的宿舍、食堂、托儿所和其他设施；

（4）提升机器现代化，以服务于生产线；

（5）为柬埔寨工人/雇员提升福利，如为工人/雇员从住所到工厂提供舒适的交通工具、工人/雇员负担得起的合理价格的宿舍、食堂、托儿所和其他设施等。

3. 对于符合法令规定的扩展合格投资项目，获得免所得税的鼓励。

（三）税收优惠具体政策

1. 利润所得税

《修正法》

第13条　投资优惠包括：

合格投资项目在利润税免税期内，免缴税法规定的利润税。免税期构成为：启动期+3年免税期+优先期。优先期由财政管理法规定。启动期最长至合格投资项目获利的第一年度，或取得第一次收益后3年，以先到者为准。

根据相关法律规定，免缴税法规定的利润税的启动日为最终注册证书核发日，注册证书核发后，即开始进入启动期，分为以下几种情况：

（1）当QIP项目有营业收入且当年取得利润，启动期视为结束，项目进入免税期；

（2）当QIP项目有营业收入但当年亏损，亏损期最多3年，随后进入免税期；

（3）QIP项目没有营业收入的，不计算，直至取得收入开始计算。

所以，起动期根据项目营收及盈利情况确定长短。此后为3年固定免税期，优先期则由财政管理法规定启动期最长至合格投资项目获利的第一年度，或取得第一次收益后的3年，以先到者为准。（见表2－1）*

表2－1　QIP利润税免税期的时间示例

<table>
<tr><th>情况</th><th>2015年</th><th>2016年</th><th>2017年</th><th>2018年</th><th>2019年</th><th>2020年</th><th>2021年</th><th>2022年</th><th>2023年</th></tr>
<tr><td rowspan="2">1</td><td>最终注册证书核发</td><td>无收入</td><td>有收入（盈利）</td><td>有收入（亏损）</td><td>有收入（盈利）</td><td>有收入（亏损）</td><td>有收入（盈利）</td><td>有收入（盈利）</td><td>有收入（盈利）</td></tr>
<tr><td colspan="2">启动期</td><td colspan="3">3年免税期</td><td colspan="3">优先期</td><td>—</td></tr>
</table>

* 原法条下没有相关表格，或表格表述不清晰的，为方便读者理解，作者根据法条内容编制了表格，并纳入全书表格排序。本书其他法条下未作特殊说明的，均按此处理。——编者注

续表

情况	2015年	2016年	2017年	2018年	2019年	2020年	2021年	2022年	2023年
2	最终注册证书核发	无收入	有收入（亏损）	有收入（亏损）	有收入（亏损）	有收入（亏损）	有收入（盈利）	有收入（盈利）	有收入（盈利）
	启动期					3年免税期			优先期
3	最终注册证书核发	无收入	无收入	无收入	有收入（盈利）	有收入（盈利）	有收入（亏损）	有收入（亏损）	有收入（亏损）
	启动期				3年免税期			优先期	

2. 增值税

《投资法》

第26条第2款 除了本条款第一段落的鼓励措施外：

（1）服务于出口的合格投资项目，和属于服务于合格投资项目的支持产业，有权进口关税、特别税及增值税属国家负责的建筑材料、建筑设备、生产与生产投入的设备材料。

（2）服务于国内市场的合格投资项目，有权进口关税、特别税及增值税属国家负责的建筑材料、建筑设备和生产设备材料。对于生产投入的鼓励措施，应在财政管理法和/或法令中规定。

位于经济特区的合资投资项目，同样有权享有与本法所述的其他合资投资项目同样的鼓励和保护。

第27条 除本法第26条所述的基本鼓励措施之外，登记为合格投资项目的投资活动还获得如下的鼓励。

合格投资项目的实施所购买的在当地生产的生产投入，获得免增值税的鼓励。

3. 进出口关税

QIP项目在起动期、免税期、优先期期间，均享受企业所得税免除及进口材料免关税。

利润税免税期结束后，QIP项目须按20%税率缴纳企业所得税，但用于生产的进口材料、设备等在经CDC每年批准后仍可继续享受进口关税优惠政策。

（1）免税进口

QIP项目可免关税进口生产设备、建筑材料、原材料和生产投入材料。为取得生产用原材料免税进口批件，QIP项目所在公司应每年向CDC申报拟进口材料的数量和价值，出口型QIP还可以申请免增值税进口政策。

（2）免税出口

QIP项目出口税全免，但现行法律另有规定的除外。

《修正法》

第13条　投资优惠包括：……

5. 内销型合格投资项目进口生产设备、原材料的，应予免税。详见次法令规定。

6. 出口型合格投资项目进口生产设备、建筑材料、原材料、半成品及配件的，应予免税。使用海关保税仓库的出口型合格投资项目除外。详见次法令规定。

7. 配套产业合格投资项目进口生产设备、建筑材料、原材料、半成品及配件的，应予免税。详见次法令规定。

……

10. 合格投资项目100%免征出口税，现行法律另有规定的除外。

……

特别需要注意的是，QIP的权利及可享受的投资优惠只能由该项目本身享有，不得转让或让与第三方，但是采用并购方式获取的除外。

第三节　市场准入法律规定

《投资法》

第25条　前述第24条所述的未列入负面清单的行业和投资活动，在获得合格投资项目资格的注册证书后，应获得全部或部分的基本税收和/或关税优惠。

虽然柬埔寨给予外商投资较为开放、包容与自由的环境，但相对于投资鼓励的领域，柬埔寨政府对于一些投资进行了优惠政策限制，对于部分投资更是给予了严格的禁止与限制，外商投资者需注意审查。

一、完全禁止投资领域

《修正法实施细则》附件一第一部分明确，相关法规禁止的投资活动：

1. 精神及麻醉物质生产及加工；

2. 使用国际规则或世界卫生组织禁止使用、影响公众健康及环境的化学物质生产有毒化学品、农药、杀虫剂及其他产品；

3. 使用外国进口废料加工发电；

4. 森林法禁止的森林开采业务；

5. 法律禁止的投资活动。

二、外商投资受限领域

在部分投资领域，柬埔寨政府对外商投资者给予了部分限制规定。

1. 不动产领域

在不动产领域，法规规定禁止外国人在柬埔寨拥有土地所有权，柬埔寨土地只能由具有柬埔寨国籍的自然人或法人私人拥有。但《柬埔寨王国土地法》（2001 年，以下简称《土地法》）允许外国投资者通过特许权获得土地，或以永久租约（最短 15 年，最长 50 年，可续签 50 年）或有限的短期租约形式租赁土地。自 2010 年《关于共有建筑的外国所有权法》颁布以来，外国人可以在共有产权建筑的一楼以上拥有共管公寓或分层单元（最多占建筑面积的 70%）。

《修正法实施细则》

第 19 条第 3 款 所有权权利：根据《柬埔寨王国宪法》，外籍自然人或法人不得拥有柬埔寨土地。

第 20 条 20.1 柬埔寨法人：除所有权权利外，允许柬埔寨投资人以多种方式使用土地，包括特许、租赁、转让或抵押。

20.2 外籍法人：允许外籍法人以多种方式使用土地，包括特许、15 年或以上长期租赁及可展期短期租赁。土地使用权包括承租人在合同规定期限内对建筑物、装备及土地改良所拥有的权利。使用土地方式需符合现行法律规定。

2. 商业和金融服务业

所有企业都必须在商务部（Ministry of Commerce，MOC）和税务总局（General Department of Taxation，GDT）注册。银行业相关的项目由柬埔寨国家银行（National Bank of Cambodia，NBC）根据不同的立法进行监督和管理，具体取决于项目情况。

同时，对于中国投资者来说，人民币目前并非柬埔寨的流通货币，柬埔寨当地货币为瑞尔，自美元被允许在市场上流通。近十多年来，美元成为柬埔寨社会的主要交换媒介，流通量占市场货币流通总量的 80% 以上。

三、特殊许可领域

在某些行业的投资项目，如旅行社、卷烟制造、酒精生产、电影制作、出版、印刷、广播电视、典当业和药品进口等，根据投资项目的类型，在申请成为 QIP 之前，投资者还可能被要求取得其他相关部门的许可证，例如：

工业、科学、技术和创新部颁发的工厂许可证；

矿业和能源部颁发的采矿许可证；

农业、林业和渔业部颁发的农业许可证和特许权；

获得环境部的环保许可；

旅游部颁发的施工许可证；

经济财政部颁发的房地产开发商许可证。

四、不享受投资优惠的投资活动

QIP 申请采取负面清单制，《修正法实施细则》附件一第二部分和第三部分详细列明了不予享受资优惠项目的清单以及可享受免缴关税，但不享受免缴利润税的特定投资活动。

（一）不享受投资优惠的投资活动

1. 商业活动、进口、出口、批发、零售，包括免税商店。

2. 运输服务，包括水运、陆运、空运，铁路系统投资除外。

3. 国际标准酒店外设立的饭店、卡拉 OK 厅、酒吧、夜总会、按摩室、健身室，或虽位于国际标准酒店内，但投资人将店面出租给非合格投资项目第三方经营的，投资人无权享受投资法修正法赋予投资人的免缴利润税政策。

4. 旅游服务、旅游代理、旅游信息及旅游广告。

5. 赌场、赌博业务及服务。

6. 货币、金融业务及服务，包括银行、金融机构、保险公司及其他金融媒介。

7. 报刊及媒体业务，包括电台、电视台、新闻、杂志、电影、视频制作或复制，影剧院、演播室及相关业务。

8. 专业服务。

9. 危及生物多样性、人类健康及环境的改性活生物体（Living Modified Organism，LMO）。

10. 有国内合法原材料供应渠道、使用天然林木生产加工木材制品项目。

11. 烟草制品生产。

12. 投资额在 50 万美元以下的食品饮料生产项目。

13. 投资额在 50 万美元以下的纺织行业配套产品生产项目。

14. 投资额在 50 万美元以下的服装、纺织、鞋、帽生产项目。

15. 投资额在 50 万美元以下、不使用天然木材的家具、固定附着物生产项目。

16. 投资额在 50 万美元以下的纸及纸制品生产项目。

17. 投资额在 100 万美元以下的化学品、水泥、农用化肥、石化产品生产项目。

18. 投资额在 50 万美元以下的橡胶及塑料制品生产项目。

19. 投资额在 30 万美元以下的皮革及相关制品生产项目。

20. 投资额在 30 万美元以下的金属制品生产项目。

21. 投资额在30万美元以下的电气、电子设备及办公材料生产项目。

22. 投资额在30万美元以下的玩具及体育用品生产项目。

23. 投资额在30万美元以下的机动车、零部件生产项目。

24. 投资额在50万美元以下的净水供应项目。

25. 投资额在100万美元以下、产品100%供应出口产业的配套产业项目。

26. 投资额在800万美元以下的国际贸易展览中心及会议厅。

27. 投资额在200万美元以下、占地面积小于1万平方米、车位不足的新式市场或贸易中心建设项目。

28. 投资额在20万美元以下的动物饲料生产项目。

29. 投资额在30万美元以下的陶瓷制品生产项目。

30. 投资额在400万美元以下的教育培训机构，提供技能开发、技术、工艺培训，为工业、农业、旅游业、基础设施、环境、工程及科学等领域提供服务。

31. 三星级以下宾馆。

32. 宾馆客房在100间以下，或旅馆客房在30间以下，旅游区面积小于10公顷的综合性旅游中心。

33. 投资额在100万美元以下、占地面积小于1000公顷的自然旅游区或自然旅游区开发项目。

34. 面积小于50公顷的综合性娱乐场所，包括酒店、主题公园、体育设施、公园。

35. 停车场。

36. 仓库设施。

37. 投资额在100万美元以下、病床在50张以下，无先进设备、实验室、手术室、X线室、急救室、药房、电梯（3层以上建筑）、救护车、太平间的综合性医院。

38. 投资额在100万美元以下的现代医药生产项目。

39. 投资额在50万美元以下的传统医药生产项目。

40. 农业。

11,000公顷以下的水稻种植项目；

2500公顷以下的经济作物种植项目40.350公顷以下的蔬菜种植项目。

41. 畜牧业。

11,000头以下的家畜养殖项目；

2100头奶牛以下的牛奶场；

31万只以下的家禽养殖项目。

42. 部分水产项目。

43. 部分人工林、林场及野生动物养殖项目。

44. 部分水产、谷物、农作物冷冻及加工出口项目。

45. 电信增值服务。

46. 房地产开发项目。

（二）可享受免缴关税，但不享受免缴利润税的特定投资活动

1. 电信基础服务。

2. 天然气、石油勘探及全部矿产开采项目，包括石油、天然气开采的供应基地。

五、风险分析

（一）外国投资者的准入风险

因在投资项目申请前未详尽审查法令规定的负面清单以及限制投资的领域，首先可能会造成投资项目注册失败，无法继续开展，其次可能会造成无法享受相应的投资优惠政策，此外，还有可能因误解认为 QIP 项目只有某某行业才能申请，由此为项目缴纳了高昂的进口关税和增值税，从而最终都会导致投资者时间、人力、经济等成本投入的损失。

（二）投资保障政策和优惠政策的风险

因柬埔寨的投资保障和优惠政策较为复杂和烦琐，在具体投资实践中的落实情况也不尽相同，导致投资者无法真正享受具体的优惠政策。因在投资注册前未取得相关特别许可，或没有相关批准文件，导致项目无法申请注册。例如，没有建筑许可批文，此类厂房可能被认定不符合安全标准，无法申请 QIP 项目。

（三）税务风险

在部分 QIP 项目在取得 FRC 之后，没有向税务局申请相关免税证明文件，将会被视为自动放弃免税期以及承担不必要的赋税，或是 QIP 项目取得 FRC 后未按规定每年向 CDC 申请取得合规证书，无法享受免缴企业所得税等待遇。

六、防范建议

外商投资者对柬埔寨投资，风险防范意识是进行投资的前提。由于外国投资者到柬埔寨投资会面临法律体系不健全和执法不严的法律风险，因此，中国企业到柬埔寨进行投资之前，要有法律风险的防范意识，要做到知法依法，要准确把握柬埔寨关于外国投资的相关法律和政策。要对柬埔寨外国投资法中的投资准入问题、投资保障问题、投资

优惠问题、外汇问题、税收问题、投资争端解决等问题有全面透彻的了解。从实务操作方面来说，中国投资者在进入柬埔寨投资之前，应主动与中国驻柬埔寨的经商机构取得联系，从正规渠道获取投资信息，并进一步对柬埔寨的国情和市场环境做调研，起步阶段更要对 CDC 的相关法令、次级法令以及项目投资流程进行深入、透彻了解。在获得 CDC 的审批后，要遵守柬埔寨的法律法规、文书规范来开展经营活动。

拟赴柬埔寨投资的中国企业应实地详细调查了解柬埔寨投资保障和优惠政策，必要时委托专业机构进行尽职调查，以便掌握柬埔寨投资保障和优惠政策的实际情况，做出符合实际的投资决策。

同时，在投资城市选择上，建议外商投资者尽量选择法律体系健全透明、政治经济稳定的国家和地区，以便于当后期出现纠纷时可通过法律手段保障自己的合法权益。

第三章　项 目 实 施

与中国投资者在其他国家的投资相同，在柬埔寨投资主要方式有绿地投资、并购、工程项目承揽。各种投资方式的路径不同、目的不同，各有侧重，对于中国投资者而言，选择满足自己需求的投资模式，是交易安排与规划的起点。

第一节　绿 地 投 资

绿地投资是一种重要的国际投资形式，可以促进投资主体和东道国之间的经济合作和发展。通过创建投资企业或设立商业存在，外国投资者可以利用东道国的资源和市场，开展生产、销售等经营活动，从而实现企业的盈利和发展。同时，绿地投资还可以促进东道国的经济增长，增加就业机会，改善当地居民的生活条件。在跨国公司、投资基金等投资主体的推动下，绿地投资在全球范围内得到广泛应用，成为推动国际经济合作和发展的重要手段之一。

具体而言，在柬埔寨开展绿地投资的基本流程为：开展项目调研、进行规划及选址、履行审批手续、完成公司注册、开展实际经营。

一、项目调研

柬埔寨法律对于项目调研没有强制性规定。项目调研主要侧重于对在柬埔寨拟开展投资活动的商业可行性进行评估，但在具有初步设想后，应结合项目落实可能涉及的市场准入事项进行前置性评估，相关法律法规的规定，请参见第二章。

（一）条款解读

有关市场准入的相关法律法规解读，请参见第二章。

（二）风险分析

对于绿地投资者而言，项目调研可能存在的风险如下。

1. 缺乏对当地具体情况的了解，盲目推进项目

对于外国投资者，尤其是中国投资者，在柬埔寨开展投资项目过程中，存在基于“中国经济发展状况优于柬埔寨，只需要移植国内部分优势项目至柬埔寨，从商业角度必然具有巨大潜力”的错误认识，在未进行充分调研的基础上，盲目投资，最终造成投入无法收回，无法实现盈利的局面。

2. 缺乏对拟开展投资项目，在商业可行性评估之外，进行全面的分析与评估

对于外国投资者，在柬埔寨开展的投资项目，通常市场调研阶段侧重于商业评估。但可能缺乏对包括政府审批、市场准入等法律事项、当地政府及当地居民社区态度等主观因素的全面考量，最终导致在前期投入大量人力、物力、财力开展前期准备工作之后，后期实际落地项目时，存在难以推进，甚至不得不放弃项目的不利情形。

3. 缺乏对社区居民、非政府组织、媒体意见的重视

在项目调研阶段，外国投资者可能因对政府关系过分依赖，基于自上而下单向沟通的机制，仅考虑政府意见，而对当地社区居民、非政府组织、媒体观点缺乏前期的调查与了解，导致在后期项目落实过程中，遭遇当地社区居民、非政府组织和媒体的批评与阻挠，项目推进缓慢、受阻等困难。

（三）防范建议

1. 开展充分的市场调研

柬埔寨作为发展中国家，其经济和市场环境与发达国家、其他部分发展中国家仍有很大的差距。尽管中国和柬埔寨在某些方面存在相似之处，但两国的市场环境和商业文化仍然存在较大差异。因此，只是简单地移植国内的优势项目，在柬埔寨市场上并不一定能够取得成功。作为投资者，建议首先加强对海外投资风险的认识，摒弃简单项目移植的错误观念；其次可以充分利用第三方机构，诸如国内贸易促进委员会、律师事务所、会计师事务所、咨询机构已发布的有关柬埔寨的各类资料与信息，内部对拟开展投资项目进行初步评估，确认不存在明显的实施障碍；最后在内部评估初步确定拟开展投资项目不存在实质性障碍后，再聘请专业的第三方机构，对具体的拟开展项目进行更具有针对性的调研，进一步确认是否存在项目实施的障碍及项目实施的可行性。

2. 除商业评估外，也应该从法律、政府机关的态度和意见、当地非政府组织（如居民社区）等角度充分进行前期了解与评估

建议在市场调研阶段，明确商业评估的需求之外，也应同步对市场准入等法律事项开展评估。同时，建议建立与当地政府的沟通机制，了解官方对拟开展投资项目的态

度，加强与当地使领馆的交流和沟通，也可与当地已经开展投资活动的其他中国投资者进行交流，从不同角度充分了解当地的营商环境及可能面临的问题与挑战，从而对项目整体实施的难度与可行性进行充分研判。

3. 重视当地社区居民、非政府组织和媒体意见

建议在市场调研阶段，也将当地社区居民、非政府组织和媒体的相关意见进行检索和收集，对可能存在的问题和阻碍进行前期研判，对于后期项目实施可能面临的问题可以提前准备应对方案，有备无患。

二、规划及选址

（一）法律规定

《柬埔寨土地利用规划、城市化与建设法》（以下简称《土地规划与建设法》）

第 5 条 金边市土地管理、城市规划和建设委员会或各省、直辖市土地管理、城市规划和建设分委员会，应分别制定各自的发展总体规划，以整合和发展各自的区域。此类总体规划应由国家土地管理、城市规划和建设委员会批准，并由次级法令确定。

为了保护遗产和环境，并确保部长会议指定的任何特定区域的经济发展，国家土地管理、城市规划和建设委员会有责任就前述特殊区域制定具体的总体规划，并提交部长会议批准。

第 6 条 各省会城市、省、直辖市均应制定土地利用总体规划。私人实体和行政机关在其建设工程中应严格遵守此类总体规划。

第 7 条 土地利用总体规划应当明确分配国防、农业、商业、工业、手工业、文化、旅游、宗教、行政建筑和公共设施用地区域。土地利用总体规划还应详细说明用于建设的可能性。

第 17 条 不符合总体规划和土地利用规划及建设的，不得颁发施工许可证。

若公共安全、环境、公共卫生，任何具有考古、历史、文化、美观、技术或自然资源价值的建筑物或财产受到此类施工的影响，则不得颁发施工许可证。

没有与其建设相适应的基础设施和公用设备的，不予颁发施工许可证。

《土地法》

第 8 条 只允许柬籍自然人和法人对柬王国土地拥有所有权。下列自然人和组织可以成为柬埔寨土地的所有者：柬埔寨公民、公共区域的集体、公共机构、社团、协会、公共企业、民商企业和任何法律视为法人的柬埔寨组织。

伪造柬籍身份成为柬埔寨土地所有者的外国人应依本法第 251 条受到惩罚。上述情况购买的土地将会被无偿收归国有。

《第 146 号经济特许地法令》

第 2 条 经济土地特许权是指通过特定的经济土地特许权合同将国有土地授予特许权人用于农业和工农业开发的机制。

《2012 第 01BB 号有关提高经济特许地管理效率的指示令》

第 1 条 暂停供应经济特许地。

第 3 条 若已签署经济特许地协议的公司未遵守现行规定或合同，特别是砍伐树木但未进行特许权开发、占用额外土地、出于转租目的对部分土地未进行开发、进行了不同于合同规定的开发、占用了属于公民或原住民社区的土地，国家政府有权收回相应的特许权。这些归还国家的特许权将由国家直接管理。

《民法典》

第 244 条 永久租赁，是指对不动产的长期租赁，租赁期限不少于 15 年。

第 247 条 永久租赁的期限不得超过 50 年。订立永久租赁的租期超过 50 年，则租期应缩短为 50 年。永久租赁可以续签。前提是续签期限自续签之日起不得超过 50 年。

《第 148 号关于建立和管理经济特区的法令》

第 3.1 条 建立经济特区的条件：

i. 根据柬埔寨政府的决定和理事会的“一站式服务”机制，允许在柬埔寨的恰当和战略地区建立经济特区。

ii. 经济特区可由国家、私营企业或国家与私营企业的合资公司建立。

iii. 设立经济特区必须满足以下条件：

占地 50 公顷以上，并且有明确的位置和地理边界。

有边界围挡（出口加工区、自贸区和区内每个投资者的场所）。

有管理办公楼、园区管理办公室、大型路网、干净的水、电、通信网络、消防和安全系统。根据不同情况，该区可能预留土地用于工人、雇员和雇主的居住、公园、医务室、职业培训学校、加油站、餐厅、停车场、购物中心或市场等。

有污水管网、废水处理管网、适当的固体废物贮存和管理场所、环境保护措施以及其他认为必要的相关基础设施。

应遵守有关部委或机构发布的指示中规定的经济特区建设、环境和其他义务的技术要求、法规和基本标准，同时考虑每个区域的地理和具体规模，并根据现行法律、国家和国际标准执行。

（二）条款解读

1. 拟投资项目的选址应符合柬埔寨的国家和地区规划，也应符合具体规划土地的用途。

2. 按照《土地法》的规定，外国投资者不能直接享有柬埔寨的土地的所有权，但可以通过其他途径实现土地或地上建筑的长期或永久利用。主要形式如下。

（1）通过取得经济特许地的形式使用土地。虽 2012 年柬埔寨政府已发布指令（《2012 第 01BB 号有关提高经济特许地管理效率的指示令》）暂停授予新的经济特许地，但已经授予的经济特许地不受影响。

（2）通过长期租赁的形式使用地上建筑。根据《民法典》可与地上建筑所有者签署不超过 50 年租期的长期租赁合同，到期后仍可延长，延长期限仍不得超过 50 年，通过多次续签，可以实现对地上建筑的永久使用。永久租赁是一种可抵押资产，这意味着外国投资者可以利用它从银行机构获得融资。

（3）通过符合条件的柬埔寨实体直接持有土地。与柬埔寨自然人或法人设立具有柬埔寨国籍的合资企业，即相关法律实体中柬埔寨自然人或法人股东或合伙人持有的表决权或权益超过 51%，再由该合资企业持有柬埔寨土地。

（4）通过土地控股公司与外国投资者签订长期租赁合同。设立一家被视为柬埔寨实体的控股公司，外国投资者拥有公司 49% 的股份，柬埔寨方拥有剩余 51% 的股份。由该控股公司持有柬埔寨土地所有权。为保护外国投资者在其土地上使用和经营的权利，控股公司可与外国投资者签订长期租赁协议，以确保后者享有最长 50 年的土地权利。

3. 外国投资者也可以选择在经济特区开展投资项目。经济特区可能由国家设立、由私人企业投资设立或者由国家和私人企业合资设立。经济特区的激励措施可能不尽相同，具体取决于经济特区的具体政策要求。据公开信息，柬埔寨目前共有 48 个经济特区。经济特区是通过获得 CDC 认证并获得政府提供的财政激励的 QIP。经济特区的开发商和投资者可以享受一系列的优惠政策，如 9 年免征利润税、免征建设特区设备的进口税、免征增值税、不受限制的外汇以及国有化和价格固定担保。尽管经济特区内外的合格投资项目享有相同的财政激励，但经济特区采用了“一站式服务”机制简化了进出口流程，从而使园区内的投资项目获得更多的实质性利益。柬埔寨经济特区委员会是经济特区的主要监管机构，隶属于 CDC。柬埔寨经济特区委员会负责经济特区的发展、管理和监督，并决定经济特区可以享受哪些优惠激励。为了简化海关手续、促进贸易，每个经济特区都设有一个现场行政办公室，实行“一站式服务”机制。此外，经济特区还设有争议解决委员会，专门负责受理开发商和投资者的投诉，并解决相关问题。从投资便利化的角度而言，经济特区具有集群优势。

（三）风险分析

1. 外国投资者在选址时，未充分对拟投资项目当地的土地规划进行查询和确认，导致后期项目用地存在障碍或无法落地。在选址过程中，忽略了对当地规划的核查，过分依赖当地政府的承诺（通常仅为口头承诺），导致后期项目落地时，存在与规划不符的情况，即使投资项目（通常在当地政府的默许下）按照计划实际实施，但仍然存在用地瑕疵，合规风险未能完全排除。

2. 外国投资者在选址时，未充分核实土地所有权人情况，导致后期土地无法使用，或因轻信他人，与非土地所有权人签署租赁协议导致后期真正权利人主张权利时，难以通过有效方式保护自身利益。

3. 外国投资者在选址时，仅考虑地理位置，未对选址周边环境及业务需求进行整体考虑。柬埔寨各地区发展不平衡，配套设施、基础设施、安全保障等存在差异，若对拟投资项目涉及的上下游供应链、目标市场、交通需求、人力要求等未进行综合性考量，可能导致后期项目实际落地后，产生过高的运输、供应和人力成本。

4. 外国投资者出于持有土地的考虑，与柬埔寨当地自然人或法人进行合作，但对合作方未进行审慎的调查和情况核实。后期通过合资实体等形式利用土地时，因合作方的不诚信，导致土地利用存在障碍，影响投资项目的推进和经营。

5. 外国投资者出于优惠条件考虑，选址经济特区，但未对各经济特区的具体优惠政策进行充分了解与比较，仅听信宣传即做出了选址决策。目前，柬埔寨有 48 个经济特区，与其他国家不同，柬埔寨经济特区并非全部为国家划定的特殊区域，享有统一的优惠政策。这可能导致各个经济特区之间的基础设施、配套设施、优惠条件等存在较大差异。由于对当地情况的不了解，部分外国投资者在未对相关经济特区进行充分了解和调研的基础上，仅基于经济特区的宣传资料等片面信息，选址于不能满足实际需求的经济特区，最终面临前期投资无法收回，追加投资也无法实现投资目的的两难境地。

（四）防范建议

1. 建议外国投资者在选址时，就拟选择地址的规划情况与当地政府部门或合作对象进行核实。尽可能确保拟开展投资所处地址符合国家、当地规划和土地用途。若可能存在任何不符合规划的用地情况，当地政府或其他具有相应规划权限的主体对用地合规性的承诺应当以书面形式单独确认或反映在最终的协议文本中，最大限度地降低用地合规风险。

2. 建议外国投资者自身或通过第三方中介或政府部门，充分核实拟选址土地的所有权情况，并对接洽对方的身份进行交叉核实，确保与真实权利人签署租赁合同等，充分保障自身利益。同时，在签署法律文件前，要求对方出具官方的权属证明或具有同等效力的官方文书，以充分保障自身权益。

3. 建议外国投资者选址时，对选址周边的情况，包括但不限于交通、安全、基础设施、交通枢纽等进行全面的考察与评估，在充分了解各方面信息的前提下，再行确定投资项目地址。尤其应当注意考察，当地的基本用水、用电等，是否存在价格过高或供应困难的情况。

4. 建议外国投资者在选址时，如果采用与柬埔寨籍自然人或法人进行合作，应充分对合作对方进行尽职调查，包括该自然人或法人的资信情况，对过往的履约情况进行充分的调查和研究，并且在相关的法律文件中明确约定各方的权利义务，避免后期对方以土地权利为由要求外国投资者支付额外的费用或提供其他利益。

5. 建议外国投资者选择租用经济特许地时，注意审查经济特许地的授权范围，包括被授权开展的经营活动类型，是否存在任何转租限制等各个方面，结合届时有效的法律法规和政府政策，对经济特许地是否存在被收回的风险进行评估，以避免造成损失。

6. 建议外国投资者在选址于经济特区的情况下，应尽可能多考察几个经济特区，同时对于经济特区的优惠政策，尽可能要求经济特区管理委员会提供书面的文件或说明，以充分了解和比较不同的经济特区的不同优势和缺陷。

以知名度较高的柬埔寨西哈努克港经济特区（以下简称西港特区）为例；西港特区成立于2007年，是中国首批国家级境外经贸合作区之一，也是中柬两国政府认定的唯一的中柬国家级经济特区，还是首个签订双边政府协定、建立双边政府协调机制的合作区，现已成为“一带一路”建设在东南亚区域的标志性项目。西港特区提供的优惠政策包括：免征出口税；用于生产的机械设备、建筑材料、零配件、原材料等免进口税；根据投资规模和类型，最多可获6～9年的免税期，免税期之后所得税税率为20%；生产设备、建筑材料等增值税率为0；服务于出口市场产业的原材料，增值税率为0；服务于内销市场产业的原材料，增值税率为10%；租赁税税率为10%。

柬埔寨目前已有大量经济特区和工业园区，这些经济发展区大部分集中在金边、西港、暹粒以及与越南、泰国接壤的边境地区，基本符合国家工业基地的选址。通常建议选择设立时间长、管理良好的经济特区，以充分利用其相对成熟的基础设施和管理设施，有效降低维护成本和前期投入，增强选址的稳定性和可预见性。

三、审批手续

（一）法律规定

有关市场准入的法律法规，详见第二章。

《柬埔寨王国环境保护和自然资源管理法》

第6条 每个私人或公共项目和活动都应进行环境影响评估，并在提交政府决定之前由环境部审查和评估。该评估也适用于现有活动和正在进行中的活动，以及其他尚未评估其环境影响的活动。环境影响评估的程序应根据环境部的提案以法令的形式确定。需进行环境影响评价的拟议项目、私人和公共部门的现有活动和正在进行中的活动的性质和规模，应根据环境部的提案以法令的形式确定。

《第72号关于环境影响评价程序的法令》

第6条 项目业主必须进行初步环境影响评估，以符合本法令附件中规定的环境影响评估要求。

第7条 项目业主必须向环境部申请审查其初步环评报告和预可行性研究报告。

第8条 若项目可能对自然资源、生态系统、健康和公共福利造成严重影响，项目业主必须向环境部申请审查其完整的环评报告和预可行性研究报告。

第9条 如果项目属于省级项目，项目业主必须向省/市环境办公室申请审查其按照本法令第7条和第8条所述的环评报告和预可行性研究报告。

《土地规划与建设法》

第14条 建筑的建造、改建或翻修，应经主管机关核发建造许可。必要的文件和计划应附在施工许可证的申请中。本条的实施程序以法令形式确定。

第17条 不符合总体规划和土地利用规划及建设的，不得颁发施工许可证。

若公共安全、环境、公共卫生，任何具有考古、历史、文化、美观、技术或自然资源价值的建筑物或财产受到此类施工的影响，则不得颁发施工许可证。

没有与其建设相适应的基础设施和公用设备的，不予颁发施工许可证。

《第224号有关建设许可的法令》

第4条 土地管理、城市规划和建设部有权为下列建设工程颁发许可证：

面积超过3000平方米的建筑工程；

重建、加建或改造总面积（新建筑和现有建筑）超过3000平方米的现有建筑；

包括底层在内的11层以上的建筑物；

地下层深度超过5米的建筑物；

高于 5 米的挡土墙；

可能造成火灾危险的存储设施，例如，用于存储、销售或分配燃料、气体或其他石油产品的车站或仓库，或用于存储石油、气体、易燃元素或其他石油产品的储罐，以及存放易燃品的车间；

高度超过 15 米或蓄水量超过 50 立方米的水库；

体育、旅游和文化部门使用的结构，包括多功能体育场、高尔夫球场、赛道、休闲公园、游泳池、博物馆、剧院、会议厅和电影院；

在保护区内为环境、文化、历史目的或其他保护区建造建筑物；

汽车站、火车站、港口、机场和发电厂内不属于道路基础设施或自来水厂建设的建筑物、塔楼或建筑；

位于国际边界的建筑物、塔楼或大门建筑；

电话和无线电通信塔；和

任何其他高度超过 30 米的非建筑结构。

（二）条款解读

有关市场准入的法律法规条款解读，详见第二章。

1. 在柬埔寨开展的投资项目，若属于环境影响评估指令附件中所载行业和规模的项目，除属于中央政府特批的项目外，都需要进行环境影响评估。需要进行环境影响评估的行业项目包括农工业、木材和造纸生产、采矿、化工厂、纺织、发电厂、旅游业和基础设施等项目。

2020 年 2 月，环境部发布关于开发项目环境影响评价分类的第 021 号公告，对需进行初步环境影响评估（对应提交环评初报告）和基于项目性质和/或规模要求全面环境影响评估（对应提交环评报告）的项目进行明确分类，解决了公告之前，由环境部按照个案提出要求的局面。外国投资人可根据项目情况判断是否需要进行环境影响评估，以及需要进行评估的形式。

2. 在柬埔寨，只允许注册的 13 家柬埔寨公司进行环境评估。前述公司直接为项目公司提供服务。环境部环境影响评价部门只审查报告，但不负责制作报告。环境影响评价顾问和环境主管部门是除项目业主之外对环评质量产生重大影响的两个参与者。根据 2009 年关于环境影响评估的指引，环境部应当在 30 日内对提交的环境影响评价初报告和环境影响评价报告进行审查。在前述期限内，环境部组织实地考察并与受项目影响的主体进行磋商。在技术审查之后，将召开一次包括其他部委和其他利益相关者在内的多方会议，会议期间将审议提案。这次会议之后，将向环境部长就是否批准环评初报告或环评报告作出最终建议。若获得批准，将颁发环境影响评估批准证书并说明对项目附加任何条件（若有）。环境影响评估的基本流程如图 3－1 所示。

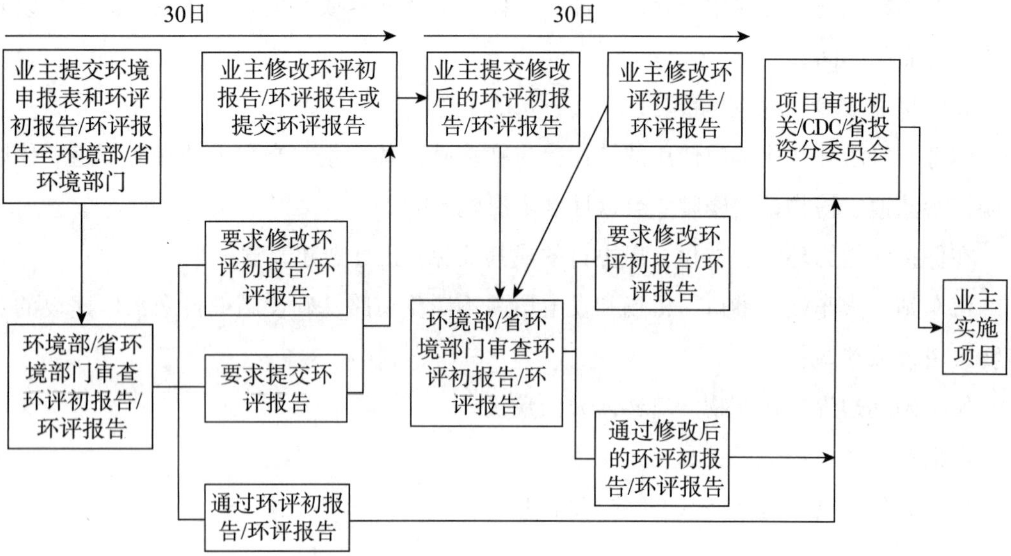

图 3－1　环境影响评估的基本流程

3. 投资项目涉及工厂、办公楼等建设项目，须符合规划，同时，还应取得建设许可证。

根据 2022 年 1 月土地管理、城市规划和建设部就《第 224 号有关建设许可的法令》发布的 13 号公告，建设许可证的申请应由施工业主（或其授权的法定代表人）提出。申请函的规定形式以及要求的证明文件（包括建设计划、证明报告和合规证明）在公告中已详细列明。申请文件应采用当地语言编写。英文文件原件的翻译必须由公证人公证。原始文件的副本必须经当地政府认证或经公证人公证。如果建设工程在签发施工许可证前就已开工，则申请文件还应包括：施工证明人出具的建设工程检查和评估报告以及施工检验人员签发的罚款付款的收据副本。

建设许可证的完整申请将由土地管理、城市规划和建设部的建筑总署和地籍及地理总署进行审查、核实和评估。土地管理、城市规划和建设部将在窗口服务办公室收到完整申请之日起 45 个工作日内对该申请作出决定。土地管理、城市规划和建设部也可以在前述期限内进行现场检查。请注意，施工许可证是在一定的时间内颁发的。在建设许可证有效期届满前 30 天内，施工业主（或其授权的法定代表人）应向窗口服务办公室提交延期申请。如果已提交的要求签发初始施工许可证的申请文件发生任何变更，施工业主（或其授权法定代表人）应提交与该变更有关的附加文件。建设许可证只允许延长一次。

（三）风险分析

1. 因柬埔寨政府对于环境影响评估相关法律法规的执行力度可能让位于吸引投资的需求，外国投资者对于环境影响评价的重视不足，导致未按照法律法规的规定完成相关的评估手续，取得环境影响评估许可，存在合规风险。

2. 涉及建设施工的项目，未按照法律法规的规定取得建设许可即开工，随后可能面临罚款。

（四）防范建议

1. 对于环境影响评估，建议外国投资者对拟投资项目按照现行法律法规的规定，对照附件清单，核对是否属于应当开展环境影响评估的项目范围，若属于该范围，应进一步确定，拟投资项目应当提交环评初报告还是环评报告，随后，按照要求聘请柬埔寨具有环境评估资质的中介机构按照要求开展评估。在选择中介机构时，注意核实机构的资质，可以要求中介机构提供服务业绩等，多家比价之后，综合确定最终的中介机构。

2. 对于涉及建设施工的项目，建议严格按照法律法规的规定，申请建设许可，避免后期的罚款处罚。

3. 对于拟投资项目涉及的审批程序，虽然目前法律法规及各类政府政令中对相关的程序设定了期限，但考虑政府部门的工作效率问题，建议外国投资者预留充分的时间，对项目的时间和推进计划充分考虑取得相关政府审批所需的时间，以避免项目进程的延迟。同时，若属于与政府合作的项目，还可考虑在交易文件中，要求政府部门承担相应的许可证照的获取责任，从而进一步降低审批和合规风险。

四、公司注册

（一）法律规定

《商业企业法》

第 8 条　普通合伙企业是两个或两个以上的主体之间订立的契约，将各自的财产、知识或活动结合起来共同开展业务以谋取利润。

第 13 条　取得法人资格的普通合伙只有在下列情况下才被视为具有柬埔寨国籍：

i. 普通合伙企业在柬埔寨设有营业地点和注册办事处；且

ii. 普通合伙企业中超过 51% 的登记所有权权益由柬埔寨籍的自然人或法人持有。

第 42 条　所有普通合伙人对普通合伙企业的债务承担连带责任。第三方在寻求对普通合伙人的强制执行之前，应首先寻求向普通合伙企业和普通合伙资产对相关债务主张强制执行。

第 64 条 有限合伙企业是由一个或多个被授权管理和约束合伙企业的普通合伙人，与一个或多个有义务向合伙企业出资的有限合伙人共同订立的契约。

第 72 条 有限合伙人仅在其同意出资的金额或财产价值的范围内承担责任。

第 86 条 “私人有限公司”是满足以下要求的有限公司形式：

i. 公司可有 2～30 名股东。但是，一个主体可以组建一家名为私人独资有限公司的公司。除了股东之间的关系外，对私人独资有限公司的要求与私人有限公司相同。

ii. 私人有限公司一般不得向公众发售其股票或其他证券，但可以向股东、家庭成员和经理发售。

iii. 私人有限公司可能对其每一类股份的转让有一项或多项限制。

iv. 自根据商务部提供的规定表格在商业登记处注册之日起，公司被视为私人有限公司。

第 87 条 “公众有限公司”是本法授权向公众发行证券的有限公司形式。公开发行应按照相关规则执行。

第 271 条 外国企业指按照其他国家法律设立同时在柬埔寨具有商业存在的企业。外国企业可通过以下形式在柬埔寨开展业务：i. 商事代表处或商事关系办公室；ii. 分公司；或 iii 子公司。商事代表处和分公司是总公司的代理机构，不具备独立于其总公司的法人资格。

第 274 条 商事代表处或商事关系办公室允许开展下列活动：

i. 出于向总公司引见客户的目的与客户进行接洽；

ii. 调查商业信息并将商业信息提供至总部；

iii. 开展市场调研；

iv. 在商品交易会上推销产品，在办公室或在商品交易会上展示样品和产品；

v. 为商品交易会购买和存储特定数量的产品；

vi. 租赁办公室和雇佣本地员工；

vii. 代表总公司与本地客户签署合同。

商事代表处或商事关系办公室不得经常性地购买或销售产品、提供服务或从事生产、加工或建设活动。

第 278 条 分公司允许从事商事代表处或商事关系办公室允许开展的活动。此外，除法律禁止外国自然人或法人从事的活动外，分公司可与本地公司一样经常性地购买或销售产品、提供服务或从事生产、加工或建设活动。

第 279 条 分公司的资产为总公司的资产。总公司对分公司的债务承担责任。

第 283 条 子公司是由外国企业在柬埔寨设立的公司，其中，至少 51% 的股权由外国企业持有。

第 285 条 子公司可采用合伙或有限责任公司的形式。

第 286 条 除法律禁止外国自然人或法人从事的活动外，分公司可与本地公司一样从事经常性的经营活动。

（二）条款解读

按照《商业企业法》的规定，外国企业在柬埔寨开展绿地投资的形式主要是通过设立商事主体的形式进行的。按照商事主体的国籍，可以选择设立柬埔寨国内公司或外国企业。

1. 柬埔寨国内公司形式

外国投资者采用国内公司形式设立的商事主体包括设立有限公司和合伙企业。为使其符合柬埔寨国内公司的国籍要求，公司或合伙企业除需在柬埔寨具有经营场所和登记住所外，还要求有限公司中超过 51% 的表决权由柬埔寨籍自然人或法人享有，普通合伙企业中超过 51% 的登记权益由柬埔寨籍自然人或法人享有。

有限公司分为私人有限公司和公共有限公司。二者的主要区别在于是否可以向公众发行股票。私人有限公司也是外国投资者最普遍选择的投资形式。

合伙企业分为普通合伙企业和有限合伙企业。在普通合伙企业中，所有合伙人均为普通合伙人，对合伙企业的债务承担无限连带责任。在有限合伙企业中，既有承担无限连带责任的普通合伙人，也有只在出资范围内承担有限责任的有限合伙人。

2. 外国企业形式

外国企业形式包括设立代表处、分公司或子公司。

外国企业的代表处和分公司不具有独立法人资格，其允许从事的业务范围主要包括接洽客户、商业推广和推销、代表总部与本地客户签署合同等，其对外国总公司之间具有较强的依附性，外国总公司需承担代表处和分公司可能产生的相关法律责任。代表处与分公司相比，虽二者可以从事的活动范围相同，但代表处的独立性更弱，不被允许从事经常性的采购、销售等经营活动，分公司则不受此限制。

外国企业按照柬埔寨法律设立的子公司属于独立法人，独立享有法律权利、承担法律义务，且外国母公司的持股比例应当超过 51%。可供选择的子公司形式包括合伙企业和私人有限公司。

3. 设立程序

如前文所述，外国投资者主要选择设立的企业类型包括：私人有限公司、代表处、分公司和子公司。按照法律规定，前述公司注册应按照下述步骤，在线上系统“一站式在线服务系统”完成。

（1）商业部注册

在注册商业部门时，需要使用柬埔寨语或英语来命名。一旦提交了公司名称，系统将进行自动审查以确保名称符合要求。如果所提交的名称不符合规定，需要提交其他名称。提交的名称若通过审核，会收到公司名称预留申请。

接到公司名称预留申请后，相应公司名称将在自动批准之日起保留两周。若在两周内完成公司注册，相关名称得以正式使用。但若在两周内未能完成公司注册，相关名称的预留申请失效，其他申请者也可使用相关名称。若在两周内未能完成公司注册，但想继续保留该名称，可以申请延期。但只能申请一次延期，每次延期可以再保留两周。公司名称预留的费用目前为40,000瑞尔，申请延期需要额外支付预留名称费用。

除名称预留外，投资者需要根据标准行业分类（SIC代码）选择拟设立公司的业务活动，提交注册办公室的租赁协议以及所需的股东和董事信息。私人有限公司的注册资本至少应为400万瑞尔（1000美元）。注册过程费用为2,155,000瑞尔。注册费可以通过ABA支付或信用卡/借记卡支付在线支付。在柬埔寨注册一家公司通常需要数周。

注册完成后，商务部将颁发注册证书。

（2）公司印章刻制和备案

公司注册后，应当刻制公司印章，印章的形式应符合商务部的规定。商务部随后将公司印章进行登记。

（3）税务登记

公司注册后，应在注册服务网站上填写税务总局的申请表。需提交的文件包括缴纳房产税证明或企业房产信息和银行账户信息（银行账户信息必须在税务登记后的15个工作日内以电子形式提供，否则，将导致国家税务局吊销已经签发的税务登记证书）。

（4）开通银行账户

公司必须开设银行账户并将初始资金存入银行。在收到商务部签发的公司注册证书后的15天内，必须将资本已存入的银行对账单提交进行在线提交。

柬埔寨常见的银行包括ACLEDA银行、加华银行、柬埔寨外贸银行、联合商业银行、澳盛皇家银行、瓦塔纳克银行等。

（5）劳动和职业培训部申报

若公司员工超过 8 人，还应当在开始经营前向劳动和职业培训部进行书面申报，在公司设立后 3 个月内，还需向劳动和职业培训部提交符合柬埔寨劳动法规定的内部规范，包括雇用条件、工资支付、福利、工作时间、健康和安全措施以及事假。

（6）国家社保基金申报

拥有至少一名雇员的雇主必须在国家社会保障基金（National Social Security Fund, NSSF）进行登记注册。雇主需要填写企业登记表和雇员登记表，并提供包括公司注册证书、专利税证明、员工名单和公司代表的身份证或护照在内的证明文件。登记注册完成后，雇主必须在每月 15 日之前完成社保基金。

（三）风险分析

1. 公司形式选择不当。在选择设立公司时，未全盘考虑公司未来的发展规划，选择了不适合的公司形式，造成后期公司运行不畅或需要重新设立公司，导致额外的成本和支出。

2. 选择合作方时未进行适当的背景尽职调查，因合作方欺诈或不诚信等，造成后期公司损失或经营困难，导致在投资损失或面临已经形成市场规模效应的情况下，因合作方原因，无法继续经营或需要付出额外的成本。

3. 未遵守当地法律法规要求，完成公司注册所要求的全部手续，导致后期存在合规风险。因错误认为柬埔寨的法律法规执法不严，在取得公司注册登记证明后，未全面遵守法律法规的规定，在规定期限内完成其他相关的登记注册手续，导致后期存在合规风险。

（四）防范建议

1. 在选择公司形式时，避免仓促草率决定。

首先，要考虑公司的目的和规模。如果公司是小型企业，可以选择以外国企业（代表处、分公司和子公司）的形式经营。这种形式适合于所有权和管理权交织在一起的情况，可以提高企业的灵活性和快速决策能力，也适用于对于柬埔寨市场缺乏了解的中型或大型企业，可以以较小的成本和体量进入柬埔寨市场，了解当地文化、营商环境后，再适时决定扩大规模或退出市场。对于中型或大型企业，一般也可以直接选择以有限责任公司或股份有限公司的形式经营。这种形式可以有效地分离所有权和管理权，便于资本吸收和扩大规模。

其次，要考虑公司在国内的协同关系。如果公司需要与国内其他企业进行合作，可以选择成立合资企业或合作企业。合资企业是指由国内外两个或多个独立的法人或其他组织共同出资、共同投资、共同经营和共同分享利润的企业。合资企业可以充分利用各方的资源和优势，共同发展。而合作企业是指国内企业与国外企业或国内企业之间在一定范围内进行合作的企业。合作企业可以通过合作来实现资源共享、互利共赢。

最后，要考虑公司的法律责任和税务问题。在公司形式选择时，应该考虑公司的法律责任和税务问题。有限责任公司和股份有限公司是最常见的公司形式，它们有相对较为简单和明确的法律责任和税收义务。而其他公司形式如个人独资企业和合资企业等，则存在一些可能较为复杂或者缺乏明文规定的法律责任和税务问题，需要仔细考虑。

综上所述，选择适合公司业务发展的公司形式需要综合考虑公司目的、规模和国内的协同关系等各方面的因素，以便为公司的长期发展提供有力的保障。

2. 选择合作方是企业发展中非常重要的一环，因此，需要进行细致的背景调查。在选择合作方之前，企业可以先了解合作方的基本情况，如企业规模、历史经营情况、管理层结构等。同时，还需要了解合作方的信用状况、经营风险、财务状况等方面的信息，以便评估风险和确定合作方是否可靠。

在进行背景调查时，企业可以聘请专业的律师事务所、咨询公司等中介机构，进行尽职调查。这些机构可以根据企业的需求和合作方的情况，提供全方位的调查服务，帮助企业排查前期风险，确保合作的安全性和可靠性。尽职调查的内容包括但不限于：合作方的法律地位和信用状况，是否存在法律诉讼或经济纠纷等问题；合作方的资产状况、负债情况和财务状况，是否存在重大财务风险；合作方的经营状况，是否存在经营不善或涉嫌违法经营等问题；合作方的管理层和员工状况，是否存在不良信誉或不当经营行为等问题。

尽职调查是企业选择合作方时必不可少的一项工作，它可以为企业提供有力的保障，避免因合作方的不良行为而导致的经济损失和法律风险。

3. 在柬埔寨进行投资时，企业需要按照当地的法律法规进行注册登记，并且还需要按照规定完成其他相关的登记申报手续，如税务、劳动等方面的登记申报。但是，很多外国投资者在完成注册登记之后，对这些手续的重视程度不足，没有及时进行申报备案，导致后续出现合规风险，甚至可能受到罚款或其他法律制裁。

为了避免这种情况的发生，外国投资者在进行投资前，应该事先了解当地的法律法规，了解投资所需办理的各种手续和程序，以便及时完成相关的登记备案手续，确保企业的合规性和合法性。

同时，外国投资者还可以聘请当地的律师事务所、咨询公司等专业机构，协助完成相关的登记备案手续。这些机构熟悉当地的法律法规和登记申报程序，可以为企业提供全方位的服务，帮助企业及时完成各种登记备案手续，减少合规风险。

需要注意的是，在选择律师事务所、咨询公司等专业机构时，企业应该选择有资质、信誉良好、经验丰富的机构，以确保服务的质量和可靠性。同时，企业也应该积极参与相关的手续和程序，了解自己的权利和义务，避免因为自身疏忽而导致的合规风险。

第二节　并　　购

并购是指企业通过收购、合并等方式，获取其他企业的资产、业务、股权等，以实现企业的扩张和发展。在国际投资中，并购是一种常见的投资方式，可以帮助企业快速进入新市场、提高市场份额、扩大业务规模等。

在柬埔寨投资方面，除了绿地投资，外国投资者也可以通过并购交易的方式进行投资。在进行并购交易前，外国投资者需要了解当地的法律法规和并购审批程序，确保交易的合法性和合规性。

在柬埔寨，外国投资者进行并购交易需要获得柬埔寨商务部的批准，并且需要根据当地法律法规进行登记注册等手续。在交易过程中，外国投资者还需要注意保护交易的商业机密和知识产权，避免因信息泄露等问题导致交易失败或受到损失。

为了确保并购交易的成功和合规性，外国投资者可以选择聘请当地的律师事务所、会计师事务所等专业机构，协助完成交易程序和审批手续。这些机构熟悉当地法律法规和并购审批程序，可以为外国投资者提供全方位的服务，帮助企业顺利完成并购交易。需要注意的是，进行并购交易需要考虑多方面的因素，如交易价格、目标企业的财务状况、法律风险等。因此，外国投资者在进行并购交易前，需要进行充分的尽职调查和风险评估，以确保交易的可行性和成功度。

通常并购流程包括：初步接触，确定交易意向，确定交易类型，尽职调查，交易文件起草、谈判和签署，政府审批——合并申报，交割和投后整合等环节（见图 3-2）。

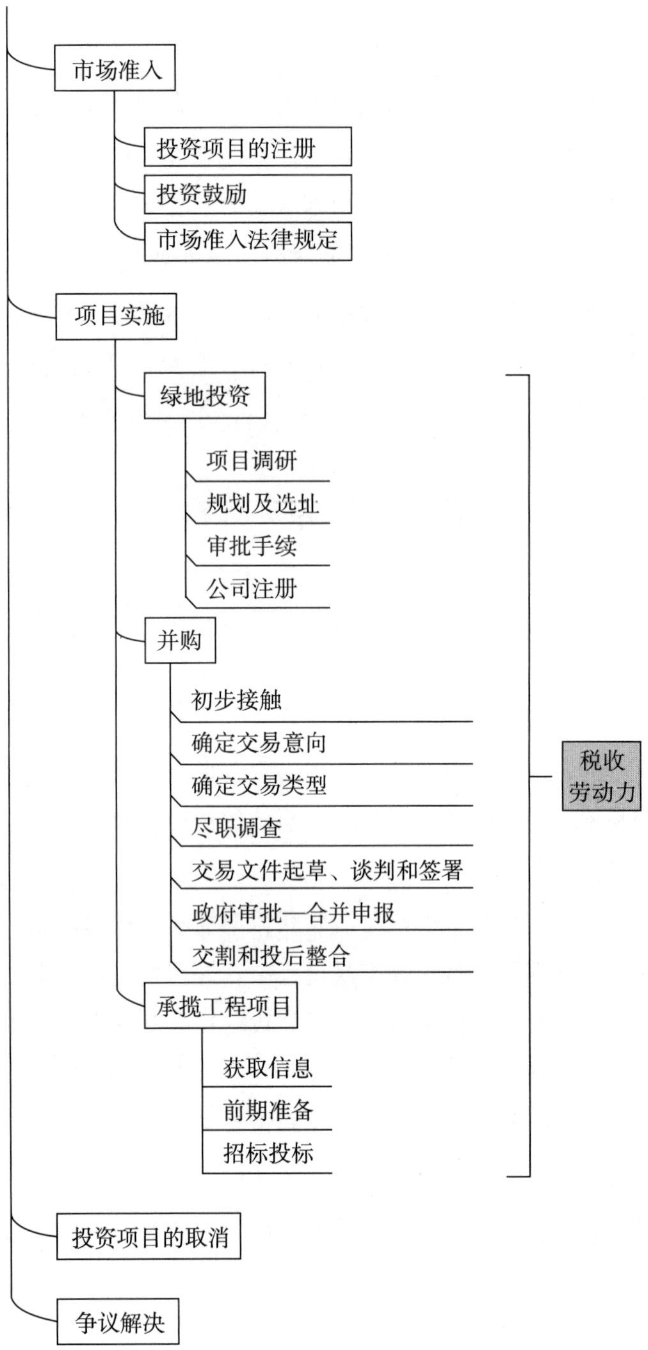

图 3－2　对柬埔寨投资法律制度风险解读流程

一、初步接触

（一）法律规定

柬埔寨法律对于外国投资者的投资基本持欢迎态度。初步接触主要侧重于对在柬埔寨拟开展投资活动的商业可行性进行评估，但在具有初步设想后，应结合项目落实可能涉及的市场准入事项进行前置性评估，相关法律法规的规定，请参见第二章。

（二）条款解读

有关市场准入的相关法律法规解读，请参见第二章。

（三）风险分析

与绿地投资者相同，初步接触可能存在的风险如下。

1. 缺乏对当地具体情况的了解，盲目推进项目。对于外国投资者，尤其是中国投资者，在柬埔寨开展投资项目过程中，基于“中国经济发展状况优于柬埔寨，只需要移植国内部分优势项目至柬埔寨，从商业角度必然具有巨大潜力”的错误认识，在未进行充分调研的基础上，盲目投资，最终造成投入无法收回，无法实现盈利的局面。

2. 缺乏对拟开展投资项目，在商业可行性评估之外，进行全面的分析与评估。对于外国投资者，在柬埔寨开展的投资项目，通常市场调研阶段侧重于商业评估。但可能缺乏对包括政府审批、市场准入等法律事项、当地政府及当地居民社区态度等主观因素的全面考量。最终在前期投入大量人力物力财力开展前期准备工作之后，后期实际落地项目时，存在难以推进，甚至不得不放弃项目的不利情形。

3. 缺乏对社区居民、非政府组织、媒体意见的重视。在项目调研阶段，外国投资者可能因对政府关系的过分依赖，基于自上而下单向沟通的机制，仅考虑政府意见，而对当地社区居民、非政府组织、媒体观点缺乏前期的调查与了解，导致在后期项目落实过程中，遭遇当地社区居民、非政府组织和媒体的批评与阻挠，项目推进缓慢、受阻等困难。

（四）防范建议

1. 为了在柬埔寨市场上取得成功，投资者需要进行充分的市场调研。柬埔寨是发展中国家，其经济和市场环境与发达国家和其他发展中国家存在较大的差距。因此，简单地将国内的优势项目移植到柬埔寨市场上并不一定能够取得成功。首先，建议投资者认识到海外投资风险，并摒弃错误的项目移植观念。其次，投资者可以利用第三方机构提供的资料和信息，例如，国内贸易促进委员会、律师事务所、会计师事务所和咨询机构，对拟开展投资项目进行初步评估，以确认不存在明显的实施障碍。最后，投资者可以聘请专业的第三方机构对具体的拟开展项目进行更为有针对性的调研，以进一步确认项目实施的障碍和可行性。

2. 除了与潜在的合作方进行接洽，投资者在进行前期评估时，还应该从法律、政府机关、当地非政府组织（如居民社区）等多个角度进行了解和评估。在进行市场调研时，除了明确商业评估的需求，投资者还应该同时对市场准入等法律事项进行评估。此外，建议与当地政府建立沟通机制，了解官方对拟开展投资项目的态度，加强与当地使领馆的交流和沟通，也可以与在当地已经开展投资活动的其他中国投资者进行交流。通过多角度了解当地的营商环境及可能面临的问题与挑战，投资者可以对项目整体实施的难度与可行性进行充分的研判。

3. 投资者应该重视当地社区居民、非政府组织和媒体的意见。在进行初步接触时，投资者应该同步检索和收集当地社区居民、非政府组织和媒体的相关意见，以便对可能存在的问题和阻碍进行前期研判。通过了解当地社区居民、非政府组织和媒体的意见，投资者可以提前准备应对方案，以应对后期项目实施可能面临的问题，做到有备无患。

二、确定交易意向

（一）法律规定

交易意向主要为商业判断，没有强制性的法律规定。

（二）风险分析

1. 在签订意向书的情形下，未对交易意向书条款进行严格审查，导致后期意向书被认定为具有预约合同的性质，未按照意向书履行时，存在违约责任风险。意向书是指双方在商业谈判过程中初步达成一致意见的书面文件，通常反映了双方对交易条件的初步协商和达成的意向。原则上，意向书及其条款并不具有法律约束力，但是在一些特定情况下，取决于具体的约定，意向书可能被视为具有预约合同的性质，即双方达成了具有一定约束力的协议。

因此，在签订意向书的情况下，如果未对其条款进行严格审查，就可能存在违约责任风险。尤其是在意向书中已经约定了一些具体且有明确约束力的条款，比如，对交易的价格等进行了约定，那么如果在后续的履行过程中一方未能按照约定履行，可能构成违约行为，须承担相应的违约责任。

2. 对保密重视程度不足，导致商业信息外泄。即使是在确定交易意向的阶段，外国投资者与意向收购企业或其股东可能已经对项目进行了初步的评估，形成了包括项目意向书、可行性报告等涉及商业机密的资料，但对这些包含机密或敏感商业信息的资料、文件等保密意识不强，尤其是在翻译成中文或柬埔寨语的过程中，没有对相关的翻译机构或人员进行信息泄露管控，可能导致相关机密或敏感信息外泄，最终失去交易机会或使竞争对手掌握相关信息。

3. 未明确交易的推进节点，造成商业谈判过程冗长，决策久拖不决，贻误交易时机，错失市场。在商业谈判过程中，一旦出现未明确交易的推进节点的情况，往往会导致谈判进展缓慢，决策久拖不决，甚至无法达成最终协议。这种情况会给交易双方带来很大的不确定性和风险，因为过长的谈判时间可能会导致市场变化，从而错失合适的交易时机，影响企业的发展和利益。此外，这种情况还会导致商业谈判过程变得冗长和复杂，增加交易的成本和风险。

（三）防范建议

1. 签订意向书是商业交易中常见的一种方式。在签订意向书的过程中，需要特别注意审查意向书的条款，确保其中的内容合理、准确。

因为在后期的尽职调查和交易谈判中，交易双方可能会根据实际情况进行进一步的讨论和协商，甚至可能对意向书中的某些内容做出重大或实质性的调整和修改。因此，为保障交易双方的主动性和选择权，一般建议尽量明确意向书不具有法律约束力。

2. 在商业交易过程中，涉及的资料和文件往往包含机密或敏感的商业信息，这些信息的泄露可能会对企业的商业利益产生严重影响。因此，建议交易双方需要采取一系列措施来确保涉及的资料和信息不被外泄，包括控制接触机密或敏感商业信息的人员人数和范围。按照交易规模和需求，在限制人员人数和范围之外，还可以对相关人员展开背景调查和审查，确保他们具有足够的信誉和保密意识。

若涉及相关文件资料的翻译，可考虑选择多家翻译机构进行翻译工作。交易双方可以将文件分成若干部分，分别交给不同的翻译机构进行翻译工作，并在翻译完成后将翻译结果进行整合和审核，避免翻译机构掌握过多与项目相关的商业信息，带来泄密风险。

此外，交易双方还可以采取其他措施，如签署单独的保密协议、加强信息技术安全等，以确保机密或敏感的资料和信息不被外泄。

3. 在商业交易过程中，明确交易节点是高效推进交易的重要环节。在确定交易意向之前或同步过程中，外国投资者就应该进行交易节点的设置和规划。

首先，明确交易节点有助于进行项目规划和推进。交易双方可以根据交易节点制定详细的计划和时间表，明确各个环节的工作内容和时间节点，从而有效地推进交易进程。这样，可以避免因为工作分配不清、计划不周等原因导致交易进程拖延或出现其他问题的情况。

其次，明确交易节点有利于提高商业决策的效率。在商业交易中，决策的速度往往是至关重要的。明确交易节点可以帮助交易双方在规定的时间内做出必要的决策，避免因为拖延等原因导致决策失去时效性。

最后，明确交易节点也可以帮助交易双方更好地掌握交易进展情况，及时调整决策方向和策略，提高交易成功的概率。

三、确定交易类型

（一）法律规定

参见第二章有关市场准入的法律规定。

《竞争法》

第 3.3 条 企业合并是指，一个主体通过从任何其他主体处购买股份或资产获得控制权或表决权，两个或两个以上的主体合并获得存续法人或新法人的共同所有权。

《商业企业法》

第 241 条 两家或多家公司可以合并为一家公司，也可以合并成立一家新公司。被解散公司称为“被合并公司”。继续经营的公司称为“存续公司”。自商务部向存续公司颁发合并证书之日起，被合并公司的法人资格终止。

第 242 条 拟合并的各公司董事会应当通过合并协议的决议。除章程另有规定外，该决议须经法定人数的多数董事通过。

第 244 条 在董事会批准合并决议后，各被合并公司、存续公司的股东应向各有权对合并表决的股东发送股东大会通知，并提供以下信息：

i. 合并协议达成后 30 日内，被合并公司董事会应召开股东大会批准合并；

ii. 通知应包括合并协议的副本；

iii. 被合并公司应至少提前 20 天发出股东大会通知。

第 245 条 合并须经各被合并公司至少 2/3 股东的特别决议批准。

第 248 条 商务部收到合并章程后，签发合并证书。自合并证书所载日期：

i. 被合并公司作为一家公司的存续的合并生效；

ii. 每一被合并公司的财产继续为存续公司的财产；

iii. 存续公司继续承担每个被合并公司的债务；

iv. 涉及任何被合并公司的任何民事、刑事或行政事务对存续公司仍然有效；

v. 合并章程被视为存续公司的公司章程，合并证书被视为存续公司的公司注册证书。

《投资法》

第 29 条 合格投资项目获得的权利、特权或其他权利不得转让给任何第三方，除非通过投资项目的收购、出售与合并进行的转让。

第 30 条 如果投资项目的收购、出售或合并符合现行法律及司法规范文件，并由法令规定的具体程序，通过书面向柬埔寨发展理事会或省市投资委员会申请，则投资项目的收购、出售或合并不会失去投资的相关鼓励及保证及所有附带责任。

（二）条款解读

1. 并购交易同样需要遵守柬埔寨有关市场准入的法律规定，参见第二章有关市场准入的法律规定解读。

2. 柬埔寨的并购交易与国际通行的并购交易相同，按照并购方式不同，可以分为资产并购和股权并购。按照并购标的的不同，可以分为并购非上市公司和并购上市公司两类。

3. 资产并购是指企业通过购买或者合并其他企业的资产以扩大规模、增强实力和提高竞争力的行为。资产并购通常不涉及对标的企业的股权结构变动，仅收购标的企业的资产，涉及的资产可以是企业的全部或部分资产，如厂房、设备、技术、品牌、客户等。资产并购是企业发展的一种重要手段，可以通过快速扩张规模、提高资源配置效率和增强市场竞争力来促进企业的发展和壮大，同时避免承担标的企业的债务等。股权并购是指企业通过购买或者合并其他企业或者公司的股权，来获取对被收购企业或者公司的控制权或部分所有权的行为。在股权并购中，被收购公司的股东通常会出售自己所持有的股份，从而使收购方获得控制权或者部分所有权。股权并购通常涉及标的企业的股权结构变动，通过取得股权的形式，间接获得或控制标的企业的资产。股权并购是企业扩大规模、提高市场竞争力、优化资源配置和实现战略布局的一种重要手段。

4. 若采用股权收购的方式并购非上市公司，受让股权的一方将取得股权所附带的权利和义务，包括获得股息的权利、出席股东会的权利等，新股东以受让股权对应的出资额为限对目标公司的损失承担责任，目标公司为主体所承担的权利和义务不变。

在股权变动的内部程序要求方面，柬埔寨法律没有关于并购的特殊规定，参照关于合并的法律规定，需要目标公司的股东决议、董事会决议对收购事项进行内部审批。

在股权变动的外部程序要求方面，发生股权变动之后，需要向商务部履行变更登记手续，取得变更后的注册登记证书，并通知税务总局。若目标公司开展任何符合条件的投资项目或需要获得特定监管机构批准的活动，股权变更可能还需要取得柬埔寨发展理事会、省市投资委员会以及其他涉及的专门监督机构的批准。

5. 若采取资产收购的形式收购非上市公司的资产，因收购资产的类型不同，可能有不同要求。

如收购动产，通常交付即视为所有权的转移，但对于经登记的动产，如机动车，还需要履行变更登记手续。如收购不动产，首先应注意外国企业不得持有土地的法律规定。此外，还需要在土地管理、城市规划和建设部进行变更登记，并按交易价值或资产市场价值的4%缴纳印花税。

6. 若采用股权收购的形式并购上市公司，则需要按照柬埔寨证券交易所有关证券交易的规定，购买上市公司发行的股票。投资者交易在柬埔寨证券交易所上市的公司的证券，须经过资格评估程序或任何批准与审批，但交易应该通过柬埔寨证券交易所批准的证券公司进行交易。需要注意的是，柬埔寨证券交易所正在发展中，目前上市企业数量并不多，证券交易仍在发展和变化之中，外国投资者参与证券交易的机会空间有限。

7. 若采取资产收购的形式收购上市公司的资产，因没有特殊规定，应与对非上市公司进行资产并购一致。

（三）风险分析

1. 因选择不恰当的交易形式，导致发生损失风险。并购交易是企业发展中常见的一种方式，通过收购或合并其他企业来扩大自身规模、提高市场份额和实现战略目标。在并购交易过程中，选择适合的交易形式十分重要，因为不同的交易形式会产生不同的法律效应和财务影响，直接关系交易的实际效果。

若在并购交易中选择了不恰当的交易形式，可能会导致交易无法实现预期目标。比如，如果选择的是股权收购，但未能充分考虑被收购方的股东是否愿意出售股权，或未能达成一致的股权转让协议，就会导致交易无法完成；如果选择的是资产收购，但未能充分考虑被收购方的资产是否符合预期目标，可能导致交易后面临损失风险。

2. 在并购交易中，因疏忽或故意未履行相关的审批程序可能带来严重后果。具体来说，未履行并购相关的审批程序可能会导致以下情况。

（1）目标公司无法享受税收优惠政策：在某些情况下，政府可能会对企业进行税收优惠，以促进企业发展。但是，如果未履行相关的审批程序，企业可能无法享受这些优惠政策，从而增加经营成本和财务风险。

（2）目标公司无法获得政府支持：在某些情况下，政府可能会对企业提供财务和资源支持，以促进企业发展。但是，如果未履行相关的审批程序，企业可能无法获得这些政府支持，从而错失发展机会。

（3）目标公司和外国投资者可能面临法律风险：在某些情况下，未履行相关的审批程序可能违反法律法规，从而导致企业面临法律风险。例如，未经过相关部门的批准进行跨境并购，可能导致涉及外汇、外商投资、反垄断等方面的法律问题。

（四）防范建议

1. 充分利用具有专业知识的中介机构，确定交易方式和交易结构。依靠专业的法律服务机构、会计服务机构等中介机构的专业知识，结合投资发展需要，综合考虑法律、商业、税务等因素，确定交易方式和结构，安排交易时间表。

（1）法律服务：中介机构可以为企业提供法律咨询服务，帮助企业了解并遵守相关的法律法规，制订符合法律要求的交易方案和合同。

（2）会计服务：中介机构可以为企业提供会计咨询服务，帮助企业了解收购方的财务状况，评估交易的风险和收益，制订合理的交易价格和交易结构。

（3）商业服务：中介机构可以为企业提供商业咨询服务，帮助企业了解市场、行业和竞争对手的情况，评估交易的商业价值和发展前景，制订符合企业战略的交易方案。

（4）税务服务：中介机构可以为企业提供税务咨询服务，帮助企业了解税收政策和规定，评估交易对企业的税务影响，制订合理的交易结构和纳税计划。

2. 在采用并购形式取得现有公司股权或资产的过程中，企业需要注意履行相关的变更登记等手续，以防范合规风险。

（1）登记变更股权或资产：在完成股权或资产交易后，企业需要在相关的政府部门或机构办理变更登记手续，确保交易信息被及时更新。如果未履行相关的登记手续，可能会导致交易无效，或者被认为违反相关法律法规。

（2）确认相关手续：在办理变更登记手续之前，企业需要确认是否需要提供相关的文件和证明，如营业执照、股权证书、合同等。如果企业没有提供必要的文件和证明，可能会导致变更登记被拒绝或延迟。

（3）关注登记办理时间：在办理变更登记手续时，企业需要注意相关机构的办公时间和柬埔寨的法定假期，确保手续能够在规定时间内完成。如果未能及时办理登记手续，可能会导致交易无效或者被认为违反相关法律法规。

（4）考虑相关税务问题：在办理变更登记手续时，企业还需要考虑相关的税务问题，如印花税、增值税、所得税等。企业应该了解相关税务政策和规定，制订合理的纳税计划，以避免出现税务风险。

四、尽职调查

（一）法律规定

没有强制性法律规定。

（二）风险分析

1. 未进行尽职调查，可能导致后期发生交易损失等风险。在并购交易中，部分外国投资者为了迅速完成交易，在未对目标公司开展尽职调查的情况下，即完成并购项目等投资，导致未能发现目标公司存在经营和合规风险。

2. 未进行充分的尽职调查，导致后期发现存在交易推进障碍，进而导致前期交易成本损失，后期交易安排无法实现。

（三）防范建议

1. 尽职调查，是指企业在进行商业合作或收购交易前，对目标公司进行全面、深入的调查和分析，以了解目标公司的财务、法律、经营和风险等情况，从而为决策提供科学依据和保障。若没有进行充分的尽职调查，企业可能会在未来面临各种风险和问题，甚至可能导致交易失败或巨额损失。因此，聘请具有专业水准的律师事务所进行尽职调查是非常必要的。律师事务所了解柬埔寨法律，了解当地的商业环境和政策法规，可以更准确地评估目标公司的风险和价值。同时，他们还可以提供专业的律师意见和建议，帮助企业更好地理解和评估目标公司的情况。

2. 重视尽职调查的结果。尽职调查的最终目的是发现潜在的风险和问题，以便采取适当的措施来防范和降低风险。如果企业只是将尽职调查当作一种形式，而没有重视调查发现的风险和问题，那么，这样的尽职调查是没有意义的。

因此，在进行尽职调查时，企业应当认真对待调查结果，对发现的风险和问题予以足够的重视，并采取适当的措施来防范和降低风险。这些措施可以通过交易条款、合同约定等形式来实现。例如，可以在合同中约定必要的保障措施、责任分担方式、违约责任等条款，以确保交易的安全和稳定。

总之，尽职调查不仅仅是一种手续，更是一种风险管理和控制的手段。只有将调查结果与实际交易结合起来，采取有效的措施来防范和降低风险，才能真正实现交易的成功和稳定。

五、交易文件起草、谈判和签署

（一）法律规定

没有强制性法律规定。

（二）风险分析

1. 对交易文件未进行全面的专业审查和评估，对交易风险控制未设置适当的条款，导致后期发生争议未能从交易文件中得到条款支持和保障。在柬埔寨的投资项目中，鉴于当地法律法规尚属于发展阶段，相关的法律法规保护有待进一步加强，若未能在交易文件中对交易相关风险，包括违约责任和退出机制进行明确的约定，可能导致后期发生争议时，浪费大量时间确定管辖机构，从而使损失不能得到有效弥补的不利局面发生。

尤其是对于退出机制的安排，常常出现缺失，在因市场或政策原因，导致外国投资者需要退出投资时，面临缺乏依据的尴尬局面，交易双方或外国投资者与政府不得不花费大量的时间与精力进行谈判和协商。

2. 因交易文件不同语种版本之间的冲突和矛盾发生争议。柬埔寨法律未对外国投资者参与的交易项目的交易文件语言提出明确要求，原则上，对于并非强制要求提供柬埔寨语版本的文件（如提交政府的登记备案文件），交易各方可自行决定采用的语言版本。在涉及柬埔寨的交易中，通常准备的语言版本为双语版本，即交易文件采用柬埔寨语和中文两种语言起草。

一方面，交易各方可能仅审查自己母语版本的交易文件而忽略了对交易文件的整体审查，后期可能存在不同语言版本之间存在差异的情况。

另一方面，交易文件可能忽略了对不同语言版本之间若存在歧义或不一致的情形，以何种语言为准的约定，后期可能因此产生争议。

（三）防范建议

1. 加强对交易文件的审查。建议聘请专业的法律和财务中介机构，对相关的交易文件，从交易安排、法律风险防控、财务和税务安排等角度进行全面审查和安排。

2. 对于交易文本，无论是从跨境投资的常规操作出发，还是从减少争议的角度出发，建议双方采用英文版本为准。若交易双方协商采用双语版本，在交易文件中，建议明确若不同语言版本之间存在争议，以何种版本为准。若决定不同语言版本具有同等法律效力，则建议对每一语种的交易文件都进行严格的审查，确保将各种语言版本之间的差异最小化。

六、政府审批—合并申报

（一）法律规定

《竞争法》

第 11 条 禁止任何具有或可能具有显著防止、限制或扭曲市场竞争效果的企业合并。企业合并应接受柬埔寨竞争委员会就其对竞争的影响按照本法规定进行审查、检查和评估。企业合并的要求和程序应由子法令确定。

第 12 条 本法第 7 条、第 8 条、第 9 条、第 11 条所指的被禁止的协议或者活动，符合下列 4 项条件的，可予以豁免限制：具有可辨认的重大技术、经济或社会效益；若没有相关协议或活动，则不会存在此类利益；因协议或活动所取得的收益远胜于任何坚决阻止、限制和扭曲竞争所造成的影响；协议或活动不排除商品或服务任何重要方面的竞争。

第 35 条 任何主体违反本法第 8 条、第 9 条和第 11 条的，将受到书面警告，并处以违法主体每年营业额 3% 至 10% 的罚款，最长不超过柬埔寨竞争委员会作出决定的 3 年。

受过书面警告、罚款，仍有本条第 1 款规定之违法行为者，需吊销或吊销营业登记证或许可证、营业执照。

《企业合并条件和程序指令》

第 4 条 如果满足指令中规定的标准，则必须在企业合并完成之前向柬埔寨竞争委员会发出通知，在柬埔寨竞争委员会许可之前，企业合并不能完成。

（二）条款解读

1. 并购交易受到《竞争法》和包括《企业合并条件和程序指令》等在内的法律法规约束。需要注意的是，《企业合并条件和程序指令》适用于直接或间接具有或可能具有显著阻止、限制或扭曲柬埔寨市场竞争的目的或效果的任何合并或收购，无论合并或收购发生在柬埔寨境内或境外。

2. 按照柬埔寨法律的规定，当合并或者并购交易触发如表 3－1 所示的资产、总营业额、收益或营业费用门槛时，相关合并或收购交易需要提交柬埔寨竞争委员会进行事前审查。柬埔寨竞争委员会在完成初步审查或深入审查程序之后，对相关交易做出审批决定。

表 3－1 企业合并反垄断申报门槛要求

审查门槛	普通并购	涉及银行或金融公司的并购	涉及保险或证券公司的并购
参与企业合并的一方或其关联企业上一财政年度在柬埔寨的总资产	3400 亿瑞尔	4.5 万亿瑞尔	10 亿瑞尔
参与企业合并的一方或其关联企业上一财政年度在柬埔寨的总营业额或收益	营业额：2700 亿瑞尔 收益：1200 亿瑞尔	营业额：4200 亿瑞尔 收益：3.8 万亿瑞尔	营业额：2800 亿瑞尔 收益：8200 亿瑞尔
拟议合并企业的营业费用	410 亿瑞尔	1200 亿瑞尔	610 亿瑞尔

3. 柬埔寨竞争委员会按照《竞争法》和《企业合并条件和程序指令》开展的事前审查程序，分为初步审查和深入审查。对于初步审查，交易方首先向柬埔寨竞争委员会提供相关信息和文件（柬埔寨语），包括通知、公司详细信息、财务报告和交易协议。柬埔寨竞争委员会在 7 日内对信息是否完整和准确进行审查，之后在 30 日内完成对交易的初步审查。

4. 初步审查结束后，柬埔寨竞争委员会将通过书面形式说明交易是否可以进行或需要进行深入审查。

5. 深入审查将要求交易方向柬埔寨竞争委员会提交额外信息；之后，柬埔寨竞争委员会在60日内完成审查并以书面通知的形式做出最终决定。前述期限可以两次延长30日，如果需要更多信息，可以随时停止计算前述期限。在审查结束后，交易可能被批准（无附加条件或附加条件）或被否决。交易方可以根据《竞争法》第31条的规定对决定提出申诉。

（三）风险分析

未按照法律规定进行事前申报的合规风险。虽然柬埔寨的合并申报制度尚处于起步阶段，仍有待进一步的指令或指南进行澄清，但未按照现行法律法规的规定进行合并申报，除了面临罚款之外，可能还会对交易的稳定性造成不利影响。

（四）防范建议

1. 在交易初期，即开展合并申报的评估，对是否需要申报开展前期研判。若属于申报范围，建立与柬埔寨竞争委员会的沟通机制，尽量避免交易在进行中或完成后因无法通过合并申报而无法进行或完成。

2. 若属于附条件许可的合并申报，需要对所附条件的完成可能性进行全面评估，避免后期因无法达成所附条件，导致交易受阻或必须退出项目的不利局面。

七、交割和投后整合

并购交易交割完成后，进入投后整合阶段，即标的企业开始进入正常的运营，在此过程中，重点需要关注的外籍员工及外汇管理方面的事项。

（一）法律规定

《劳动法》（2021年）

第261条 外国人必须持有劳动主管部门颁发的工作许可证和就业证，方可工作。这些外国人还必须满足以下条件：

（a）雇主必须事先获得柬埔寨的合法工作许可证；

（b）这些外国人必须合法进入柬埔寨王国；

（c）这些外国人必须持有有效护照；

（d）这些外国人必须持有有效的居住许可证；

（e）这些外国人必须具备适合该工作的身体条件，并且没有传染性疾病。

上述条件应由卫生部的公告规定，并经劳动主管部门批准。

工作许可证有效期为1年，只要延期有效期不超过相关人员居住许可证中的固定期限，就可以延期。

第263条 关于律师、法警和公证人等专业人员，如作为雇主招聘工作人员从事与其职业相关的工作，必须优先招聘柬埔寨人。

第264条 在不违反第261条规定的前提下，在上述第263条所涵盖的相关企业中就业的外国人的最高比例，应由劳动主管部门的公告，分别按以下人员分类进行确定：

1. 办公室人员；
2. 专业人员；
3. 非专业人员。

上述企业在其存续期间，应证明上述三类人员中的每一类已招聘符合规定的最低比例的柬埔寨籍员工。

第265条 在特殊情况下，为了雇用企业运营所必需的专业人员，经劳动监察员建议或提议，经劳动部长批准，雇用外国人的比例可以超过上述限制。

《外籍员工使用部长命令》

第2条 应每个企业/机构的所有者或董事的要求，劳工和职业培训部通常允许使用不超过柬埔寨籍员工/雇员总数10%的外籍员工。10%的最高限额应根据以下员工雇员类别划分：管理人员（3%）、技术人员（6%）、非技术人员（1%）。

《税法》

第41条 工资税是对完成服务工作活动范围内所得工资而规定的月度税。在柬王国境内的居民自然人，对来源于柬埔寨或来源于外国的工资收入须缴纳工资税。对于工资来源于柬埔寨的非居民自然人须缴纳工资税。

第42条第1款 “居民”一词在对职员、纳税人或自然人使用的情况下，其含义是在柬王国居住或原有住所或一年之中在柬王国居住超过182天的人。

《第196号关于年度所得税和每月工资税起征点指令》

第4条 根据新《税法》第47条（第3款）的规定，居民雇员应缴纳工资税，并由雇主按下列税率表代扣代缴。（见表3－2）

表3－2 柬埔寨居民雇员的工资税率

编号	月应税工资部分/瑞尔	税率/%
1	0～1,500,000	0
2	1,500,001～2,000,000	5
3	2,000,001～8,500,000	10
4	8,500,001～12,500,000	15
5	超过12,500,000	20

第 6 条 柬埔寨内阁办公厅部长、财经部长、所有相关部委的部长和所有相关机构的负责人自 2023 年 1 月 1 日起按各自职责执行本法令。

《柬埔寨王国外汇法》

第 5 条 柬埔寨与世界各国之间或居民与非居民之间在外汇市场买卖外汇、划转、各类国际结算、外币或本币资金流动等记账方式的外汇业务不受限制。但是，此类操作只能通过授权的中介机构进行。

只有在柬埔寨永久设立的银行才能被视为授权中介机构。

授权中介机构应根据法规规定的条件，定期向中央银行提供按转移或结算类型分类的定期报表，以及，柬埔寨与其他国家之间进行的资本流入和流出情况。

经授权的中介机构出口外币现钞，须事先向中央银行申报。

设有固定或移动柜台的人工货币兑换商可在中央银行事先授权的情况下进行兑换业务。

第 13 条 旅行者带入或带离等于或超过 1 万美元的外汇或等值本币的支付工具，应在柬埔寨过境点向海关官员申报。

现金出境超过中央银行规定限额的，由中央银行事先审查。

海关应每月向中央银行转交一份此类申报单的副本。

第 17 条 与投资或投资清算有关的转移应通过本法第 5 条规定的授权中介进行。

授权中介机构应向中央银行报告金额等于或超过 10 万美元的转账。

（二）条款解读

1. 在柬埔寨，聘用外籍员工需要符合法律规定的条件，取得规定的居留许可和工作许可。柬埔寨法律对于外籍员工的比例有明确的要求，总人数不得超过 10%，同时，按照员工类型，划分为管理人员（3%）、技术人员（6%）、非技术人员（1%）。

2. 对于员工的收入，需要缴纳工资税。按照柬埔寨政府 2022 年 9 月 28 日颁布的 196 号法令，柬埔寨财政部于 2022 年 12 月 27 日发布了工资税的最新税率，自 2023 年 1 月 1 日起，居民雇员的累进税率从 0 ~ 20% 不等。非居民员工适用统一税率 20%。

3. 柬埔寨对于资本、利润和股息的汇出没有外汇限制，只要通过正规银行汇出即可。投资或清算金额大于或等于 10 万美元，银行将有义务向中央银行进行报告。但外国投资者需注意，如果通过人工形式带入或带出超过 1 万美元的本币或外币，需要在边境口岸进行申报。

4. 在外汇方面，还需要注意柬埔寨已经在反洗钱和打击资助恐怖主义方面立法，相关的资本汇出需要遵守法律的规定。

（三）风险分析

1. 劳动用工方面未严格遵守柬埔寨的法律法规规定，超过比例聘用外籍员工，或未严格按照法律规定代扣代缴税款，导致后期的用工合规风险，同时存在税务违规的罚款和处罚风险。

2. 需要注意，柬埔寨的员工享有罢工的权利。参与罢工的员工诉求集中于要求增加工资或撤销解雇通知。

3. 对于外汇相关制度规定未做充分了解，导致后期存在汇出障碍和风险。柬埔寨投资的外国投资者，可能从事非法业务产生非法收入，在资本汇出方面可能导致外汇汇出管制和反洗钱审查。对于合法经营产生的收入，从柬埔寨汇至境外时，未充分了解不同银行的审查机制和政策，导致汇出安排存在延迟或障碍。

（四）防范建议

1. 严格遵守柬埔寨有关劳动法方面的法律法规和规章指令，及时完成相关的申报和备案。建议外国投资者在公司内部制定清晰且明确的内部用工管理制度，加强对员工的培训和辅导，增强集体凝聚力。同时，建议在当地开展经营活动的企业，应充分了解当地的风土人情、思维习惯，构建柬埔寨籍员工和外籍员工之间的良好合作氛围，推动形成和谐的工作环境。

2. 对于外汇管理方面，除定期与开户银行进行外汇政策的交流与沟通之外，建议对不同银行的外汇政策进行比较，选择最适宜的银行。同时，严格按照审查要求，建立合法合规的财务制度，开展合法合规的商业活动，获得合法收益。

第三节　承揽工程项目

柬埔寨是中国推动“一带一路”建设的重要节点国家，其国家经济发展的“四角战略”与“一带一路”倡议高度契合，尤其是在基础设施建设领域的互联互通。随着共建“一带一路”倡议加快推进，中柬两国在各领域合作不断深化，中国在柬埔寨的路桥、水利、电网、港口、码头、机场等基础设施方面注入了大量的投资。

一、获取信息

（一）法律规定

《土地规划与建设法》

第2条 《柬埔寨土地利用规划、城市化与建设法》以当前实施的《土地法》中规定的所有权凭证为基础。如果《土地法》有修订或改动，《柬埔寨土地利用规划、城市化与建设法》也应当相应地作修订或改动。

第 4 条　所有关于土地利用规划、城市化与建设的文件都应当根据每一特定案例和各个省份、直辖市和地区的土地具体使用情况来加以分类，并且本着保护文物遗产、环境和自然资源以及促进经济发展的原则。

第 6 条　将面向各省会城市、省份和直辖市制定土地利用总体规划。私营企业和公共机构在自身的建设工作中必须严格遵守土地利用总体规划。

第 12 条　禁止个人、私营企业或公共机构在公共空地、公有土地上进行任何建设，公共空地和公有土地包括以下类型：

（1）水库和水坝；

（2）预留采矿场，森林带；

（3）古代文化遗迹和历史文化景点；

（4）花园、公园和开发区；

（5）用作公路、人行道、铁路和机场建设的预留地；

（6）河流、海洋、溪流以及河流、海洋和溪流沿岸。

这些特殊区域的管理条件以及轻型建筑和临时小型建筑建设条件将在此法令中详细阐释。

（二）条款解读

柬埔寨法律对外国公司承包当地工程无特殊限制，具有一定资质的外国承包公司在当地注册后均可承包当地工程。当然，对于柬埔寨国家投资项目或国际组织贷款和援助项目，一律采用国际或国内招标方式选择承包商。

国家项目由各主管部门发布信息；各省及主要城市也发布本地区的项目信息。此外，各主要报刊也定期发布招标信息。

外商投资者遵守《土地法》中规定的土地所有权规定，本着保护文物遗产、环境和自然资源以及促进经济发展的原则，在土地利用总体规划下参与工程项目的实施。

（三）风险分析

投资者在本阶段面临的风险主要有，对柬埔寨的市场风险判断把握不准，没有遵守当地市场准入等强制性规定，投资决策失误导致企业经营风险加剧，甚至可能无法开展投资项目。

（四）防范建议

1. 在前期开展充分的法律尽职调查。

2. 聘请第三方专业机构进行评估。除了常规的市场调研之外，还应对当地的政治、外交政策等进行综合评估。

3. 积极寻求当地政府及非政府组织机构的援助。除了应时刻关注 CDC 发布的官方信息，也可以联系中国驻柬埔寨的使领馆获取有效信息，了解官方对拟开展投资项目的态度，从不同角度充分了解当地的营商环境及可能面临的问题与挑战。

二、前期准备

（一）法律规定

在柬埔寨承包工程需要提供公司资质证明、母国出具的对外承包工程权证书、柬埔寨商业部注册证书及银行提供履约保函。

《民法典》

第 904 条 保证性质：基础义务的消灭也应起到保证义务的消灭作用。

第 905 条 保证人的权利：保证人有权援引相关义务的规定性消灭；保证人可以提出主债务人可以使用的任何抗辩；主债务人有权解除或者终止“产生标的债务的合同”的，保证人可以拒绝履行保证义务。

第 908 条 连带担保的含义及连带担保：与主债务人有连带履行义务的保证人不得（i）要求债权人先于担保人要求主债务人履约，或者（ii）通过证明主要债务人有足够的资源来投标履约并且易于执行，从而免除自己执行担保义务。

柬埔寨王国政府新第 224 号法令（2020 年）

颁发施工、维修、拆除许可证的主管当局为土地管理、城市规划和建设部或省会或地区管理局的省长，具体取决于建筑的性质，特别是规模和高度。

施工许可证有效期为一年，只能续签一次。

许可证适用范围增加了天线、电线杆、铁塔、大门、佛塔、与下游活动有关的建筑等非建筑施工。

如果主管当局未能在本法令规定的时间内对许可证的申请作出回应，将被视为当局对申请的默示批准。

不需要施工许可证的施工形式：

建筑面积小于 12 平方米或高度小于 5 米的建筑、建筑面积小于 100 平方米和高度小于 9 米的木/混凝土混合房屋等小型建筑。

房地产开发项目申请建筑许可证，必须附具主管机关核发之土地开发许可证。

柬埔寨王国政府新第 225 号法令

根据本法令，有 4 种类型的施工认证：

一般施工认证；

建筑施工认证；

结构施工认证；

以及机械/电气/水结构认证。

获得许可证的具体标准取决于许可证的类型和级别。

柬埔寨王国政府新第 226 号法令

所有需要建筑许可证的建筑物必须在建筑工程最终完成后获得使用证书。无论所有权是否发生变化，本使用住证均永久有效。但是，当建筑功能发生变化时，将需要新的使用证明。

建设单位可以对已经建成并可以安全使用的部分建筑，申请临时使用证。临时证书在颁发最终证书之前有效。

如果居住证被暂停或吊销，也禁止使用该建筑物。

在发布本子法令之前获得的现场关闭许可证可作为使用证明。

在未正式获得使用证书的情况下使用建筑物可能导致最高单笔罚款 8000 万瑞尔（约 2 万美元）以及施工检查员可能采取的其他法律行动。

《建筑法》（2019 年）

第 90 条 如果房地产开发项目不符合技术标准和法律规定，将会受到以下一项或多项处罚：书面警告、暂停或吊销建筑专业或营业执照或许可证、临时罚款、行业禁令、强制拆除和/或恢复原状、罚款和监禁。

第 93 条至第 103 条 不遵守技术标准或未获得施工许可证的开发商将面临 1 个月至 15 年的监禁，并处以 400 万至 1 亿瑞尔的罚款（1 人民币 =600 瑞尔）。

（二）法律解读

除了企业注册相关问题已在前文阐述，柬埔寨政府 2020 年 12 月 30 日颁布了新的第 224 号、第 225 号、第 226 号法令以确定签发施工、维修、拆除许可证的条件和程序，现场开放及其随后的续期，及使用许可证的相关规定。

2019 年通过的柬埔寨新《建筑法》旨在加强对柬埔寨建筑业的管理，保障建筑的质量和安全，该法明确规定了施工技术和材料的标准，以及包括开发商、具体施工方在内的所有从业人员和利益攸关方的责任。

柬埔寨法律中没有针对银行保函或独立保函的专门条文，柬埔寨的现代法律体系主要受大陆法系的影响，也将一部分普通法实践纳入了法律司法体系，柬埔寨《民法典》的对于保函的规定与中国类似。在银行保函实务中，银行开出的保函基本都是独立保函，文本大多采用标准英文文本条款，担保币种以美元为主。

（三）风险分析

工程开发项目不符合技术标准和法律规定，或者开发或施工主体未取得相关资质，获取相关许可证，将会受到当地行政处罚，甚至可能被采取监禁。

未采取海外保险等形式降低海外投资时面临可能的政治风险，例如，征收险、汇兑险、战乱险以及政府违约等。

（四）防范建议

1. 首先，投资者应准确把握柬埔寨投资政策和法规，做到知法、懂法、依法，准确全面地掌握柬埔寨投资相关的法律法规，特别是关于特殊许可、土地使用等方面的政策。

2. 获取完备的许可及资质。

（1）开发商在整个开发建设的过程至少需要办理下列证照：

①房地产开发公司自身基础资质（最基本的如是否具有相关经营范围，是否具有房地产开发业务的税务登记证）；

②具体项目的房地产开发资质；

③报建审批（开工许可证，施工许可证等）；

④房地产销售许可证（未取得销售许可证，不得开始广告宣传和销售房屋）；

⑤竣工许可证。

（2）开发商申请建筑许可证须凭以下材料：

①不动产所有权证书、不动产所有权证明或临时土地使用权证明；

②地块的情况介绍和在地块上将建楼房的设计图；

③工程建筑设计项目计划和图纸；

④申请人的柬埔寨国民身份证；

⑤土地所有者和项目开发商签署的建筑许可证申请书。

（3）对于具体施工单位，须申请建筑施工资质。

3. 大力发展基础设施建设是柬埔寨政府的重要经济目标之一。中国投资者应抓住柬埔寨基础设计建设的机遇，大力开拓柬埔寨工程市场。同时，应加紧高素质、高技术人才的培养，选好、选对承包项目。

4. 企业应积极利用保险、担保、银行等金融机构提供的相关服务保障自身利益，以应对对外投资的诸多不确定性，例如，中国出口信用保险公司承保的海外投资保险业务，或是在《多边投资担保机构公约》下设立的多边投资担保机构（Multilateral Investment Guarantee Agency，MIGA）承保的海外投资等。

5. 开发商在整个开发建设的过程至少需要办理下列证照：

（1）房地产开发公司自身基础资质（最基本的如是否具有相关经营范围，是否具有房地产开发业务的税务登记证）；

（2）具体项目的房地产开发资质；

（3）报建审批（开工许可证、施工许可证等）；

（4）房地产销售许可证（未取得销售许可证，不得开始广告宣传和销售房屋）；

（5）竣工许可证。

6. 开发商申请建筑许可证须凭以下材料：

（1）不动产所有权证书、不动产所有权证明或临时土地使用权证明；

（2）地块的情况介绍和在地块上将建楼房的设计图；

（3）工程建筑设计项目计划和图纸；

（4）申请人的柬埔寨国民身份证；

（5）土地所有者和项目开发商签署的建筑许可证申请书。

7. 对于具体施工单位，须申请建筑施工资质。

三、招标投标

柬埔寨国家投资项目或国际组织贷款和援助项目，一律用招标方式。招投标基本程序包括如下内容。

1. 准备阶段：设计及其费用估算；向银行提交设计及其费用估算，征求银行意见并获得批准；招标文件准备；向银行提交招标文件，征求意见并获得批准。

2. 资格预选阶段：邀请参加资格预选（在报纸上登广告）；评估委员会对资格预选进行评估；资格预选评估报财政部批准；资格预选评估报银行批准；向承包商通知资格预选结果；确定符合资格预选条件的承包商。

3. 招标及评标阶段：发标；承包商准备投标；开标；评标委员会评标；评标结果和授标建议报财经部批准；评标结果和授标建议报银行批准；签署合同。

4. 选择决选名单阶段：邀请说明取费率；顾问或监理准备说明取费率；向项目执行部提交取费说明；评估委员会对取费说明进行评估；公司决选名单报财经部批准；公司决选名单报银行批准。

5. 方案准备阶段：邀请决选名单中的公司提出方案；决选名单中的公司准备方案；

提交方案。

6. 技术和财政评估阶段：评估委员会对技术方案进行评估；技术方案报财经部批准；技术方案报银行批准；请决选名单中的公司公开财政方案；评估委员会对财政方案进行评估；按技术方案和财政方案综合最高分的授标建议报财经部批准；按技术方案和财政方案综合最高分的授标建议报银行批准；签署合同。

柬埔寨政府正大力扶持基础设施建设项目，对于中国投资者来说，为适应国际竞争的需要，可以选择一些具有较好前景的项目，例如，以 BOT/BOO 方式进行带资承包，并以此带动中国机电设备、成套设备和劳务出口。

（一）法律规定

除了《柬埔寨王国民法典》以及相关合同法的规定，以 BOT 项目为例，柬埔寨政府于 1998 年出台了《柬埔寨王国关于 BOT 合同的法规》用于规范特定的合同适用。

《柬埔寨王国关于 BOT 合同的法规》

第 2 条 本法规仅适用于国家、公共法人为许可方，私人法人为被许可方的项目。不适用于私人之间的项目。

负责有关基础设施项目的主管部门应按照本法规规定的条件，在柬埔寨政府的授权下，代表政府签订 BOT 合同。

国家及国有法人组织也有权按照本法规规定的条件签订 BOT 合同。

第 3 条 只有 CDC 或柬埔寨政府授权的单位宣布的基础设施项目才是 BOT 合同的客体。

该类基础设施包括下列项目：电厂、道路、高速路、港口、电讯网、铁路、民用住宅、医院、学校、机场、体育场、旅游饭店、新建城市、水电站、水坝、工厂、净水厂及垃圾处理。

BOT 项目框架下的基础设施的建造费用完全由被许可方承担。

合同应明确规定被许可方交纳履约保证金。

第 4 条 合同应明确柬埔寨政府或其他法人组织的监督权力，以防被许可方不履约。

合同应给予被许可方对基础设施项目的独家管理权，期限最长不超过 30 年，可按照合同规定的条款延长。

被许可方负责合同规定的基础设施营运的所有费用。

合同应明确被许可方有权收费。内部上缴的比例应遵照柬埔寨王国政府或其他法人同意给予许可的规定。

被许可方应按照合同向柬埔寨王国政府或许可方交纳许可使用费及部分收入。

第6条　有关部门或公共法人可以同柬埔寨籍或外籍自然人或法人或他们的联合体签订BOT合同。

任何公司其至少51%的股份由柬埔寨籍法人或自然人持有被视为柬籍法人。

第10条　选择被许可方后，批准机构应颁发BOT许可证。该证应在被许可方按照财经部长命令交纳履约保证金后再颁发。该证应明确BOT合同有关各方的权利和义务。

第11条　为执行该BOT合同，被许可方应按照柬埔寨法律成立公司并注册。该公司的目标应符合其BOT合同许可。该公司应遵守柬埔寨的有关法律和法规。

第12条　BOT合同的被许可方为履行合同的义务，按照1997年8月22日颁布的《外汇管理法》可自由购买或转让所需的外汇。

第13条　按照1994年8月5日颁布的《投资法》及其实施细则，BOT合同的被许可方应有权享受优惠待遇。

（二）法条解读

本法规定了BOT合同实施的主客体，该类项目的实施方式、限制及程序，同时，还提供了其他以供参考的法律法规。

（三）风险分析

1. 除了以上提到的风险，近年来，柬埔寨政府的财政赤字有所增加，国内很多民生领域发展严重依赖外国援助或优惠贷款。这是投资者的机遇，但也存在一定风险，若援助国或贷款来源国经济不景气、投资方向改变，柬埔寨工程项目建设规模和资金投入可能会受到影响。

2. 当地工业配套不发达、供应链不健全，可能会造成一定程度的建筑材料短缺；并且，柬埔寨由于输电线路特别是农村电网普及率较低，在大部分城市和农村地区电力供应质量仍不稳定，电力供应不足，供电价格也相对较高，高于国际标准。

3. 境外项目投标报价是境外工程承揽的核心风险，因为要平衡经济、税务、环保、汇率、政治外交等若干个因素，并且达到最优解，难度巨大。

（四）防范建议

中国投资企业在柬埔寨工程承包应优先选取政府支持力度大、社会需求广、政府优先发展的项目，我国在当地的工程企业对此应有充分的了解和准备。

1. 中国投资企业在柬埔寨工程承包应优先选取政府支持力度大、社会需求广、政府优先发展的项目；同时，要提前做好政府债务风险预警。

2. 在投标过程中，控制投标价格，不能“为中标而报价”“为承揽而报价”，置风险敞口于不顾，盲目报价，盲目中标，避免以过低价格承接项目的风险。

3. 对当地的建筑材料与电力供应不足的风险有充分的了解和准备，可以找准承包模式，在承接项目的同时带动中国机电设备、成套设备、材料和劳务出口。同时，力争树立良好的企业形象，为扎根当地市场打下基础，增加竞争优势，进一步拓展在柬埔寨承包工程市场。

4. 中国工程承包企业应加紧培养人才，特别是高素质、高技术人才的培养，以提高承包层次，充分发挥自身优势，可以选择专业性较强、技术要求较高的项目，或工程咨询性项目的竞争。

第四章　开展投资合作应注意的其他问题

第一节　税　　收

一、所得税

（一）法律规定

《税法》

第 20 条　年度所得税税率如下：

1. 对于由法人实现的为 20%。

2. 对于按合同分配的石油产品和天然气或经营自然资源包括木材、矿产、黄金或各种珍贵宝石而实现的利润为 30%。

税收优惠：经 CDC 批准的合格投资项目可取得投资优惠。

（二）条款解读

在柬埔寨投资所得税通常按照 20% 的税率征收，经 CDC 批准的合格投资项目可取得投资税收优惠。

二、工资税

（一）法律规定

《税法》

第 47 条　对于居民雇员，月纳税工资应纳税额应由雇主按等级增加的税率扣留。（见表 4－1）

表 4－1　全月应纳税工资所得额及税率

全月应纳税工资所得额/瑞尔	税率/%
从 0 至 500,000	0
从 500,001 至 1,250,000	5
从 1,250,001 至 8,500,000	10
从 8,500,001 至 12,500,000	15
超过 12,500,000	20

第 48 条　对于每月增加的利益，雇主应按规定时间和按发给雇员增加利益总值 20% 的税率扣除和缴纳税款。增加利益的价值是包括税款在内的市场价。

（二）条款解读

无论是在柬埔寨境内或境外发放工资，雇主或外国雇主在柬埔寨境内代理人与其雇员一起负有缴付代扣工资税的责任。且雇主应依据 20% 税率按时代扣分配给雇员的全部股息、红利所产生的应纳税款。

三、增值税

（一）法律规定

《税法》

第 64 条　税率规定如下：

1. 在柬王国境内的每项应税供应税额按 10% 的税率规定增值税。

2. 从柬王国境内输出的每批货物的应税供应税额按零税率规定增值税。包括按本法第 63 条规定，在柬王国境外所完成的提供应税服务。

（二）条款解读

通常在柬埔寨境内，任何应税货物或服务的增值税适用税率是 10% 。特殊情况：货物销售或服务提供的适用增值税税率为 0。

1. 所有销售至境外的应税货物，以及出口至境外的应税服务。

2. 鼓励类行业或向出口企业提供某些特定货物或服务的外包企业所销售的应税货物或提供的应税服务。

四、关税

（一）法律规定

《修正法实施细则》

第16条　生产设备、建筑材料、生产投入免缴关税

16.1　内销型合格投资项目生产设备及建筑材料免税：依据《投资法》第14条第5款的规定，内销型合格投资项目进口的生产设备及建筑材料免缴关税。合格投资项目部分产品能够直接出口，或供应出口产业的，用于直接或间接生产出口货物的生产投入进口时所纳赋税，应在季度报告审核后予以免税。

16.2　出口型合格投资项目生产设备、建筑材料及生产投入免缴关税：依据《投资法》第14条第6款规定，出口型合格投资项目进口的生产设备、建筑材料及生产投入免缴关税。出口型合格投资项目以海关保税仓库方式运营的，其免税应符合海关法及现行适用法规规定。加工后的生产投入未出口的，应在季度报告审核后，缴纳进口时适用关税及赋税。

16.3　配套产业合格投资项目生产设备、建筑材料及生产投入免缴关税：依据《投资法》第14条第7款规定，配套产业合格投资项目进口的生产设备、建筑材料及生产投入免缴关税。配套产业合格投资项目产品未能100%供应出口产业或直接出口的，应在季度报告审核后，按未供应出口产业或直接出口的生产投入数量缴纳关税。

《修正法实施细则》

附件一第三部分　可享受免缴关税，但不享受免缴利润税的特定投资活动：

1. 电信基础服务；
2. 天然气、石油勘探及全部矿产开采项目，包括石油、天然气开采的供应基地。

（二）条款解读

柬埔寨对大部分进出口货物均征收0～35%不等的关税，仅对部分限制性货物征收出口关税，包括木材、橡胶制品及部分特定的动物产品等。对于部分经批准的合格投资项目或经营部分领域活动的企业免于缴纳进口关税。

五、最低税

（一）法律规定

《税法》

第24条　最低税规定于按实际税制纳税的纳税人。最低税是一种与所得税截然不

同的税种。此税由纳税人按实际税制缴纳，即使纳税人已经取得了投资企业的资格。最低税也应按 1% 的税率，规定年度产品税其中包括各种税赋，并且在决算年度所得税时缴纳。

按本法第 37、38、39 条所规定的方式，最低税可以从实际缴纳的年度所得税中减少。

《修正法实施细则》

第 15 条 15.7 依据税法第 24 条规定，合格投资项目不适用最低税。

（二）条款解读

最低税的计税依据为提供服务和销售货物的营业收入，税率为 1%。

缴纳情况如下：

1. 若纳税人年度应纳所得税额低于最低税额，则纳税人须按照应纳最低税额申报缴纳所得税；

2. 若纳税人年度应纳所得税额高于最低税额，则纳税人应按照实际应纳所得税额申报缴纳所得税。

六、资本利得税

从 2024 年 1 月 1 日起，正式征收资本利得税，即向出售包括房地产在内的资本所得利润征收 20% 税款。

税务居民从事的资产买卖活动，包括房地产、资产租赁、资产投资、企业商标、知识产权和外国货币，都将被征收资本利得税；只有政府和外国大使馆资产，或税务居民拥有的常驻居所（只限一间，且持有时间不能少于 5 年），将可豁免征收资本利得税。

七、风险分析

1. 外国投资者因不了解当地税务政策可能因报税不合规产生要求补税、罚款的税务风险甚至刑事责任风险。按照当地税法，柬埔寨税务总局有权在月度或年度报税的 3 年内重新评估，但是如果有证据证明纳税人妨碍税收规定的实施，该期限可能被延长。

2. 柬埔寨法律体系较为复杂，除税法外，还有税务总局及财经部出具的部门法规、国王令等。法律更新可能会导致税率、征收范围、免税优惠政策的变更，给外国投资者带来更高的投资成本与风险，甚至造成经营损失。

八、防范建议

1. 聘请专业机构进行审计，对于 QIP 项目或者具备足够规模的公司，每年须经由在柬埔寨注册会计师与审计师学会注册过的独立审计员进行审计。

2. 记录保存所有的账目及支持性文件，建议保存期限为 10 年以上，语言为当地通用语言或者英语。

3. 报税时间对于专利税及年度所得税，纳税人必须在年末后 3 个月之内提交年度的所得税及专利税申报，新注册的企业需要在商务部注册后 15 天内缴纳专利税。对于月度报税，纳税人必须每月向税务局报税（一般是地方或区域税务局）。

4. 在投资前应进行合理的税收筹划，优化公司架构，同时，应在公司运行过程中，熟悉当地税法等法律法令规定，并根据实际操作经验合理合法纳税，合规申报税务，避免税务风险。

第二节 劳 动 力

柬埔寨人口年轻化特点明显，10～35 岁的人口超过总人口的一半，劳动力资源比较充沛。劳动力人口 750 万人，且年增长率 2.7%。劳动者权益主要受《柬埔寨王国宪法》和《劳动法》保护。

外籍人士在柬埔寨就业，须满足法律规定的条件，自 2016 年 9 月 1 日起，外国人在柬埔寨申办工作证网上系统投入使用，网址为：www.fwcms.mlvt.gov.kh。

一、雇用外国劳工

（一）法律规定

《劳动法》（2021 年）

第 261 条 外国人必须持有劳动主管部门颁发的工作许可证和就业证，方可工作。这些外国人还必须满足以下条件：

（a）雇主必须事先获得柬埔寨王国的合法工作许可证；

（b）这些外国人必须合法进入柬埔寨王国；

（c）这些外国人必须持有有效护照；

（d）这些外国人必须持有有效的居住许可证；

（e）这些外国人必须具备适合该工作的身体条件，并且没有传染性疾病。

上述条件应由卫生部的公告规定，并经劳动主管部门批准。

工作许可证有效期为1年，只要延期有效期不超过相关人员居住许可证中的固定期限，就可以延期。

第262条 在下列情况下，劳动主管部门可以吊销工作许可证：

(a) 在持证人未满足上述第261条第2节第(a)、(b)、(c)、(d)和(e)点规定的任意一点时；

(b) 在持证人需要延长的工作与柬埔寨王国本国求职者发生竞争时。该撤销应在工作许可证到期后进行，该工作许可证可以重新颁发或延期；

(c) 持证人失业超过1个月或被其他雇主雇用时。

劳动主管部门应发布关于对外籍工人发放工作许可证和就业卡的公告。

劳动主管部门和财经部应发布联合公告，规定发放此类工作许可证和就业卡的收费标准。

(二) 条款解读

雇佣外籍人士的雇主须预先获得在柬埔寨工作的合法就业证、工作许可证，就业证有效期为1年，可以延期，但延期后的有效期不得超过其居留证有效期。

在柬埔寨，需要外籍劳务的主要岗位是专业技术人员和管理人员等。劳动力使用理事会有义务依据移民法及相关规定，协助投资人为其随行配偶办理签证、居留权及旅行证手续，并提供建议。柬埔寨籍公民中无适当人选，投资人需雇佣外籍员工、管理专家、技术人员、技术工人的，理事会应依据劳动法、移民法及现行规定，协助投资人办理雇佣外籍员工工作相关手续。

二、当地劳工就业优先保护

(一) 法律规定

《劳动法》(2021年)

第263条 关于律师、法警和公证人等专业人员，如作为雇主招聘工作人员从事与其职业相关的工作，必须优先招聘柬埔寨人。

第264条 在不违反第261条规定的前提下，在上述第263条所涵盖的相关企业中就业的外国人的最高比例，应由劳动主管部门的公告，分别按以下人员分类进行确定：

1. 办公室人员；
2. 专业人员；

3. 非专业人员。

上述企业在其存续期间，应证明上述三类人员中的每一类已招聘符合规定的最低比例的柬埔寨籍员工。

第 265 条　在特殊情况下，为了雇用企业运营所必需的专业人员，经劳动监察员建议或提议，经劳动部长批准，雇用外国人的比例可以超过上述限制。

（二）条款解读

外国投资者在雇佣员工时，特别针对特殊领域需保证雇佣一定比例的当地人员，既为了保证当地就业率，也为了进一步提高柬埔寨劳工的职业技能和技术培训，以更好地满足国内外劳工市场需求。但在一些专业性比较高或者针对性较强的岗位，经过批准，也可以不受最低比例柬埔寨籍员工的限制；柬埔寨政府对在私营企业或非官方组织的柬埔寨籍或外籍雇员征收“工资税”，但对工资以外的福利不征税。

柬埔寨发布了《2017—2025 年职业技能和技术培训国家政策》，目的如下：一是完善职业技能和技术培训系统，为柬埔寨国民提供高质量的职业技能和技术培训，以满足国内外劳工市场需求；二是提升国民在平等的情况下获得职业技能和技术培训教育的可能性，创造更多的就业岗位；三是鼓励政府和私营单位加强合作，集聚更多相关部门资源参与，保证和促进柬埔寨职业技能和技术培训系统的稳定性和长久性发展；四是提高国民收入水平，减少国家贫困，促进国家社会经济持续发展。

三、组织管理层候选人及工人代表

（一）法律规定

《劳动法》（2021 年）

第 270 条　有资格成为雇主专门组织管理层候选人的外国人必须符合下列要求：

（1）至少 25 岁；

（2）根据柬埔寨王国移民法享有永久居留权；

（3）在柬埔寨王国连续工作至少 2 年。

有资格成为工人专门组织管理层候选人的外国人必须符合以下要求：

（1）至少 25 岁；

（2）能读写高棉语；

（3）根据柬埔寨王国移民法享有永久居留权；

（4）在柬埔寨王国连续工作至少 2 年。

第 271 条 所有工人，不论性别、年龄、国籍，均有权自由选择加入工会。

第 286 条 工人代表候选人：

（1）年龄至少 18 岁的工人，且已经为该企业工作至少 3 个月，且未招致选举法规定的其投票权的丧失，有资格进行投票。

（2）年龄至少 25 岁的投票人在该企业的资历至少 6 个月的，应有资格成为候选人。包括这些条件，有资格成为候选人的外国人必须有根据移民法规定的在柬埔寨王国的居留权，其候选资格直到请求的居留期末结束。

（二）条款解读

与当地劳工享有的权益相当，外籍劳工仍有权利加入组织管理层、加入工会以及成为工人代表候选人，但也受永久居留权、工作年限、年龄等限制。

四、风险分析

（一）雇佣未持有雇佣卡的外国人

《劳动法》（2021 年）

第 372 条 任何雇佣未持有批准其在柬埔寨王国进行有报酬的工作的雇佣卡的外国人或留其服务的人，应被罚以 61 ~ 90 天每日基础工资的罚金或被处以 6 天至 1 个月的监禁。以后再犯的，应被判以 1 个月至 3 个月的监禁。

（二）未保障劳工休息

《劳动法》（2021 年）

第 362 条 取消或暂停工人周休的、或提供周休的条件与本劳工法第六章第四部分的规定或与指示执行本法的部长令相违背的雇主，应被罚以 10 ~ 30 天每日基础工资的罚金。

这些处罚也适用于未获必要批准而暂停周休的、不按前述规定设定的条件提供工人补偿性休假的雇主。

（三）未保障劳工工资及报酬

《劳动法》（2021 年）

第 366 条 抵销、分期摊付、扣减工人工资的雇主违反第 127、128、129 条强制的规则，应被罚以 31 ~ 60 天每日基础工资的罚金。

第 374 条 违反有关最低工资规定的人，应被罚以 30 ~ 120 天每日基础工资的罚金。

（四）雇佣童工

《劳动法》（2021 年）

第 367 条　用人单位在违反《劳动法》第 137 条、第 138 条第 2 段、第 140 条和第 141 条规定的前提下雇佣员工，应处以相当于 31 至 60 日基础工资的罚金。

（五）非法解除劳动关系

《劳动法》（2021 年）

第 371 条　因第 95 条第 1 段和第 2 段列出的原因解散雇员而未通知劳工监察官的、或在主管劳工的部长根据第 95 条最后一段强制的解散暂停期内实施这种解散的雇主，应被罚以 61 ~ 90 天每日基础工资的罚金或被处以 6 天至 1 个月的监禁。

（六）未保障劳工健康

《劳动法》（2021 年）

第 376 条　任何犯了上一条限定的有害于其他人健康或安全的过错的人，应被罚以 30 ~ 120 天每日基础工资的罚金。

第 375 条和第 376 条设立的处罚独立于本法第九章有关与工作相关的事故和职业疾病的赔偿的规定。

第 377 条　违反第 240 ~ 247 条或违反指示劳工健康规定应用的部长令的人，应被罚以 120 ~ 360 天每日基础工资的罚金和被处以 1 ~ 5 年的监禁、或其中一个处罚。

（七）其他

《劳动法》（2021 年）

第 375 条　自己违反第 229 ~ 231 条规定的或违反执行这些条款的部长令的公司领导、管理人员、经理或主管，应被罚以 30 ~ 120 天每日基础工资的罚金。

第 378 条　一个职业组织或一个职业组织联盟的领导或行政负责人诱使这些组织从事与本法第 266 条限定的其唯一目标无关的活动的，应被罚以 61 ~ 90 天每日基础工资的罚金。

职业组织或职业组织联盟的解散必须由劳工法庭宣布，当这些组织犯了上一段指出的过错或严重违反、重复违反法律和法规，特别是在行业关系方面。

第 379　违反第 268 ~ 270 条的人，应被罚以 61 ~ 120 天每日基础工资的罚金。

第 380　任何破坏或试图破坏工会代表的自由指定、独立性或其委托权的日常履行的人，或违反第 282 条关于工会代表或前工会代表的解雇、重新分派工作、工作调动的规定的人，应被罚以61～90天每日基础工资的罚金和被处以6天至1个月的监禁、或其中一个处罚。

第381 任何不遵守第283、286、287、291条的规定和破坏或试图破坏工人代表的自由选举或其职能的日常履行的人，应被罚以61～90天每日基础工资的罚金和被处以6天至1个月的监禁、或其中一个处罚。

第382 任何妨碍或试图妨碍劳工监察官或管理官以及劳工医疗监察员执行其职能或实施其权力的人，应被罚以120～360天每日基础工资的罚金和被处以1个月至1年的监禁、或其中一个处罚。

第383 当发生几个违法现象而根据本法它们应受到同样的处罚时，罚金必须和违法数目相称。但是，罚金总额不得超过最高罚金的5倍。这个规则特别适用于当几个工人被以和本法相违的条件雇佣时。以后再发生违法行为的，罚金3倍。

五、防范建议

（一）寻求相关部门帮助

为解决有关劳资纠纷等问题，柬埔寨于1999年成立了由政府部门、工会和雇主协会三方代表组成的劳工顾问委员会，专门研讨劳工政策。在国际劳工组织（International Labour Organization，ILO）和美国政府的帮助下，柬埔寨于2003年4月成立独立的劳工仲裁委员会，由劳动与职业培训部、雇主和工会代表组成，裁决协商无果的劳资纠纷及相关事项。

劳动与职业培训部为柬埔寨劳动就业的政府主管部门，负责管理所有来柬埔寨就业的外国劳工。该部于2002年12月成立外国劳工管理委员会，负责制订申请接受外国劳工来柬埔寨就业的各种手续，协助外国劳工与雇主协会解决外国劳工相关事宜。

（二）熟悉劳工政策，依法用工

柬埔寨政府管理外国劳工的主要依据是《劳动法》、2002年1月柬埔寨劳工部发布的《关于雇用外国人来柬埔寨就业的申请办法的公告》。

（三）妥善处理与工会的关系

《劳动法》规定，工人可在企业设立工会，工人和工会可以组织罢工活动。大规模的罢工事件会给有关企业带来较严重的经济损失。根据法律规定，无论劳工及雇主均有权不需预先核准，自主组建专业组织。劳工组建的专业组织称为“劳工工会”，雇主组建的专业组织称为“雇主协会”，禁止组建雇主及劳工同为会员的行业工会。工人的罢工权和雇主的闭厂权受法律保护。故延期发放工资、延期开工、复工均应当做好与工会的沟通工作。

(四) 妥善处理与执法人员的关系

警察、工商、税务、海关、劳动及其他执法部门是维护柬埔寨社会秩序的国家行政力量。对辖区内居民和外国人查验身份证件、询问相关事项以及搜查厂房或工地，是柬埔寨执法者的职责，中资企业相关人员要学会与这些执法者打交道，积极配合他们执行公务。

出门要随身携带身份证件、工作证件或临时居住证明。营业执照、纳税清单等重要文件资料要妥善保管，遇有执法人员检查身份证件和工作证件时，中方人员要礼貌地出示自己的证件，未携带证件更要说明身份，或者写出联系电话，让公司派人联络。

第五章　投资项目的取消

一、法律规定

《投资法》

第 31 条　下列任一情况，投资项目可能被取消：

（1）无能力继续实施合格投资项目；

（2）实施合格投资项目的法人实体被解散；

（3）未履行现行法律及司法规范文件中规定的职责；

（4）根据政府部门及相关机构提出项目对环境或国家安全、公共利益、人民福利有严重影响。

第 32 条　按本法第 31 条第 1 点所述的取消情况，投资者必须直接或通过授权代表向柬埔寨发展理事会或省市投资委员会申请取消。以上申请书必须由投资者或授权代表签署，并说明无能力继续实施开发的原因并附上他相关文件。

按本法第 31 条第 2 点所述的解散而取消情况，若该解散因清算及公司自愿解散，投资者必须直接或通过授权代表向柬埔寨发展理事会或省市投资委员会提呈申请书。

按本法第 31 条第 2 点所述的解散而取消情况，若该解散是法院判决书所定的，则投资者必须直接向柬埔寨发展委员会或省市投资委员会申请取消，并随函附上法院的最终判决书和有关实施合格投资项目的法人解散文件，以及被取消的合格投资项目相关联利益的声明。

柬埔寨发展理事会或省市投资委员会可根据本法第 31 条第 3 点所列条件，可酌情取消合格投资项目。

本法第 31 条第 1 点至第 4 点关于申请取消及酌情取消之详细程序，由法令规定。

第 33 条　即使投资项目被取消，投资者仍不会免除税收责任和其他职责。

第 34 条　投资者可根据现行法律程序向柬埔寨发展理事会或省市投资委员会提交

投诉书，对投资项目的撤销提出投诉。

若有投诉，应由柬埔寨发展理事会或省市投资委员会应对该投诉作出决定。

若对投诉决定不满，投诉投资者可以向柬埔寨王国的职权法院提交投诉书。

第 35 条　如果投资项目被撤销，投资者可将剩余资产转移到国外或在柬埔寨使用。若投资项目使用由国家承担的进口关税、特别税和增值税的建筑材料、施工设备、生产设备和生产投入少于 5 年，应根据现行法律及司法规范文件的规定，投资者负有对这些建筑材料、建筑设备、生产设备和其他生产投入缴税的职责。

二、条款解读

1. 投资项目的取消包括投资者自愿取消和政府取消两种形式。

投资者自愿取消的原因主要是无能力继续实施投资项目和法人实体被解散。对于因为无能力继续实施而申请取消的情形，投资者需要向柬埔寨发展理事会或省市投资委员会提出申请，说明原因。对于法人实体解散而导致的取消，若是自愿解散，则与因无能力继续实施的取消相同，需要向柬埔寨发展理事会或省市投资委员会提出申请，说明原因；若是法院判决解散，则在申请时，还需要附上法院判决文书。

政府取消的投资项目，主要是由于未履行现行法律规范中的义务以及相关投资项目对环境、国家安全或公共利益造成影响。

2. 投资项目取消的后果是投资项目终止，但不免除税收义务和其他责任。投资项目取消后剩余资产可以在柬埔寨境内外使用，但对于使用期限少于 5 年但享受了进出口税收减免等优惠的资产，需要补缴税款。

3. 对于投资项目被取消的情形，投资者的救济途径包括向柬埔寨发展理事会或省市投资委员会投诉，若对柬埔寨发展理事会或省市投资委员会投诉处理决定不服，可以向法院起诉。

三、风险分析

1. 柬埔寨投资项目因自身原因被取消，主要是由于外国投资者在进入市场时未进行全面的市场调研，对市场研判不足，导致后期经营存在困难，被迫终止投资项目。但在投资项目终止后，对于剩余资产，除了可能面临的补缴税款风险之外，考虑目前在柬埔寨投资的多为纺织业，若涉及设备的运回或本地处理，可能都会面临巨大的成本。

2. 柬埔寨投资项目被政府取消的风险主要由于外国投资者未合规经营。在柬埔寨进行投资的外国投资者，由于对当地法律法规的不重视或不了解，未能完全按照当地法律法规的规定合规经营，因此，产生了投资项目被取消的风险。

四、防范建议

1. 在开展投资项目之前，进行全面的市场调研和尽职调查，确保从商业、财务和法律的角度，最大限度保障投资项目的顺利进行。同时，在前期投资实际实施之前，应对退出机制，包括项目若因自身原因需要申请取消时，如何处理员工、资产等问题做初步的规划和准备，以应对可能发生的不利局面。

2. 外国投资者在开展柬埔寨投资的过程中，注意保持与当地政府和更高层级政府之间的良好沟通渠道，对于可能发生的政策变化和调整，包括法律法规的修改，能够获得相关的资料与信息，提前着手进行准备。

3. 外国投资者在当地的投资活动，还应关注当地居民的意见和媒体的观点，设置相应的舆情监控机制，发生意外情况时，快速应对，避免扩大影响。同时，外国投资者在当地遇到经营障碍，除了采用沟通斡旋的方式解决问题，必要时，也应考虑通过法律途径进行解决。

第六章　争议解决

一、法律规定

《投资法》

第 36 条　投资者与投资者之间发生与投资项目有关的争议，可由任何一方向柬埔寨发展理事会或省市投资委员会提出书面申请，由柬埔寨发展理事会或省市投资委员会按照现行程序调解机制进行解决。

在收到书面调解申请书后的 30 天内，柬埔寨发展委员会或省市投资委员会应根据需要为投资者和其他相关者进行安排争端的调解，以找到合适的解决方案。

如通过上述调解机制无法解决争议，可以通过以下方式解决：

1. 争议双方同意的国内或国际仲裁；
2. 柬埔寨王国的职权法院。

《劳动法》

第 385 条　本法第七章涉及的任何劳动争议，如不能通过调解解决的，可以提交劳动法庭。

在 7 天之内解决该争议，劳动法庭可以采取以下一些必要措施：

1. 命令恢复被解雇的工人的工作，通过保留其原职和支付其可追溯的工资。
2. 废除一个工会的选举结果或一个工人代表的选举结果。
3. 命令一个雇主和一个工会谈判或与一个工会代表、工人代表合作。
4. 判决支付赢得该劳动纠纷的一方的损失。

二、寻求当地政府帮助

柬埔寨中央和地方政府均高度重视外国投资。中资企业在柬埔寨投资合作中，要与其中央有关部门和企业所在地政府建立密切联系，可不定期通报企业发展情况，及时反映遇到的问题，以寻求所在地政府更多的支持。遇有突发事件，除向中国驻柬埔寨使馆经商处、公司总部报告以外，还应及时与企业所在地政府有关部门取得联系，获得支持和帮助。

三、取得中国驻当地使馆保护

中国公民在其他国家境内的行为主要受国际法及驻在国当地法律约束。如有中国公民（包括触犯当地法律的中国籍公民）在当地所享有的合法权益受到侵害，中国驻外使、领馆有责任在国际法及当地法律允许的范围内实施保护。中资企业在进入柬埔寨市场前，应首先征求中国驻柬埔寨使馆经商处意见；履行合法的投资注册手续后，应按规定及时到中国驻柬埔寨使馆经商处报到备案；并与经商处保持经常性联络。遇有重大问题和事件发生，应及时向中国驻柬埔寨使馆报告，在处理相关事宜时，要服从使馆的领导和协调。

中资企业在柬埔寨投资合作中，关于中国驻柬埔寨大使馆领事部可以提供的帮助请查询外交部网站（www. fmprc. gov. cn）；关于中国驻柬埔寨使馆经商处能够提供的帮助请查询商务部网站（cb. mofcom. gov. cn）。

第七章　网上申请注册指南

一、网上注册申请平台

商业注册、合格投资项目注册以及专业拍照的申请都可以通过线上完成，网址为 https://registrationservices. gov. kh/home-cn/。网站页面如图 7－1 所示。

图 7－1　柬埔寨网上注册申请网站

该网站支持柬埔寨语、中文、英语、日语以及韩语，可以让投资者便捷快速地完成投资项目启动的第一步。

二、合格投资项目申请注册平台

如前文所述，任何投资项目都须成为合格投资项目才能享受投资优惠。合格投资项目，即 QIP，可以在 QIP Registration Platform 上申请注册，网上申请注册的网址为

https://qip. cdc. gov. kh/home-page/register。该网站支持柬埔寨语与英语（见图 7-2）。

图 7-2　合格投资项目申请注册平台

三、商业注册申请平台

商业注册申请，则可以通过 OBR Portal 进行，该网站也支持中文及英语等语言，除了网页注册，商业注册申请主要还可以通过 CamDigiKey 这个 APP 进行（见图 7-3）。

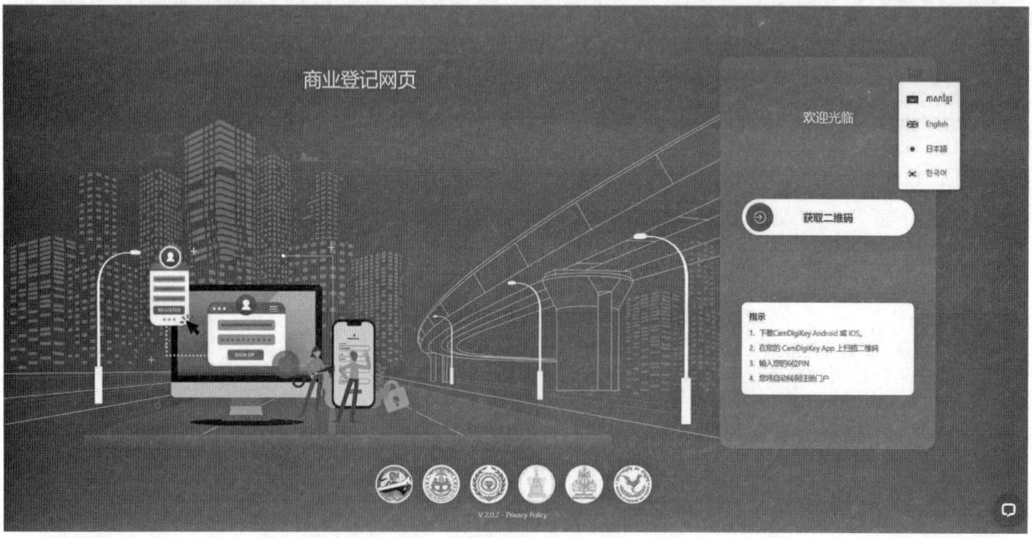

图 7-3　商业注册申请网页

根据柬埔寨经济与财政部出版的《网上商业注册流程指南手册》，网上商业注册流程可以通过以下步骤。

（1）注册 CamDigiKeyAPP 账户，该账户需要柬埔寨手机号码才能进行注册（见图 7－4）。

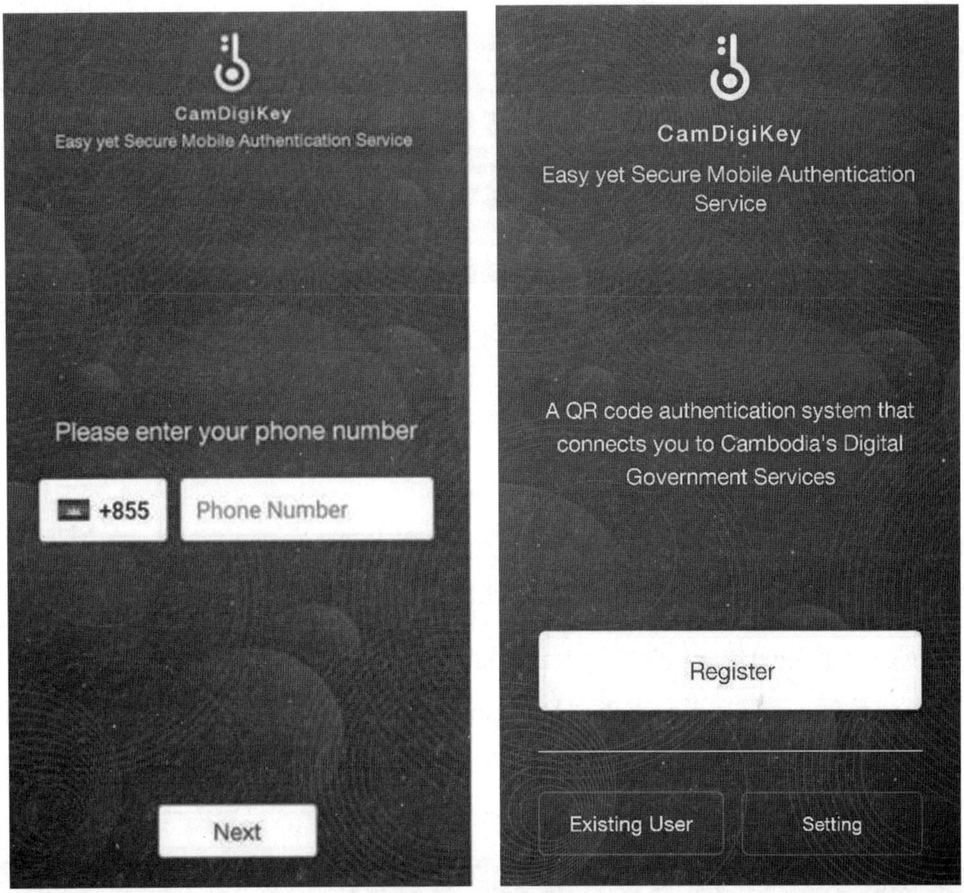

图 7－4　注册步骤 1

（2）在 OBR Portal 网页获取二维码登录后即可点击“Register Business”进行注册（见图 7－5）。

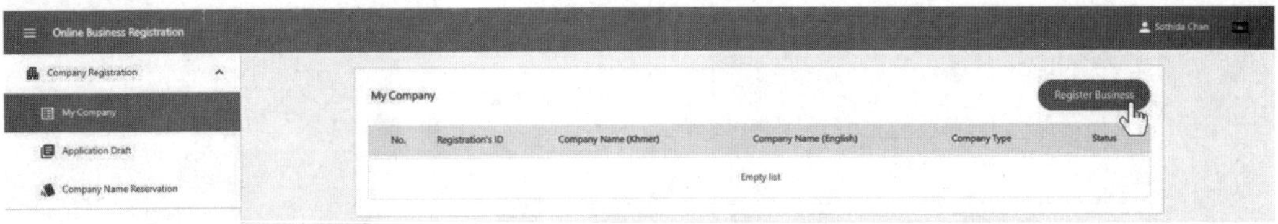

图 7－5　注册步骤 2

根据投资需要选择注册的企业类型，同时根据企业类型进行税务注册，在完成相应信息填写和附件上传后，点击申请，即可完成企业申请注册（见图7－6）。

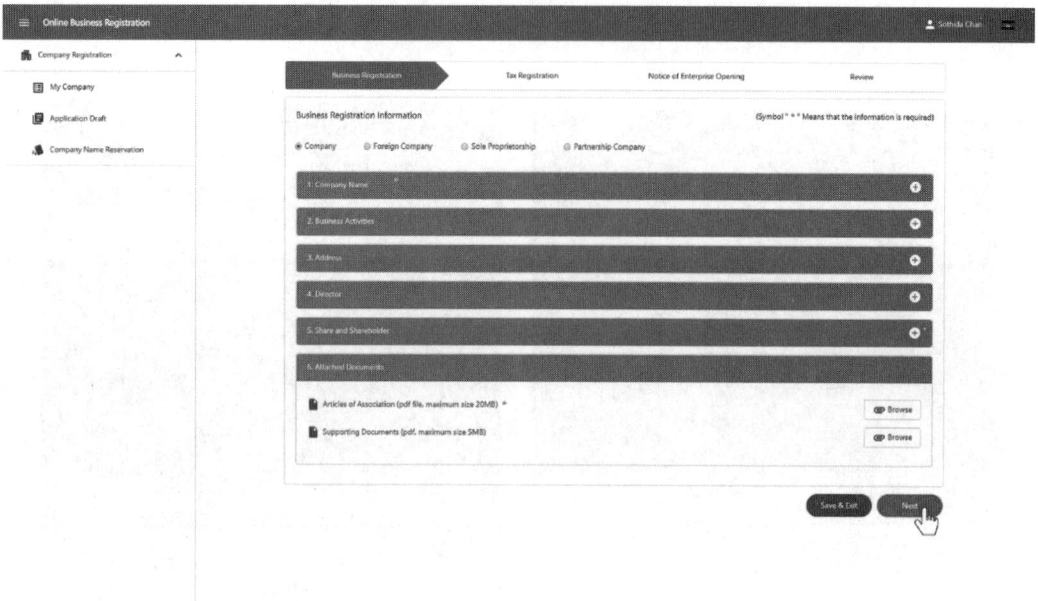

图7－6　注册步骤3

完成申请表格的提交后，会进入缴费界面，该平台支持ABA Pay和信用卡或借记卡（Visa、Master Card或国际银联）等方式付费。

完成申请后，可以在平台点击“My company”，随时查看申请状态，申请通过后，也可以通过该平台点击下载电子证照。具体的指南详情及法律规定可以点击网站的“其它资料”查询：https://registrationservices.gov.kh/home-cn/（见图7－7）。

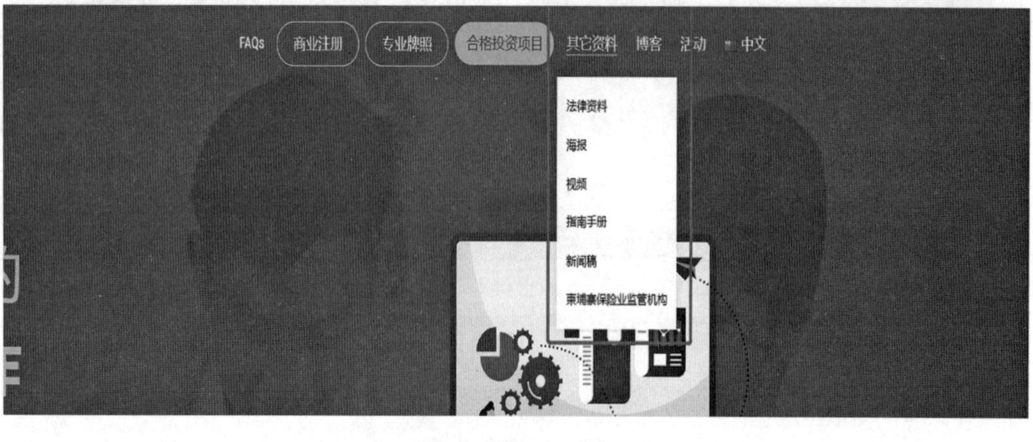

图7－7　注册成功后的资料查询界面

四、商业注册申请平台

除了以上三种投资项目最主要的申请程序，其他特殊许可证证照的申请也可以通过网址链接申请的具体平台网站：https://registrationservices.gov.kh/home-cn/（见图7-8）。

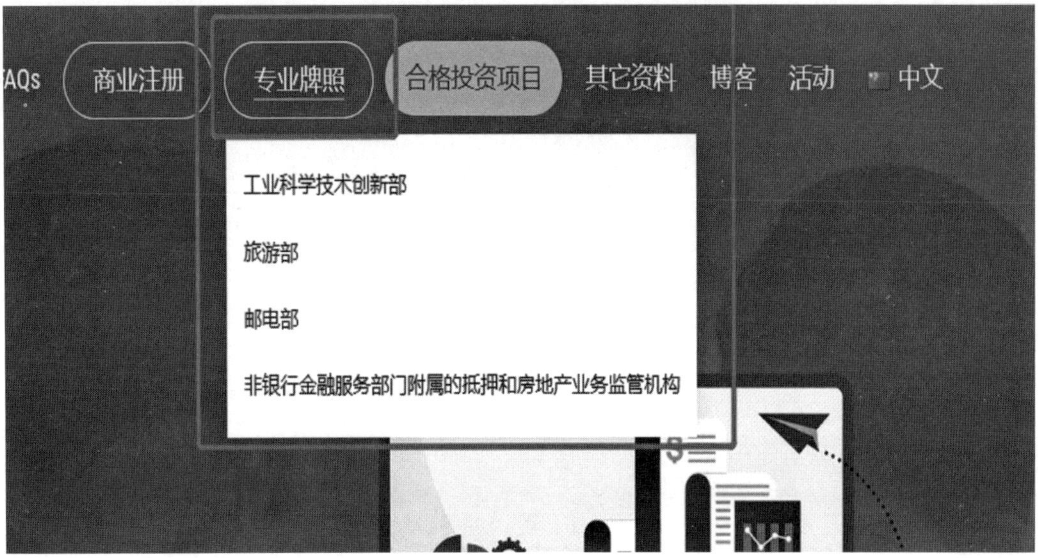

图7-8　特殊许可证证照的申请界面

第三编

柬埔寨贸易规则及风险防范

第八章　中国与柬埔寨贸易概况

柬埔寨是东盟成员国，WTO 成员。柬埔寨进出口贸易连年增长，2022 年柬中贸易额为 145 亿美元，中国仍是柬埔寨最大的贸易伙伴。近年来，随着柬埔寨签署和加入双边或多边协定，其投资贸易的内外部环境将得到较大改善。

中国与柬埔寨自 1958 年建立外交关系以来，双方建立了长期友好关系，双边经济关系不断发展。随着双边或多边贸易协定的签署，中国与柬埔寨之间的贸易往来将进一步深化。2020 年 10 月 12 日，中国与柬埔寨签署《中柬自贸协定》，该协定于 2022 年 1 月 1 日正式生效实施。2020 年 11 月 15 日，中国与柬埔寨等国正式签署 RCEP，于 2022 年 1 月 1 日正式生效。以《中柬自贸协定》为例，协定内容涉及双方货物贸易、原产地规则、海关程序与贸易便利化、技术性贸易壁垒、卫生与植物卫生措施和服务贸易等内容。根据该协定安排，中国与柬埔寨货物贸易零关税产品税目比例均达到 90% 以上，且双边贸易将进一步便利化。

MOC 为柬埔寨贸易主管部门。柬埔寨海关与消费税总署（General Department of Customs and Excise，GDCE），是经济和财政部（Ministry of Economy and Finance）下属的公共行政机构，是负责在边境检查站检查进出口货物的主要机构。

本编所述的贸易，以进出口贸易为主，① 主要涉及的柬埔寨部门见表 8－1。

---

① 本编主要参考资料：CUSTOMS LAW AND REGULATIONS（Third Edition English Version）及柬埔寨海关与消费税总署的公开信息。

表 8－1　柬埔寨进出口贸易所涉及的主要部门

相关部门	中文名称
អគ្គនាយកដ្ឋានគយនិងរដ្ឋាករកម្ពុជា	海关与消费税总署
ក្រុមប្រឹក្សាអភិវឌ្ឍន៍កម្ពុជា COUNCIL FOR THE DEVELOPMENT OF CAMBODIA	发展委员会
ក្រសួងសុខាភិបាល Ministry of Health	卫生部
ក្រសួងកសិកម្ម រុក្ខាប្រមាញ់ និងនេសាទ Ministry of Agriculture, Forestry and Fisheries	农林渔部
ក្រសួងឧស្សាហកម្ម វិទ្យាសាស្ត្រ បច្ចេកវិទ្យា និងនវានុវត្តន៍ Ministry Of Industry, Science, Technology & Innovation	工业科学技术和创新部
ក្រសួងពាណិជ្ជកម្ម Ministry Of Commerce	商务部

本编内容主要围绕进出口贸易，涉及企业从事贸易注册/登记、柬埔寨货物贸易管理、柬埔寨海关程序，包括贸易主要规则、条款及解读，贸易风险防范及救济等内容。本编分内容仅供参考，具体以柬埔寨进出口贸易原本文件及相关制度实际执行情况为准。

第九章　企业从事贸易注册/登记

本部分主要涉及企业若从事进出口贸易，主要需要进行注册/登记的部门。

1. 柬埔寨商务部下属商业注册部门注册（见图 9－1）

图 9－1　商务服务平台

2. 柬埔寨经济和财政部下属税务总局注册，要获得纳税人识别号码，进行增值税账户登记（见图 9－2）

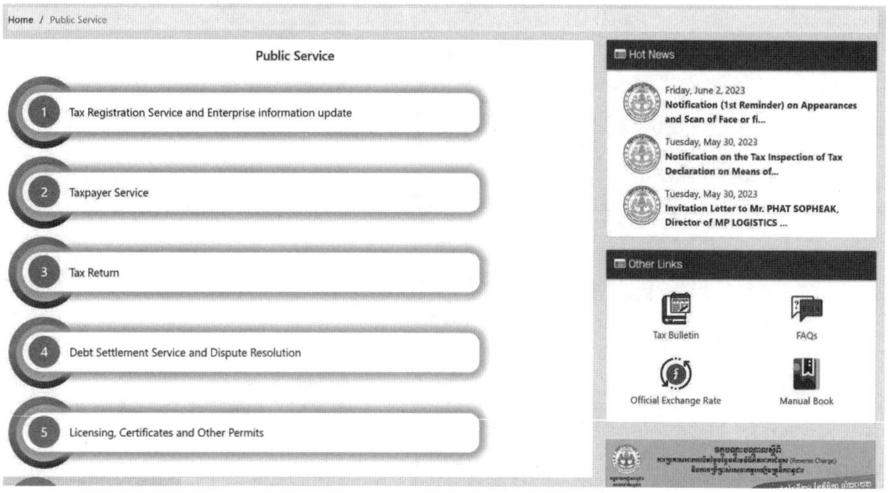

图 9－2　税务服务平台

3. 海关数据自动化系统（ASYCUDA）注册（见图9－3）

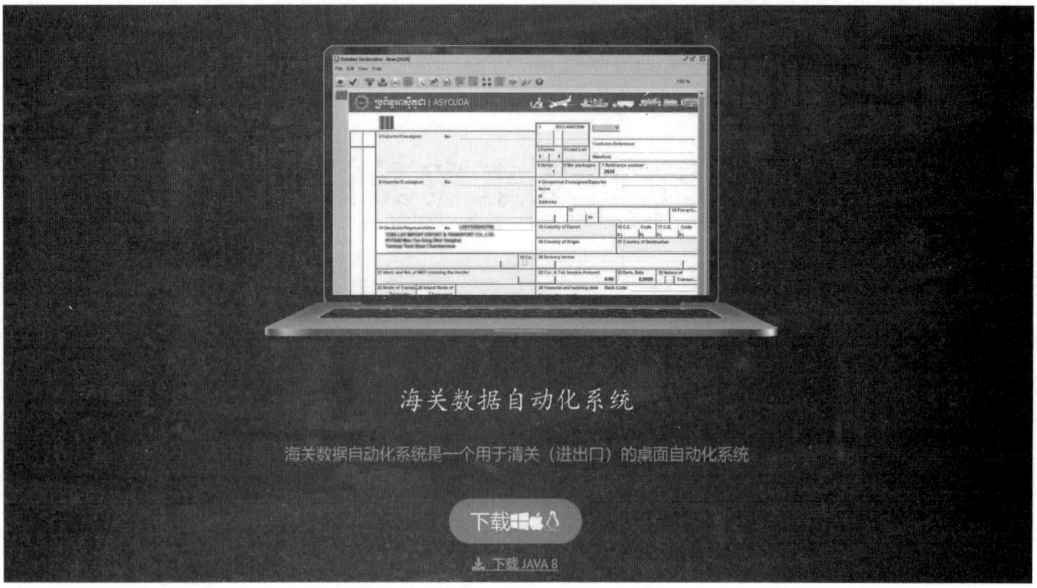

图9－3　海关数据自动化系统

4. 柬埔寨海关与消费税总署柬埔寨国家单一窗口（Cambodia National Single Window）注册（见图9－4）

图9－4　柬埔寨国家单一窗口

柬埔寨海关与消费税总署发布的主要电子服务平台（E-Services）主要包括：（1）Asycuda；（2）e-Customs；（3）National Single Window；（4）e-Payment；（5）Temporary Vehicle；（6）Customs Tariff 2022；（7）Calculation of Estimated Duty & Tax on Used Cars 等。

此外，根据中国进口柬埔寨部分产品检验检疫要求，如《海关总署关于进口柬埔寨鲜食芒果植物检疫要求的公告》《海关总署关于进口柬埔寨鲜食龙眼植物检疫要求的公告》《海关总署关于进口柬埔寨食用水生动物检疫和卫生要求的公告》《海关总署关于进口柬埔寨野生水产品检验检疫要求的公告》《海关总署关于进口柬埔寨胡椒植物检疫要求的公告》《海关总署关于进口柬埔寨香蕉植物检验检疫要求的公告》《海关总署关于进口柬埔寨养殖水产品检验检疫要求的公告》等文件，中国与柬埔寨相关产品的行业主管部门签订检验检疫要求的议定书，对符合公告条件的企业柬埔寨行业主管部门应向中国提供注册名单，经中国审核批准后在官方网站公布，方能向中国出口。

第十章　货物贸易管理

本部分主要涉及柬埔寨《海关法》及《实施禁止和限制货物清单》（The Enforcement of the List of Prohibeted and Restricted Goods）等对货物贸易管制的相关规则，采取如禁止、限制、许可等措施。

第一节　货物进出口禁止与限制

《海关法》

第 8 条　柬埔寨王国政府可通过法令禁止或限制特定货物的进出口，但须符合以下任一目的：

1. 国家安全；
2. 公共秩序以及道德标准；
3. 保护人、动物或植物的健康和生命；
4. 保护具有艺术、历史或考古价值的国宝；
5. 保护自然资源；
6. 遵守柬埔寨王国现行任何立法的规定；
7. 履行《联合国宪章》规定的义务。

在该条的执行过程中，柬埔寨政府有权签发禁止或限制货物的法令。据此，柬埔寨进出口贸易现主要遵循《实施禁止和限制货物清单》，具体规则及内容请参考：

附件 1　禁运货物清单：除非柬埔寨王国政府允许，否则禁止通过柬埔寨领土出口、进口或国际过境的货物。（Annex 1 – List of Prohibited Goods：Goods that are prohibited from exportation，importation or international transit through Cambodia's territory unless permitted by the Royal Government of Cambodia.）

附件 2　限制货物清单：要求在出口或进口前拥有政府主管部门/机构颁发的出口或

进口许可证或类似文件的货物。（Annex 2 – List of Restricted Goods：Goods that are required to have export or import permit or similar document issued by competent government ministries/agencies prior to the exportation or importation.）

附件 3　需附出口证书的货物清单：在柬埔寨进口的货物须事先获得进口许可，但需获得出口国主管部门颁发的出口证书或类似文件。（Annex 3 – List of Goods to be accompanied with export certificate：Goods that are not required to obtain prior import permit in the case of importation in Cambodia，but they are required to obtain export certificate or similar document issued by competent authority in the exporting country.）

附件 4　限制国际运输的货物清单：需要事先从政府主管部门/机构获得过境许可的货物。（Annex 4 – List of Goods Restricted for International Transit：Goods that are required to obtain prior transit permit from competent government ministries/agencies.）

附件 5　解释性说明，解释了如何阅读列表、某些关键词的定义，以及关于无法根据东盟统一关税（AHTN）进行技术分类但也受到限制或禁止的商品的一些其他附加说明等。（Annex 5 – Explanatory Note which provides explanation on how the list could be read，definition of certain keywords，and some other additional notes on goods that could not be technically classified based on the AHTN，yet are also subject to restriction or prohibition，and such.）

第二节　相关规则

1.《海关申报法》（Law on Customs declared by Reach Kram No. NS. RKM. 0707. 017 dated on 20 July 2007：Article 8）；

2.《通过风险管理促进贸易便利化的次级法令》（Anukret No. 21 ANK. BrK dated 01 March 2006 on Trade Facilitation through Risk Management）；

3.《实施禁止和限制货物清单》（Anukret No. 17 ANK. BrK dated 26 February 2020 on the Promulgation of the List of Prohibited and Restricted Goods）；

4. 经济和财政部《关于建立通过风险管理促进贸易便利化部际工作组的决定》（Prakas No. 324 MEF. PrK dated 29 March 2019 of the Ministry of Economy and Finance on the Establishment of Inter – Ministerial Working Group for Trade Facilitation through Risk Management）。

第十一章　海关程序

本部分主要涉及柬埔寨海关程序，具体包括报关、进出口程序及相关要求。

第一节　海关程序概述

从柬埔寨海关与消费税总署公开的信息来看，柬埔寨海关程序主要分为：一般程序（general procedures）、特殊程序（special procedures）、预许可程序（pre-clearance procedures）、其他程序（other procedures）和贸易便利化（trade facilitation）。具体如下。

1. 一般程序，包括：报关、进口、出口、海关过境和扫描集装箱货物。

2. 特别程序，包括：最佳交易者、合格投资项目、经济特区、临时入场、海关保税仓库、免税店、免征进口关税的货物、大米和农产品出口程序。

3. 预许可程序，包括：预先裁定、海关估价、原产地证书验证、违禁和限制货物清单的执行、海关许可证。

4. 其他程序，包括：邮政货物、乘客的物品或个人物品、非商品、最低限度、外币/钞票的进出口、人体进出口，海关违法行为的妥协解决，针对海关违法记录的上诉程序，对海关关于关税归类、原产地规则和海关估价的决定提出上诉。

5. 贸易便利化，包括：海关数据自动化系统、海关—私营部门伙伴关系机制、放行时间研究、全国单一窗口。

第二节　主要海关程序

一、报关流程及相关规则

从事外贸的企业通过称为海关数据自动化系统的新自动化海关处理系统进行电子申

报，形成单一管理文件（Single Adminisfrative Document，SAD）。进口商、出口商及其代表在电子提交报关单方面应遵循一般程序。详见图 11－1。

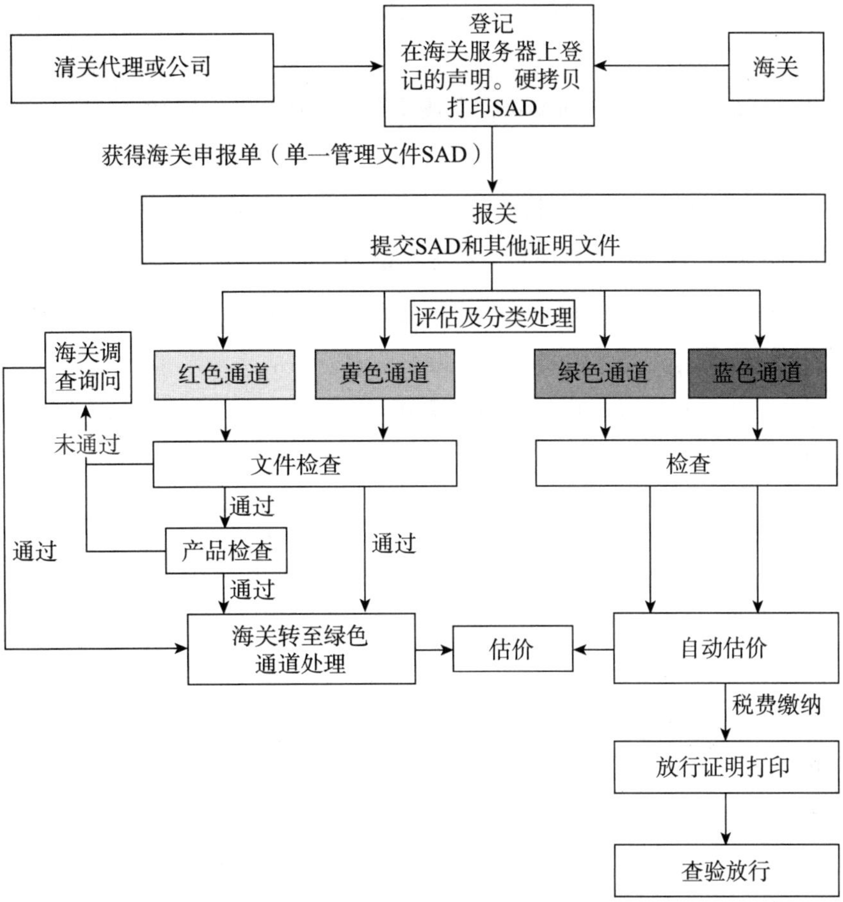

图 11－1　报关流程

（一）报关流程

1. 报关单的准备和打印

（1）报关行/申报人将 SAD 信息直接输入海关数据自动化系统。通过电脑在系统中核对并验证报关单与相关文件，并进行一些检查。信息完整有效时，系统将允许报关单的注册。只有经过注册的报关单才能在获得关务总署关于撤销授权的批准后进行取消。只有注册的报关单被认为是合法文件。

（2）注册后，报关行/申报人应打印并签署两份 SAD 副本，随附所有所需文件，并向主管海关官员提交。

（3）系统将自动通知报关行/申报人报关流程的情况。

2. 报关单的提交

（1）负责人脸审查的海关官员检查注册 SAD 的硬拷贝和系统中包含信息的随附文件，以确保 SAD 正确填写、清晰易读，并由报关行/申报人签署，所有所需文件都与硬拷贝注册 SAD 一起提交。

（2）海关官员可以拒绝任何不符合上述要求的 SAD。

3. SAD 处理通道

当 SAD 被完全且令人满意地检查后，海关官员通过使用该系统来评估 SAD。

通过使用风险管理标准，系统将为申报指定处理通道，如下所示。

（1）红色通道：必须仔细检查 SAD（对照文件进行核对）。在将 SAD 重新导向至绿色通道之前，货物需接受实物检查，并由海关进行评估。

（2）黄色通道：在重新导向至绿色通道并由海关进行评估之前，必须仔细检查 SAD（与文档核对）。

（3）绿色通道：SAD 会自动评估并发出清关文件。实体副本的 SAD 可能会受到财产清关后审计（Property Clearance Assessment，PCA）的审查。

（4）蓝色通道：SAD 的处理方式与绿色车道相同，因特定原因需接受清关后处理。

如果海关申报在红色和黄色通道下进行，海关官员应验证导致申报进入这些通道的选择标准。该系统将显示特殊要求，如进口许可证要求、样品提取和走私历史等。

4. 查询台

如果在体检过程中发现数据输入错误或违规行为，SAD 将被发送到海关查询台。报关行/报关人将收到 SAD 状态已更改为“查询”的通知以及查询原因。

收到通知后，报关员/申报人应前往海关查询台。如果需要对 SAD 进行任何修改，负责查询台的海关官员将与报关员/申报人进行讨论。如果未能达成协议，海关官员将为进一步操作准备一份报告或记录给 GDCE。

当上述行动完成并达成协议时，海关官员应在 SAD 上签字，并根据查询台的检查和结算结果或 GDCE 的决定更新检查行为。然后，SAD 将重新导向到绿色通道。

5. 集装箱扫描

集装箱扫描是独立于 SAD 处理完成的。扫描办公室将提供该系统，使扫描官员能够将 SAD 上申报的货物与扫描图像/扫描信息上发现的货物进行比较。

海关应将发现的任何违规行为记录在检查记录表格中。

6. 评估通知

当海关数据自动化系统对 SAD 进行评估时，系统将告知需要支付的关税、税款和费用的金额。评估通知将用作支付关税、税款和费用的参考文件。

7. 税费处理

关税、税款和费用是按照现行法规支付的。如果通过柬埔寨国家银行或其他授权金融机构付款，这些机构签发的收据应提交给海关，系统将签发海关收据作为回执。

8. 货物放行

在缴纳关税、税费后，海关将签发《货物放行单》，详细说明与申报相关的关税、税费金额。此单据用于授权海关放行货物。

9. 清关后审计

在蓝色和绿色通道下处理的 SAD 须接受清关后审计。

（二）报关流程的相关规则

1. 经济和财政部《关于海关申报规定和程序的决定》（Prakas No. 1447 MEF dated 26 December 2007, Ministry of Economy and Finance, on Provisions and Procedures on Customs Declaration）；

2. 《关于通过电子方式运作的海关申报（单一管理文件 - SAD）的详细程序和责任的指令》［Instruction N0. 1308 GDCE dated 24 November 2009 on Detail Procedures and Responsibilities in Functioning Customs Declaration (Single Administrative Documents-SAD) through electronic mean］。

二、进口流程及相关规则

当货物进入海关辖区时，除非货物进行了申报，任何人不得从运输工具上卸下货物，除非运输工具、货物、运输工具上的人员或第三方可能因紧急情况而受到威胁。

进口货物可以在履行海关手续后由海关放行，包括支付关税、税金或其他费用以及安全押金，海关可放行这些货物：进口供家庭使用；临时进口；在暂停工作条件下使用。

海关可授权在缴纳关税和税费之前，在海关管制下和履行海关手续后将进口货物运出通关区，以便于：将其置于海关临时保管中；将其放置于海关保税仓库中；在海关批准的时间限制内以及经过海关批准的路线，包括运输、转运或者海关办事处和海关保税仓库之间的运输。

进口货物在进口时可以证明这些货物将再出口，则可以由海关放行暂时入境。临时进口的货物应受海关管制，直至满足临时入境条件。

（一）进口流程

1. 港口进口（海运/河运）

（1）报关进口货物

①进口到柬埔寨王国海关领土的所有货物、设备和运输工具必须立即通过合法途径运往最近的海关办事处或海关指定的其他地方，并按照要求向海关申报。

②向海关申报货物的要求：

第一，不论原产国或出口国，均应平等适用；

第二，货物进入海关境内时，应通过汇总报关完成。

③任何人向海关申报货物，应对申报的准确性负责。

④货物应在授权的海关办事处报告。

⑤如需在海关办事处以外的地点申报货物，必须先获得海关的书面授权。

⑥如需在海关办事处营业时间以外向海关申报货物，必须事先获得海关的授权。

⑦负责向海关申报货物的人员必须根据要求将货物和运输工具提供给海关检查，并且必须如实回答海关提出的任何问题。

（2）向海关提交货物舱单

①经海运或其他水路到达的货物，应当记录在船舶载运的船舶舱单或一般货物清单上。

②这些文件必须由船长签署，并且必须包含货物的详细信息以及货物装船的地点。

③禁止运输的货物必须在清单上真实地按照其性质和类型进行描述。

④禁止在单独包装的多件物品的清单上作为单个项目进行报告，即使它们是合并货件的一部分。

（3）向海关提交相关运输单证

①船舶抵达海关时，应海关要求，船长应提供下列单证：

第一，向有权签发“无修改”签证的海关官员提供的原始舱单。

第二，向海关提供一套货物舱单和其他相关文件。

②抵达后 24 小时内，船长应出示并提供以下海关文件：

第一，船舶报告；

第二，货物舱单（视为简要申报）；

第三，提单；

第四，船上仓库特别舱单、船员名单和船员个人物品清单；

第五，船舶租赁合同；

第六，船舶登记证和海关管理部门为执行海关措施而要求的其他文件；

第七，应海关当局的要求，舱单应在船舶抵达前提供给海关。舱单可以通过电子表格提供给海关（如果有）。

（4）从船上搬运货物

①从船上运输货物只能在海关办公室所在的港口内进行。

②从船上转移或转移货物应得到柬埔寨海关与消费税总署的书面批准，并有海关官员在场。

③货物从船上的移动和转移应在海关办公室的工作时间内并根据柬埔寨海关与消费税总署规定的条件进行。

④在收到税费豁免的船只中使用的设备，如果必要的话，应该放在封印保护的区块内，并在需要时向海关官员出示，直至船舶离港。

（5）将货物放入海关临时仓库

①存放在海关临时仓库的货物要接受海关检查，并且必须符合现有程序。

②货物被置于海关临时仓库，原因如下：

第一，等待完成海关手续所需的文件；

第二，等待从容器中转移或分离；

第三，用于货物检验；

第四，等待清关并支付税款和关税。

③海关暂存货物，应当在办理放行或者转关报关单并结关后立即放行。

④根据海关清关程序，放置在海关临时保管的货物暂停缴纳税款、关税、费用，并需要提交海关申报和必要文件的要求。

⑤所有货物均可放入海关临时存储，但以下情况除外：

第一，进出口违禁品；

第二，可能对人和其他货物有危险的货物，或需要使用特殊设备单独存储的货物。

⑥海关临时存储的最长期限为自机场外海关临时存储的海关申报登记之日起 45 天。

⑦在上述期限内，如无报关单，货物自动放入海关仓库。

⑧在货物在海关仓库期间，货物所有人应向柬埔寨海关与消费税总署支付海关仓储费：每天为海关估价的 0.1%。这笔费用应在报关时注明，并存入国家预算。

⑨自海关仓库登记之日起 3 个月内，凡未在海关临时仓储报关的货物，均视为无人认领货物，并依照《海关法》第 54 条、第 55 条的规定处罚。

（6）海关清关时需要附在 SAD 上的文件

①发票和装箱单；

②清单；

③提单；

④许可证或执照或证书（如果需要），以及

⑤其他相关文件。

（7）通过海关进口的港口（金边国际港和西哈努克国际港除外）必须在港口货物和运输工具监测清单中登记，并附上上文第（6）点所列文件。如果任何船长不提供舱单或其他类似的相关文件，海关官员不允许将货物卸载到海关仓库（海关临时仓库）或公共管制区。

（8）关于港口（海/河）进口货物的清关流程和纳税情况，请阅读海关数据自动化系统的《海关申报规定和程序》和《进出口税和关税支付程序》。

2. 空运进口

（1）空运进口到关税区的货物申报

①从柬埔寨起飞和到达柬埔寨的飞机必须通知柬埔寨王国民航国务秘书处。

②所有航空货物都必须列在机长签署的舱单中。舱单必须与上面第 3 点（港口）的舱单组织方式相同。

③机长必须立即向海关提供船单和其他相关文件。当飞机抵达时，机长必须将这些文件作为航空海关办公室的摘要申报保存。

④禁止沿跑道卸货。但是，机长有权卸载物体，包括平衡物、文件和货物以确保飞机安全。

⑤卸货和转运物品的方式与海运或陆路运输相同，参考上述“从船上搬运货物”部分。

⑥在柬埔寨领空飞行时，飞机不得在指定航线以外的地点卸货；除非这可能最终导致危险，应该报告最近的海关办事处，飞机将在那里降落。

⑦装卸货物和乘客的行李进出飞机必须在海关官员的控制和检查之下。

⑧当海关官员检查飞机时，机长或代表必须确保顺利合作。

⑨如果飞机处于危险或为避免危险而在没有海关官员的机场降落，机长或代表必须通知当地有关部门，由当地有关人员代表海关官员进行检查。

（2）海关临时存放货物

①货物自报关登记之日起在机场海关临时仓库的存放期限为 30 天。

②当上述储存期满后，如果货物未向海关申报，货物将自动被放置在海关仓库中。

③在货物存放于海关仓库的期间，货主必须按成本、保险费加运费（Cost Insurance and Freight，CIF）价值的0.1%每天支付海关存储费。该费用将记录在海关报关中，并转入国家预算。

④自抵达之日起超过3个月的货物，未从海关临时仓库中取出的，应视为无人认领的货物，并按照《海关法》第54条和第55条的规定进行安置。

（3）附在SAD清关所需的文件

①发票和装箱单；

②清单；

③空运单；

④许可证或执照或证书（如果需要），以及

⑤其他相关文件。

（4）关于清关流程和税费缴纳，请阅读海关数据自动化系统的海关申报规定和程序，以及关于进出口税收和关税支付程序的部门令。

3. 陆运进口

（1）海关申报

当货物到达柬埔寨海关领土的陆地边界时，进口商或代表必须按照《海关法》和《货物到达柬埔寨王国海关领土申报令》的规定向海关当局申报货物和运输。

（2）海关管理和监督下的陆路进口货物管理

①进口商品来自邻近国家。

第一，进口货物每天都会被记录在一个监控清单里，这个清单包括穿越陆地边境的运输工具，并清楚地标明其最终目的地，包括国际转运、国内转运至国内陆港，或在陆港或特殊经济区之外的其他地方。

第二，海关手续（在边境地区）必须在边境地区海关管理的陆港或共同控制区进行，但根据现行法律实施的少量进口货物除外。

②进口商品来自非邻近国家。

第一，货物必须每天记录，以跟踪货物的到达以及运输并指定货物的最终目的地。例如，国际过境、国家过境到经济特区或该国任何陆港。

第二，原产于非邻国的货物，通过邻国港口进口并通过陆路运输转运到柬埔寨必须经过以下特定程序：除非GDCE特别授权，否则在转运到柬埔寨时必须储存在集装箱中；只能在GDCE确定的一些国际陆地边境检查站进口和加工；必须仅在海关管理的边境地区的陆港或共同控制区放置并完成海关手续，但国际过境货物或中转至 GDCE 规定的陆港或经济特区除外；如果货物申报不在红色通道内，主管海关官员必须改道至红色通道，按照现行程序接受实物检查；报关单的证明文件与通过国际港口进口的货物相同，尤其是提单（B/L）。

（3）报关单需提交的文件

①发票和装箱单；

②货物舱单；

③提单；

④跟踪运单；

⑤许可证或执照或证书（如果需要）；

⑥其他相关文件。

（4）有关陆路进口货物的清关和关税和税款支付的更多详细信息，请参阅《海关数据自动化系统海关申报规定和程序》以及进出口税费支付程序的批文文章。

（二）相关规则

1.《海关法》（Law on Customs promulgated by Royal Kram No. NS/RKM/0707/017 dated 20 July 2007）；

2.《进出口货物法》（Law on import and export goods promulgated 20 July 1989）；

3.《关于柬埔寨王国境内国际口岸、国际边境口岸、双边边境口岸、边境地区口岸、海港口岸检验办公室的确定和管理的通知》（Sub-decree No. 64 ANKr. BK dated 9 July 2001 on the determination and management of inspection office of international gate, international border gate, bilateral border gate, border area gate, and sea port gate in over the country of Kingdom of Cambodia）；

4.《关于货物到达柬埔寨王国关税区报告的决定》（Prakas No. 572 MEF dated 19 August 2010 on the report of goods arriving customs territory of the Kingdom of Cambodia）；

5.《关于海关申报规定和程序的决定》（Prakas No. 1447 MEF dated 26 December 2007 on Customs Declaration Provision and Procedures）；

6.《关于海关临时存放的决定》（Prakas No. 106 MEF dated 15 February 2008 on the customs temporary storage）；

7.《关于无人认领货物管理的决定》（Prakas No. 109 MEF dated 15 February 2008 on the management of unclaimed goods）；

8.《关于进出口货物的关税，税款和其他征税的支付程序的决定》(Prakas No. 571 MEF dated 19 August 2010 on Procedures of Payment of Duties Taxes and other Levies on Imported and Exported Goods)；

9.《关于进出口货物和运输工具的检验的决定》(Prakas No. 569 MEF dated 19 August 2010 on Inspection of Imported and Exported Goods and Conveyances)；

10.《关于海关过境的决定》(Prakas No. 508 MEF dated 01 July 2008 on customs transit)；

11.《关于从邻国港口陆路进口货物管理的指令》(Instruction No. 1735 MEF dated 30 March 2006 on the management of imported goods by land using the ports of neighboring countries)；

12.《关于通过扫描机器检验货物费用的修改的决定》(Prakas No. 316 MEF dated 19 March 2014, on the amendment of fee of goods inspection by scanning machine)；

13.《关于海关过境手续的指令》(Instruction No. 790 GDCE dated 28 August 2008 on the Customs transit procedures)；

14.《关于实施海关过境程序的指令》(Instruction No 1090 DCE dated 17 October, 2008 on the implementation of customs transit procedures)；

15.《关于通过港口和陆路运输转运到柬埔寨的集装箱货物相关程序的说明的决定》(Instruction No. 1217 GDCE dated 27 November 2013 on instructions and determination on procedures related to goods in container imported via port and transit by land transport into Cambodia)；

16.《关于鼓励以促进交易者、最佳交易者成员的指令》(Instruction No. 790 GDCE dated 13 June 2014 on encouraging treatment to promote traders, members of Best Traders)；

17.《关于加强巴伐特海关扫描机器的使用效率的指令》(Instruction No. 1868 GDCE dated 12 September 2014 on strengthening efficiency of the use of scanning machines at Bavet Customs and Excise Office)。

三、出口流程及相关规则

出口货物应当在海关或者海关指定地点申报。出口货物无论是有义务缴纳出口关税，还是免征关税，均须报关。必要的附件包括：发票和装箱单，提单/空运提单、货运提单，海关签发的许可证（合格投资项目出口或大米出口除外），其他政府机构的许可证或证书或执照（如果需要）。

（一）出口海关程序

据现行规定，港口（海/河）、陆、空出口应遵循下列程序。

1. 对于非集装箱货物，出口商或其代表应直接向海关或分支机构提出请求。

2. 经批准后，出口商或其代表应当按照《海关申报规定和程序法》的规定进行出口申报，并附上前述必要的附件。

3. 对于非违禁集装箱货物，出口商或其代表应在柬埔寨海关与消费税总署出口管理司办理海关手续。

4. 对于列入禁止和限制货物清单的货物，出口商或其代表应根据《实施禁止和限制货物清单》向有关部委/当局取得出口许可证，并履行现行海关手续。

5. 集装箱出口货物可能会被要求通过扫描机。

（二）海关外的海关手续

出口商可以要求海关官员在以下出口情况下在海关外办理海关手续：

1. 危险、易爆或易燃物品，需要特殊条件的搬运、包装、运输和储存；

2. 用于出口农产品、林产品或副产品、各种橡胶和储存在特定容器中的鱼产品；

3. 出口由合格的投资公司运输的所有类型的集装箱货物。

（三）大米和农产品出口程序

1. 根据现行法律法规，大米出口优先免排队，通关便利程度最高，免收海关手续费。

2. 对于农产品出口，出口商或代表可以要求在海关外进行清关。对于集装箱农产品，出口商或代表可以在出口管理部或出口管理部官员的出口办事处申请许可证并进行出口清关。

（四）相关规则

1.《海关法》（Law on Customs promulgated by Royal Kram No. NS/RKM/0707/017 dated 20 July 2007）；

2.《实施禁止和限制货物清单》（Anukret No. 17 ANK. BrK dated 26 February 2020 on the Promulgation of the List of Prohibited and Restricted Goods）；

3.《关于海关申报规定和程序的决定》（Prakas No. 1447 MEF dated 26 December 2007 on Customs Declaration Provision and Procedures）；

4.《关于出口货物的报告、移动、储存和运输的公告》（Prakas No 107 MEF dated

15 February 2008, on reporting, movement, storage and transportation of exported goods);

5.《关于授权在海关外办理海关手续的法令》(Prakas No 111 MEF. PRK dated 15 February 2008, on the authorization to carry out the customs formalities outside of the customs offices);

6.《关于非违禁货物出口清关的指示》(Instruction No 248 GDCE dated 31 March 2004, on export customs clearance of non-prohibited goods);

7.《关于私人投资者办理海关手续后进一步简化贸易便利化的指令》(Instruction No. 546 GDCE dated 30 June 2011, on the further trade facilitation for private investors in completion of customs formalities);

8.《关于免除大米出口海关手续费的指令》(Instruction No 516 GDCE dated 02 April 2014, on exemption of Customs Processing Fee on rice exportation);

9.《关于调整出口货物部分海关管制程序的信函》(Letter No 2171/19 GDCE dated 29 July 2019, on the adjustment of some procedures of customs control on exported goods);

10.《关于在出口集装箱农产品方面为私营部门提供更多贸易便利化的信函》(Letter No 2280/22 GDCE dated 25 August 2022, on providing more trade facilitations to private sector in exporting containerized agricultural products)。

第十二章　涉及贸易主要规则、条款及解读

第一节　货物管理主要规则及解读

一、《海关法》

第 8 条　柬埔寨王国政府可通过法令禁止或限制特定货物的进出口，但须符合以下任一目的：

1. 国家安全；
2. 公共秩序以及道德标准；
3. 保护人、动物或植物的健康和生命；
4. 保护具有艺术、历史或考古价值的国宝；
5. 保护自然资源；
6. 遵守柬埔寨王国现行任何立法的规定；
7. 履行《联合国宪章》规定的义务。

为了打击走私和欺诈行为，经济和财政部长可通过法令将某些敏感或高税货物确定为本法所指的特别指定货物，并可对其运输、流通、储存和拥有实行额外的管制和限制。

二、《实施禁止和限制货物清单》

1. 禁运货物清单，即除非柬埔寨政府允许，否则禁止通过柬埔寨领土出口、进口或国际过境的货物。

2. 限制货物清单，即要求在出口或进口前拥有政府主管部门/机构颁发的出口或进口许可证或类似文件的货物。

3. 须附出口证书的货物清单，即在柬埔寨进口的货物无须事先获得进口许可，但需获得出口国主管部门颁发的出口证书或类似文件。

4. 限制国际运输的货物清单，即需要事先从政府主管部门/机构获得过境许可的货物。

5. 解释性说明，解释了如何阅读列表、某些关键词的定义，以及关于无法根据AHTN进行技术分类但也受到限制或禁止的商品的一些其他附加说明等。

三、其他货物贸易限制

柬埔寨禁止或严格限制出口的产品包括：文物、麻醉品和有毒物质、原木、宝石、贵金属和武器等。

四、规则解读

依照柬埔寨《海关法》等规定，柬埔寨对部分货物进出口实行管制。企业进出口物品若属于涉及管制进出口物品范围的，可能存在不得进出口，或进出口前需要取得主管部门的许可、批准。

第二节　海关程序主要规则及解读

一、《海关法》

第72条　违反法律、法规的规定进出口货物或者企图进出口货物的，视为海关犯罪。

任何人违反海关规定，可由海关处以行政罚款，或由主管法院处以司法处罚，或两者兼施。

第73条　轻微违反本法规定，包括报关单内容不实、遗漏或者不完整，不履行对关税、税收、禁止、限制等要求和义务的，依照本法处罚较轻的，处10万瑞尔至50万瑞尔的行政罚款。

第74条　任何人违反本法，包括本法第73条所述涉及逃税的违法行为，并且货物未被禁止或限制，将被处以逃税1倍至3倍的行政罚款，以及没收货物、用于藏匿走私货物的运输工具和其他物品的司法处罚，或1个月至1年的监禁，或以上任意一种处罚。

下列行为被视为本条第1款所述罪行：

a. 未依照本法第10条、第16条的规定向海关申报货物的；

b. 依照本法第 12 条规定未向海关申报，擅自从运输工具上卸下货物的；

c. 对未经海关放行的进口货物，开拆、拆装或者使人开拆、拆装，损毁或者篡改货物、交通工具、海关临时仓储设施、海关保税仓库或者本法规定的其他场所的封条的；

d. 未经海关许可，擅自将货物搬离通关区域、海关临时仓储设施或者海关保税仓库的；

e. 未按照本法第 29 条规定报送报关单的；

f. 不遵守本法第 30 条规定的；

g. 未经海关许可，擅自销售、转让、转用或者处置本法第 26 条、第 27 条规定的免税进口货物的；

h. 不符合海关对依照本法规定暂停征收关税的货物所规定的条件的；

i. 作出、同意或者参与不准确、虚假、欺骗性的口头声明或者书面声明，是违反本法的；

j. 走私或企图走私；

k. 占有、销售、购买、转让或者以其他方式取得违反本法规定的进口货物的。

任何人犯下列罪行，将被处以 100 万至 500 万瑞尔的行政罚款，以及 1 个月至 6 个月的监禁，或上述其中一种刑罚。

a. 不遵守本法第 51 条、第 52 条、第 53 条规定的；

b. 依照本法第 61 条的规定阻挠、阻碍海关工作人员的；

c. 不听从海关工作人员依照本法第 62 条第 1 款的规定驾驶运输工具的。

第 75 条 违反本法第 74 条的规定，涉及本法第 8 条第 1 款规定的禁止或者限制使用的货物的，除本法第 74 条第 1 款第（k）项规定的情形外，处以货物或者交通工具货值 3 倍以下的行政罚款；以及没收用于藏匿走私货物的货物、运输工具和其他物品的司法处罚，或者对违法者处以 1 年以上 5 年以下的监禁，或者以上处罚之一。

第 76 条 对再次违反本法规定的，加倍处以行政罚款和司法处罚。

第 77 条 海关有权与因违反海关规定而被检控的人士达成和解。这项和解权只适用于罚款。协商不成的，海关应当将案件提交主管法院。

和解可以在主管法院作出裁决之前进行。

行使定居权的条件由经济和财政部长令决定。

二、规则解读

依照柬埔寨《海关法》第十一章有关处罚规定的规定，在柬埔寨开展进出口贸易若违反海关管理相关法令，如存在违反货物进出口管理、违反报关规则等行为，可由海关处以行政罚款，或由主管法院处以司法处罚。

第三节　进出口检验主要规则及解读

一、《海关法》

第56条　海关官员在海关区行使本法规定的权力。根据本法第8条第2款指定的货物，在海关境内的任何地方行使海关管理人员的权力。

对于进出口货物，海关官员有权：

a. 检查货物并打开或要求打开任何货物的包装或容器，并取出合理数量的货物样品进行检查；

b. 停止、阻拦、登船、进入和检查任何运输工具，并指示将运输工具移送到海关办公室或其他适当地点进行检查；

c. 有合理理由怀疑有犯罪行为的，根据柬埔寨王国的法律检查私人住宅或企业以收集证据或没收货物；

d. 检查任何进出海关领域的人的身份，如果官员怀疑此人在其身上、体内和周围藏匿任何物品或其他物品，这些商品或物品可能会成为违反柬埔寨法律或其他法律的证据，则予以拦截、盘问和搜查。

本条第2款第（a）款和第（b）项所述的检验费用，由货物或者运输工具的所有人或者持有人承担。

经济和财政部长可以通过决定来确定此类检查和审查的程序。

二、《关于进出口货物和运输工具的检验的决定》

第3条　检验货物的目的是核实实际货物在描述、数量、原产地和其他特征方面是否符合报关信息。检查也可以用来检查非法或未申报的货物。

第4条　所有进出口货物，不论是否要纳税，以及所有运输该等货物进出海关领土的运输工具，都要接受海关检查。货物所有人或者货物负责人必须提供货物进行海关检查，包括依照本法第11条的规定对货物进行卸货、开箱、重装、重新包装。

第5条　报关登记后，海关将规定货物的检验时间。

经海关主任预先批准，可以在报关登记前进行货物检验。

海关检查通常会在海关指定的服务时间内进行。

三、规则解读

除了对进出口商品附随文件进行核查之外，海关及相关检验检疫部门依法可以对进出口货物和运输工具进行检验，并视情况对企业进行检查。

第四节　进出口税、费主要规则及解读

一、《海关法》

第 18 条　(a) 关税分类和来源

完成进口货物报关单的任何个人、进口商或其代理人，应申报该等货物的关税分类和原产地，以计算关税和税收。海关应当核实进口货物的关税分类和原产地。

第 29 条　所有进出口货物，无论是否免税，都必须进行报关。

二、柬埔寨关税、费及相关贸易协议关税优惠

1. 柬埔寨公布海关关税手册，同时可以在柬埔寨海关与消费税总署官网（https://customs. gov. kh/en）查询关税（见图 12－1）。

图 12－1　柬埔寨关税查询

2. 柬埔寨参与的贸易协议涉及东盟、东盟与中国、东盟和日本、东盟和韩国、东盟和印度、东盟—澳大利亚—新西兰、RCEP，进出口企业享有贸易协议下的优惠（见表 12 – 1）。

表 12 – 1 柬埔寨参与的部分贸易协议

区域、国家	协议
ASEAN（东盟）	Preah Reach Krom
	Cambodia's IoR for the First Protocol to Amend the ATIGA
	The First Protocol to Amend the ATIGA
	Annex 8 Amended ATIGA OCP to allow AWSC
	AFTAC33 Annex 16 Amended ATIGA CO Form D and Overleaf Notes (endorsed AFTAC33)
	Schedule Cambodia TRS AHTN 2017 under ATIGA
ASEAN and China（东盟与中国）	Sub-decree on ACFTA
	Prakas on ACFTA
	Asean China TIG Agreement
	Protocol to Amend the Framework Agreement ACFTA
	ASEAN-CHINA 2nd Protocol revised TIG and OCP
	ACFTA Schedule 2009 – 2020
ASEAN and Japan（东盟与日本）	Royal Kram AJCEP
	PRAKAS AJCEP Schedule
	AJCEP Agreement full text
	Tariff schedule AJCEP
ASEAN and Korea（东盟与韩国）	Royal krom ASEAN-Korea FTA
	ASEAN-Korea TIG Agreement
	ASEAN Korea Schedule
ASEAN and India（东盟与印度）	Royal Krom Asean India
	Prakas
	ASEAN-India TIG Agreement
	Schedule under AI_FTA
ASEAN-AUSTRALIA-NEW ZEALAND（东盟—澳大利亚—新西兰）	Preah Reaj-Krom on AANZFTA
	Prakas
	Agreement Establishing the AANZFTA
	AANZFTA Tariff Schedule

续表

区域、国家	协议
Regional Comprehensive Economic Partnership "RCEP"	Preah Reaj-Krom on RCEP
	Announcement on Schedule of Tariff Commitments Cambodia
	Annex Ⅰ Announcement on Schedule of Tariff Commitments Cambodia

三、《关于进出口货物的关税，税款和其他征税的支付程序的决定》

第1条 1. 在课税之前，不得将进出口货物从海关、临时储存设施或保税仓库中取出，税款和其他收费、费用、罚金和利息由经批准的保证支付或担保。

2. 未经海关许可，不得将货物运走。

3. 一旦获得此授权，必须立即移除货物。

第4条 进出口关税、税费和所有其他费用，应当在海关人员登记后和货物检验前，在授权的海关缴纳。

四、海关税收计算

就一般货物而言，其税收和关税的计算为先计算进口税，再计算特别关税（如果有的话）和增值税关税。

进口税 = 海关价值 × 进口税率

特别关税 =（关税价值 + 进口税）×特别关税税率

增值税关税 =（完税价值 + 进口税）×10%（适用于任何非应税货物）

或增值税关税 =（完税价值 + 进口税 + 特别关税）×10%（一般应税货物）

关税总额 = 进口税 + 增值税关税（特殊非税货物）

或关税总额 = 进口税 + 特别关税 + 增值税关税（一般应税货物）

例：A 公司进口了 20 箱啤酒，相当于 400 万瑞尔的海关价值。关税总税额是多少？

解决方案：进口啤酒进口税为 35%，特别关税为 25%，增值税关税为 10%。

进口税 = 4, 000, 000 × 35% = 1, 400, 000（瑞尔）

特别关税 =（4, 000, 000 + 1, 400, 000）× 25% = 1, 350, 000（瑞尔）

增值税关税 =（4, 000, 000 + 1, 400, 000 + 1, 350, 000）× 10% = 675, 000（瑞尔）

关税总额 = 1, 400, 000 + 1, 350, 000 + 675, 000 = 3, 425, 000（瑞尔）

五、规则解读

柬埔寨从事进出口贸易，首先需要就进出口物品产地、适用关税税率预先确定。其次注意：是否属于免税、部分免税、必须缴纳关税的商品；是否享有贸易协定下的优惠。最后，课税后才能进出关。

第十三章　贸易风险防范及救济

第一节　贸易风险分析

从一般情况来看，企业在从事进出口贸易过程中，除了可能面临国家内部、国家之间政治关系变动等导致市场不稳定等贸易风险外，更多的是面临以下两大类风险。

1. 围绕贸易合同、货物运输、货物质量、货款结算等争议，在贸易主体之间产生的商事纠纷，最终双方一般诉诸法院或提起商事仲裁解决。

2. 未遵守进出口国有关开展国家国际贸易的法律法规，如检验检疫、进出口管制、海关管理和关税缴纳等，触犯相关行政、刑事法律规定，可能面临着进出口主管部门的行政处罚，乃至于追究刑事责任。以前述柬埔寨《海关法》等相关规则为例，对第二类风险的法律后果已然明确。

第二节　贸易风险防范与救济

一、贸易风险防范

就贸易风险防范而言，结合企业进出口贸易的两类风险点，可以采取如下措施。

1. 进出口企业可以针对贸易业务及流程潜在或已发风险，开展内控体系建设，加强内部风险防控。

2. 在进出口业务开展之前，充分开展贸易合同磋商及贸易相对方资质审查，避免贸易合同瑕疵造成的维权难、成本高等问题。

3. 委托专业的外贸服务中介机构，以便节约进出口手续办理成本，规范报关业务，充分利用外贸政策及贸易协议下的优惠措施。

二、贸易纠纷诉讼、仲裁及执行

在进出口贸易活动中，贸易纠纷的管辖及解决方式条款是贸易合同中的重要构成部分，关乎企业在柬埔寨从事贸易活动引发纠纷后的诉讼、仲裁及执行。

1. 贸易纠纷诉讼及执行

柬埔寨法院体系由三级构成，即一审法院（市法院、省法院）、上诉法院和最高法院。柬埔寨实行被告住所地管辖，最高法院的判决为终审判决。柬埔寨法院裁决的国外执行依据柬埔寨与相应国家之间的协议与互惠。

2. 贸易纠纷仲裁及执行

柬埔寨国家商事仲裁中心（National Commercial Arbitration Centre，NCAC），依据柬埔寨《商事仲裁法》（Law on Commercial Arbitration promulgated by Royal Decree No. NS/RKM/0506/010 dated 05 May 2006）设立。柬埔寨是《承认及执行外国仲裁裁决公约》的成员国，其仲裁裁决可以在签约国家得到承认和执行。以下为 NCAC 仲裁示范条款：

> 因本合同引起或与本合同有关的任何争议，包括有关其存在、有效性、履行或终止的任何问题，应提交柬埔寨王国国家商事仲裁中心根据仲裁开始时有效的国家商事仲裁中心仲裁规则（NCAC 仲裁规则）进行仲裁并最终解决，通过引用本条款，NCAC 仲裁规则被视为纳入本合同的一部分。
>
> 仲裁地为［柬埔寨金边］*。
>
> 仲裁庭由______**仲裁员组成。
>
> 仲裁语言应为______。
>
> 适用法律条款
>
> 本合同受______***法律管辖。

较之于诉讼，商事仲裁更加注重商业逻辑，成本低、周期短，且裁决结果可执行，系进出口贸易企业缔约及解决贸易纠纷的重要参考。

三、海关违法及争议解决

1. 海关违法行为的协商解决

（1）根据《海关法》第 77 条的规定，海关管理部门有权解决海关违法行为。这种和解权仅适用于罚款。在主管法院作出任何裁决之前，进行和解。

（2）相关规则

①《海关法》（Law of Customs promulgated by Reach Kram No. NS/RKM/0707/017 dated 20 July 2007）；

②《刑事诉讼法》（Criminal Procedure Codes）；

③《关于解决海关违法行为的决定》（Prakas No. 618 MEF. PK. KR dated 24 July 2009 on Settlement of Customs Offences）；

④《关于财政争议解决委员会的组织和运作的二级法令》（Sub-decree No. 03 ANK. BK dated 06 January 2016 on the organization and functioning of Fiscal Dispute Resolution Committee）；

⑤《关于海关记录上诉程序的决定》（Prakas No. 570 MEF. PK. KR dated 19 August 2010 on the Procedures for Appeals Against Customs Records）；

⑥《关于担保的决定》（Prakas No. 112 MEF. PK dated 15 February 2008 on Guarantee）。

2. 针对海关违法处罚的上诉

（1）受到处罚或其货物、车辆或其他物品被海关扣留的个人，可在收到处罚或扣留通知后30天内向柬埔寨海关与消费税总署提出书面上诉，并说明上诉理由并按照《海关法》第41条交存保证金。

（2）相关规则。

《关于海关记录上诉程序的决定》（Prakas No. 570 MEF. PK. KR dated 19 August 2010 on the Procedures for Appeals Against Customs Records）。

3. 对海关关于关税归类、原产地规则和海关估价的决定提出上诉

（1）完成报关单的个人、进口商或其代理人必须申报货物的关税分类、原产地和海关价值，以便计算关税和税款（《海关法》第18条）。

自报关登记之日起3年内，海关对进口货物进行稽查、查验、检验后，可以发出重新认定理由的通知，重新确定申报的税则归类、产地或者完税价格。（《海关法》第18条）

如果个人、进口商或其代理人对上述通知中海关对关税分类、原产地或海关估价的新评估不满意，他们可以在收到海关通知之日起30天内向GDCE提出书面上诉。GDCE必须在收到书面上诉后60天内作出答复。（《海关法》第24条）

进口商或其代理人对柬埔寨海关与消费税总署的上述决定提出异议，可以书面形式向财政争端解决委员会提出上诉。（《海关法》第24条）

个人、进口商或其代理人对财政纠纷解决委员会的决定提出异议，有权在收到财政纠纷解决委员会通知之日起30天内向主管法院提出上诉。（《海关法》第24条）

（2）向财政纠纷解决委员会提出上诉；自收到财政纠纷解决委员会的决定之日起 30 个工作日内向法院上诉。

（3）相关规则。

《关于财政争议解决委员会的组织和运作的二级法令》（Sub-decree No. 03 ANK. BK dated 06 January 2016 on the organization and functioning of Fiscal Dispute Resolution Committee）。

第四编

柬埔寨知识产权法律制度风险解读

第十四章　柬埔寨著作权法风险解读

本章主要讨论柬埔寨著作权法风险。（见图 14－1）

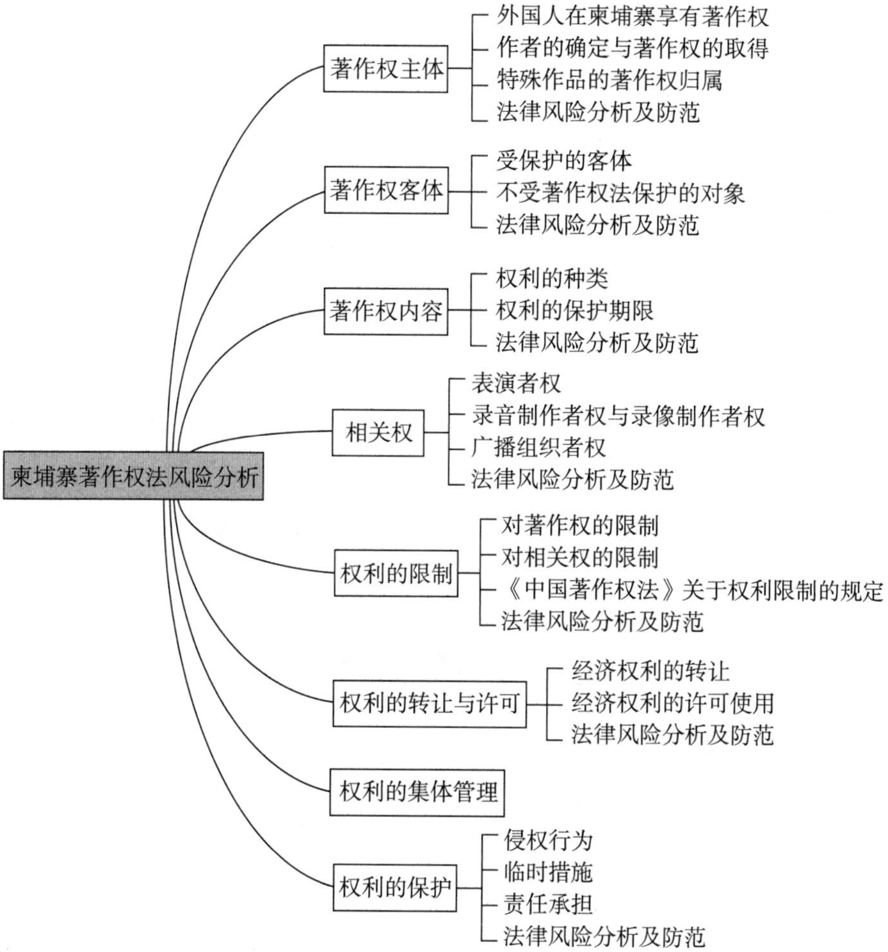

图 14－1　柬埔寨著作权法风险分析思维导图

柬埔寨为了促进文化发展，于 2003 年颁布了《柬埔寨王国著作权和相关权利法》

（以下简称《柬埔寨著作权法》），规定了作者的权利以及与之相关的权利，保护文化产品的传播与利用。《柬埔寨著作权法》共有 8 章 69 条，分别为一般规定、著作权、相关权利、权利的集体管理、争议和处罚、国际条约的适用、过渡性条款和最终条款。

《中华人民共和国著作权法》（以下简称《中国著作权法》）于 1990 年通过，经过三次修正，最近一次修订是 2020 年 11 月。该法共有 6 章 67 条，分别为总则、著作权、著作权许可使用和转让合同、与著作权有关的权利、著作权和与著作权有关的权利的保护以及附则。

柬埔寨是世界知识产权组织（World Intellectual Property Organization，WIPO）成员国，目前加入的与著作权相关的国际公约和我国加入的与著作权相关的国际公约进行比较如下（见表 14－1）。

表 14－1　中国与柬埔寨加入的与著作权相关的国际公约

公约	柬埔寨	中国
《世界版权公约》	加入：1953 年 8 月 3 日	加入：1992 年 7 月 30 日
《与贸易有关的知识产权协议》（TRIPS 协议）	生效：2004 年 10 月 13 日	加入：2001 年 12 月 11 日
《视听表演北京条约》	加入：2019 年 3 月 27 日	批准：2014 年 7 月 9 日
《伯尔尼保护文学和艺术作品公约》（以下简称《伯尔尼公约》）	加入：2021 年 12 月 9 日	加入：1992 年 10 月 15 日

2021 年 12 月 9 日柬埔寨加入《伯尔尼公约》，成为第 180 个缔约国。《伯尔尼公约》于 2022 年 3 月 9 日对柬埔寨生效。因此，柬埔寨在著作权法方面的规定与《伯尔尼公约》保持一致也是指日可待。

本节将介绍柬埔寨著作权法律制度，同时与《中国著作权法》对比，通过比较得出二者不同之处以此进行风险防范。

第一节　著作权主体

一、外国人在柬埔寨享有著作权

1. 作者

外国人可以根据国际条约和《柬埔寨著作权法》第 3 条的规定在柬埔寨享有著作权及相关权。是否保护作者的作品，《柬埔寨著作权法》采用国籍标准、惯常居所标准与首次出版标准。例如，某中国人甲独自原创写了一本小说，想要获得《柬埔寨著作权法》的保护，有以下三个标准（见图 14－2）。

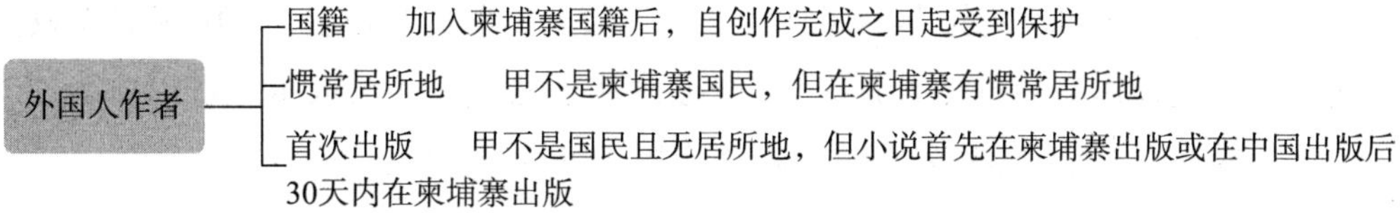

图 14－2　外国人作者获得柬埔寨著作权法保护的情形

上述三个标准与《伯尔尼公约》第 3 条、《中国著作权法》第 2 条规定的外国人在中国受保护的条件一致。

2. 相关权人

针对表演者的表演、录音制品制作者的录音制品、广播组织的广播，《柬埔寨著作权法》同时规定了受保护的条件如下（见图 14－3）。

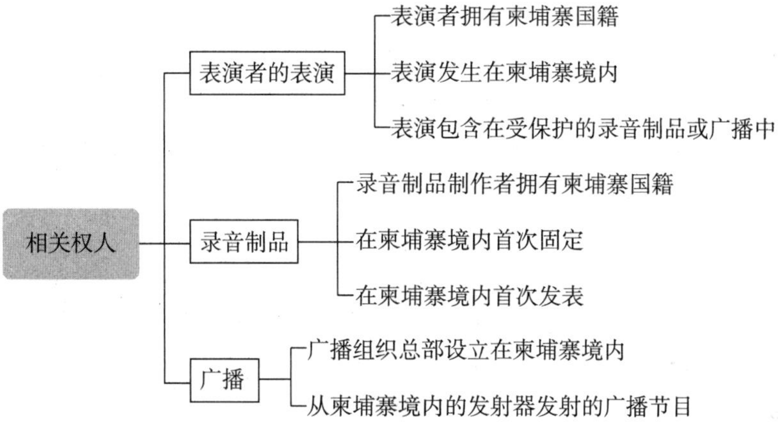

图 14－3　相关权人的种类

二、作者的确定与著作权的取得

1. 作者的确定

关于作者身份的确定，《柬埔寨著作权法》和《中国著作权法》的法律规定对比如下（见表 14－2）。

表 14－2　确定作者的规定比较

《柬埔寨著作权法》	《中国著作权法》
第 11 条	第 11 条
除非有相反的证据，作者是以其名义创作作品并公开披露的自然人	著作权属于作者，本法另有规定的除外。 创作作品的自然人是作者。 由法人或者非法人组织主持，代表法人或者非法人组织意志创作，并由法人或者非法人组织承担责任的作品，法人或者非法人组织视为作者

综上可知，在柬埔寨的作者只能是自然人，法人不能成为作者。《中国著作权法》不仅规定了“创作作品的自然人是作者”，还承认了法人或非法人组织可以成为作者。此时，法人或非法人组织享有作品的一切著作权，包括署名权。

2. 著作权归属的一般原则

作者不一定是著作权人。在一般情况下，作者是作品精神权利和经济权利的第一享有者。《柬埔寨著作权法》第 13 条与《中国著作权法》第 12 条规定了著作权归属推定规则，满足该规则的享有著作权，具体内容对比如下（见图 14－4）。

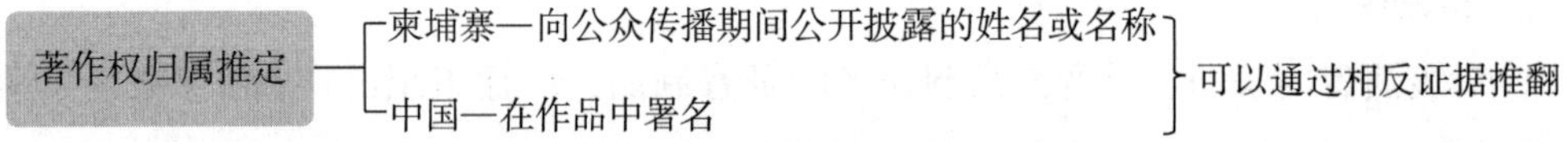

图 14－4　确定著作权归属的规定比较

3. 自动保护

《柬埔寨著作权法》第 38 条规定作品受到自动保护，作者或权利人可自愿在文化和美术部登记。这与《中国著作权法》第 12 条的规定“实行作品自愿登记”相一致。《柬埔寨著作权法》关于作品登记规则如下（见图 14－5）。

图 14－5　柬埔寨作品登记规则

三、特殊作品的著作权归属

1. 匿名作品

《柬埔寨著作权法》第 14 条规定，匿名作品或笔名作品的作者享有著作权，但因为作者未披露其身份，对作品享有精神权利和经济权利由首先披露作品的出版商或个人代表行使。作者应当与首先披露作品的出版商或个人签订协议，确认作者的身份。若作者通过笔名披露其真实身份，则不适用。

《中华人民共和国著作权法实施条例》（以下简称《著作权法实施条例》）第 13 条规定：“作者身份不明的作品，由作品原件的所有人行使除署名权以外的著作权。作者身份确定后，由作者或者其继承人行使著作权。”

二者的比较如下（见图 14－6）。

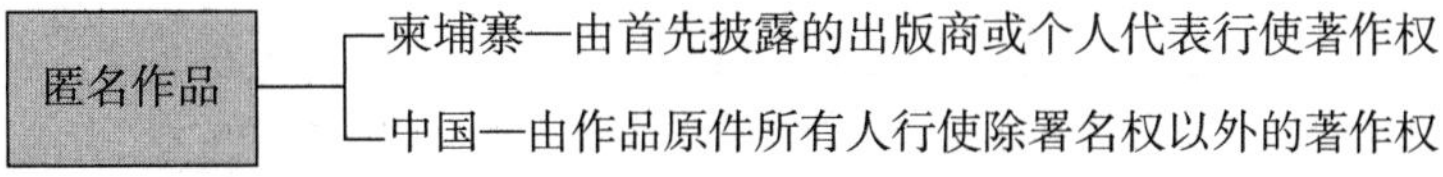

图 14－6　匿名作品的著作权归属的规定比较

2. 合作作品

《柬埔寨著作权法》第 12 条规定，合作作品由合作作者根据书面协议行使对作品的权利，无法达成一致意见的，必须向法院提起诉讼。

《中国著作权法》第 14 条也规定合作作品的著作权由合作作者通过协商一致行使。但不能协商一致的，又无正当理由的，任何一方不得阻止他方行使除转让、许可他人专有使用、出质以外的其他权利，所得收益应当合理分配给所有合作作者。

二者的比较如下（见图 14－7）。

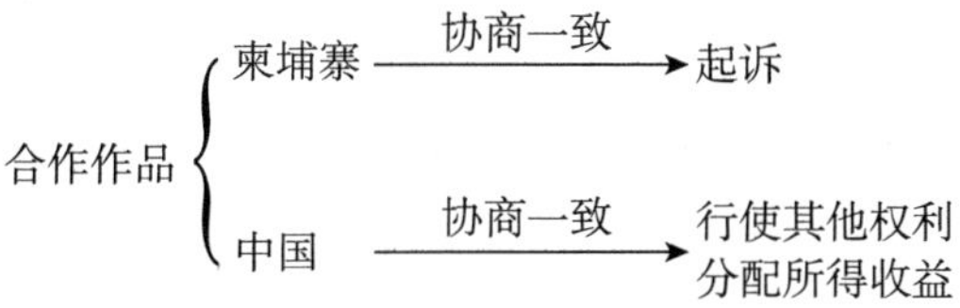

图 14－7　合作作品的著作权归属的规定比较

3. 视听作品

《柬埔寨著作权法》规定，对视听作品有智力创造的自然人视为共同作者，包括导演、编剧、改编者、编曲人、作词人以及动画作品的平面艺术师等。共同作者与制作人签订合同的，可以转让视听作品的经济权利，除非合同另有约定，但不包括音乐作品经济权利的转让。如果视听作品的共同作者的智力创造能够与视听作品分开，则根据其智力创造保留其经济权利，即该权利不转让给制作人。

《中国著作权法》第 17 条将“视听作品”分为“电影作品、电视剧作品”和“其他视听作品”。视听作品中的电影作品、电视剧作品的著作权由制作者享有，其他视听作品的著作权归属采用“约定优先，无约定时归制作者”的规则。

《柬埔寨著作权法》和《中国著作权法》关于视听作品的权利归属规则如下（见图 14－8）。

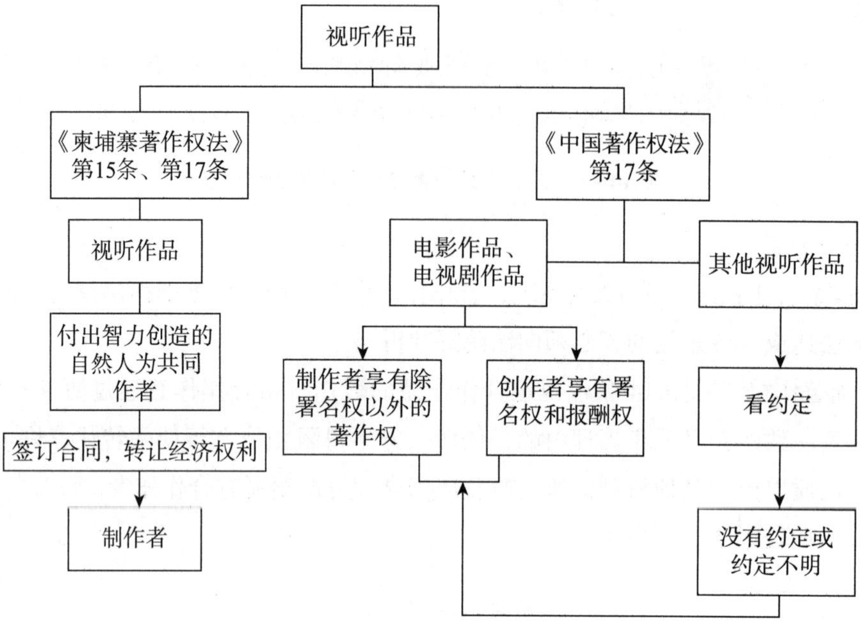

图 14－8　视听作品的著作权归属的规定比较

4. 职务作品

《柬埔寨著作权法》第 16 条规定，除非另有规定，作者基于劳动合同为自然人或法人的利益即雇主的利益而创作作品的，作品的经济权利视为转让给雇主。第 22 条重申关于计算机软件适用相同归属规则。

《中国著作权法》第 11 条第 3 款规定了法人作品，第 18 条规定了职务作品。

第 11 条第 3 款　由法人或者非法人组织主持，代表法人或者非法人组织意志创作，并由法人或者非法人组织承担责任的作品，法人或者非法人组织视为作者。

第 18 条　自然人为完成法人或者非法人组织工作任务所创作的作品是职务作品，除本条第二款的规定以外，著作权由作者享有，但法人或者非法人组织有权在其业务范围内优先使用。作品完成两年内，未经单位同意，作者不得许可第三人以与单位使用的相同方式使用该作品。

有下列情形之一的职务作品，作者享有署名权，著作权的其他权利由法人或者非法人组织享有，法人或者非法人组织可以给予作者奖励：

（一）主要是利用法人或者非法人组织的物质技术条件创作，并由法人或者非法人组织承担责任的工程设计图、产品设计图、地图、示意图、计算机软件等职务作品；

（二）报社、期刊社、通讯社、广播电台、电视台的工作人员创作的职务作品；

（三）法律、行政法规规定或者合同约定著作权由法人或者非法人组织享有的职务作品。

通过以上规定，可以将中柬两国的职务作品以及法人作品的归属规则总结如下（见图14－9）。

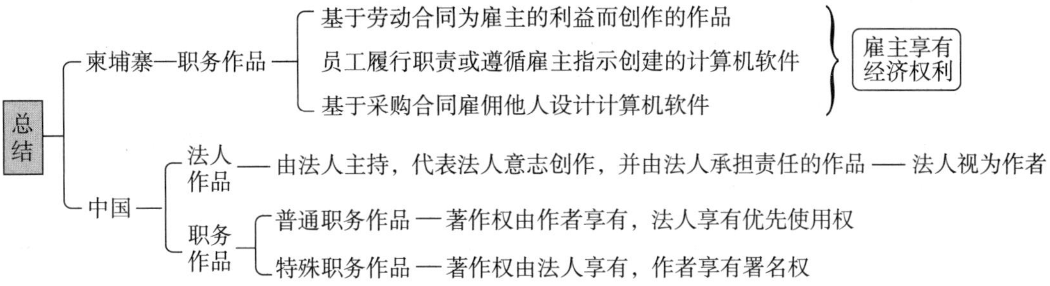

图14－9　职务作品及法人作品的归属规则比较

四、法律风险分析及防范

从前述相关法律规定可以看出，柬埔寨的著作权主体制度规定的内容也非常丰富，有以下几点需要注意。

1. 柬埔寨未强制实行作品登记，但作品登记证书可以作为著作权归属的初步证明，在发生争议时可以作为初步证据呈现给法院。

2. 《柬埔寨著作权法》没有规定法人可以成为作者，不存在法人作品。法人可以根据合同约定受让作品的经济权利，但不能成为作者享有署名权在内的著作人身权。

3. 在柬埔寨发表作品应在作品中以合理方式明确作者姓名，向公众公开披露作者的信息。若需要以匿名或笔名的方式发表，则应与委托披露作品的出版商或个人签订书面协议，明确作者身份及权利的行使。

4. 在柬埔寨，视听作品的创作者仍保留作者的身份，享有精神权利，但经济权利一经与制作人签订合同则转让于制作人。

5. 《柬埔寨著作权法》没有规定委托作品、汇编作品、演绎作品的著作权归属，当涉及此类作品时，应当通过书面协议明确著作权归属与权利行使方式，防范纠纷产生。

第二节　著作权客体

一、受保护的客体

《柬埔寨著作权法》第 4 条规定，作品是作者真实的智力创造，具有独创性。作品独立于所有已经公开披露的作品，是作者实现想法的创作形式，即使作者的想法实现得并不完整。第 7 条列举了受保护的客体种类，共 13 项。

《中国著作权法》第 3 条明确作品是指文学、艺术和科学领域内具有独创性并能以一定形式表现的智力成果，列举了 8 种作品类型和一个兜底条款，《著作权法实施条例》第 4 条对大多作品类型进行了界定。

关于受著作权法律制度保护的客体对比如下（见表 14－3）。

表 14－3　受著作权法律制度保护的客体比较

《柬埔寨著作权法》	《中国著作权法》
第 7 条	第 3 条
各种阅读书籍或其他文学、艺术、科学和教育领域的文件	文字作品
演讲、演说、布道、口头或书面的答辩以及其他具有相同特征的作品	口述作品
戏剧作品或音乐剧；舞蹈作品；马戏表演和哑剧；有词或无词的音乐作品	音乐、戏剧、曲艺、舞蹈、杂技艺术作品
视听作品	视听作品
绘画、雕刻、雕塑或其他拼贴画作品或应用艺术作品；建筑作品	美术、建筑作品
摄影作品或借助类似摄影技术实现的作品	摄影作品
与地理、地形或其他科学相关的平面图、示意图或工程图	工程设计图、产品设计图、地图、示意图等图形作品和模型作品
计算机程序和与程序相关的设计程序说明书	计算机软件
手工艺品、手工纺织品或其他服装时尚方面的拼贴产品	—
标题	—
—	符合作品特征的其他智力成果

二、不受著作权法保护的对象

《柬埔寨著作权法》与《中国著作权法》关于不受著作权法保护的对象比较如下（见表14－4）。

表14－4　不受著作权法保护的对象比较

<table>
<tr><td>《柬埔寨著作权法》</td><td>《中国著作权法》</td></tr>
<tr><td>第10条</td><td>第5条</td></tr>
<tr><td>宪法、法律、皇家法令、二级法令和其他条例</td><td rowspan="4">法律、法规，国家机关的决议、决定、命令和其他具有立法、行政、司法性质的文件及其官方正式译文</td></tr>
<tr><td>国家机构发布的公告、决定、证书和其他通知</td></tr>
<tr><td>法庭判令和其他法庭命令</td></tr>
<tr><td>对上述官方文件的翻译</td></tr>
<tr><td>在任何作品中被表达、描述、解释或体现的想法、形式、操作方法、概念、原则、发现或仅仅是数据</td><td>—</td></tr>
<tr><td>—</td><td>单纯事实消息</td></tr>
<tr><td>—</td><td>历法、通用数表、通用表格和公式</td></tr>
</table>

《柬埔寨著作权法》没有规定单纯事实消息不受著作权法保护，但《伯尔尼公约》有约定公约的保护不适用于日常新闻或纯属报刊消息性质的社会新闻。与《中国著作权法》相同，《柬埔寨著作权法》不保护思想，而只保护对思想的表达。

三、法律风险分析及防范

从前述相关法律规定对比可以看出，在柬埔寨进行作品创作时，有以下几点需要注意。

1. 关于作品的标题是否独立受保护的问题。对于作品标题是否予以保护以及如何保护，我国现行法律没有明确规定，在司法实践中也有争议。但《柬埔寨著作权法》第9条规定，呈现独创性特点的作品标题，如同作品本身受到保护，即使经济权利保护期限已过，任何人也不得以可能引起混淆的方式使用该作品的标题来个性化同一类型的其他作品。这一点要引起注意。

2. 曲艺作品。曲艺作品是以相声、快书、大鼓、评书等以说唱为主要形式表演的作品，属于我国传统的文艺创作成果，《柬埔寨著作权法》并没有这一作品种类。在柬埔寨进行曲艺作品表演的，书面方式创作的可以通过文字作品保护，相声演员、说书者作为表演者享有表演者权，即兴创作并表演的可以通过口述作品加以保护，若有大鼓等说与唱或对乐器的演奏，可以分解为文字作品与音乐作品或口述作品或音乐作品的结合进行保护。

3. 模型作品。《柬埔寨著作权法》未规定保护“模型作品”，但《中国著作权法》“模型作品”实际上来源于《伯尔尼公约》第 2 条第 1 款规定的“与地理、地形、建筑或科学有关的……立体作品”，即“科学模型”，因按照比例缩小，在遵循科学性前提下改变造型和色彩从而具有独创性受到保护。

4. 手工艺品。手工艺品往往对底稿有较大依附性，因对底稿的精准复制而丧失独创性。《柬埔寨著作权法》规定了“手工艺品”这一作品种类，创作者进行手工艺品创作时，应获得底稿作者的许可，保障将来制作的手工艺品进行正常的商业运用，同时，可以将“手工艺品”列为作品受到《柬埔寨著作权法》保护。

第三节　著作权内容

一、权利的种类

《柬埔寨著作权法》第 18 条规定，作者享有对作品的专有权利，包括精神权利和经济权利。

1. 作者的精神权利

《柬埔寨著作权法》和《中国著作权法》关于作者的精神权利规定对比如下（见表 14－5）。

表 14－5　作者的精神权利规定比较

《柬埔寨著作权法》	《中国著作权法》
第 20 条	第 10 条
作者有权决定其作品披露方式、时间、原则	发表权，即决定作品是否公之于众的权利
为了与公众建立联系，作者对其姓名、头衔和作品享有权利	署名权，即表明作者身份，在作品上署名的权利
作者有权反对以任何形式损害其声誉的歪曲、残缺或修改其作品内容	修改权，即修改或者授权他人修改作品的权利
	保护作品完整权，即保护作品不受歪曲、篡改的权利

2. 作者的经济权利

《柬埔寨著作权法》第 21 条规定，经济权利是作者通过授权复制、向公众传播和创作演绎作品来利用自己作品的专有权利。中柬两国作者的经济权利规定比较见表 14－6。

表 14－6　作者的经济权利规定比较

《柬埔寨著作权法》	《中国著作权法》
第 21 条	第 10 条
翻译权，将作品翻译成外语	翻译权，即将作品从一种语言文字转换成另一种语言文字的权利
改编权，改编、简化或修改	改编权，即改变作品，创作出具有独创性的新作品的权利
出租权和出借权，出租或公开出借视听作品、录音制品、计算机程序、数据库或乐谱形式的音乐作品的原件、复制件（计算机程序本身不是租赁的主要标的则不适用）	出租权，即有偿许可他人临时使用视听作品、计算机软件的原件或者复制件的权利，计算机软件不是出租的主要标的的除外
发行权，以出售或出租作品原件或复制件的方式公开发行（未经著作权人授权销售或转让）	发行权，即以出售或者赠与方式向公众提供作品的原件或者复制件的权利
进口权，进口作品的复制件	—
复制权，复制作品	复制权，即以印刷、复印、拓印、录音、录像、翻录、翻拍、数字化等方式将作品制作一份或者多份的权利
表演权，公开表演作品	表演权，即公开表演作品，以及用各种手段公开播送作品的表演的权利
展览权，公开展示作品	展览权，即公开陈列美术作品、摄影作品的原件或者复制件的权利
广播权	广播权，即以有线或者无线方式公开传播或者转播作品，以及通过扩音器或者其他传送符号、声音、图像的类似工具向公众传播广播的作品的权利，但不包括本款第 12 项规定的权利
—	放映权，即通过放映机、幻灯机等技术设备公开再现美术、摄影、视听作品等的权利
—	信息网络传播权，即以有线或者无线方式向公众提供，使公众可以在其选定的时间和地点获得作品的权利
—	摄制权，即以摄制视听作品的方法将作品固定在载体上的权利
—	汇编权，即将作品或者作品的片段通过选择或者编排，汇集成新作品的权利
向公众传播作品的其他方式	应当由著作权人享有的其他权利

二、权利的保护期限

1. 精神权利保护期限

《柬埔寨著作权法》第19条规定，作者的精神权利是永久的、不可剥夺的、不受限制的，作者去世后根据遗嘱转交给作者的继承人或第三方。如果没有继承人，精神权利由文化和美术部代表国家进行管理和治理。

《中国著作权法》第22条规定作者的署名权、修改权、保护作品完整权的保护期不受限制，但对发表权规定了50年的保护期。

2. 经济权利保护期限

《柬埔寨著作权法》和《中国著作权法》关于经济权利保护期限规定对比如下（见表14－7）。

表14－7　经济权利保护期限规定比较

<table>
<tr><th colspan="4">《柬埔寨著作权法》</th><th colspan="4">《中国著作权法》</th></tr>
<tr><th>内容</th><th>起算日</th><th>保护期限</th><th>备注</th><th>内容</th><th>起算日</th><th>期限</th><th>备注</th></tr>
<tr><td>自然人作品</td><td>自创作完成之日</td><td>作者终生及其死后50年</td><td>合作作品以最后死亡的作者计算</td><td>自然人作品</td><td>自创作之日受保护</td><td>作者终生及其死后50年</td><td>合作作品以最后死亡的作者计算</td></tr>
<tr><td rowspan="4">匿名作品或笔名作品</td><td>首次授权出版之年年终</td><td>75年</td><td>—</td><td rowspan="4">作者身份不明的作品</td><td rowspan="4">首次发表后</td><td rowspan="4">50年</td><td rowspan="4">作者身份确定，适用自然人作品期限</td></tr>
<tr><td>自发表之年年终</td><td>75年</td><td>创作后50年内未出版</td></tr>
<tr><td>创作完成之年年终</td><td>100年</td><td>创作后50年内未发表</td></tr>
<tr><td colspan="3">作者身份被公开或被证明的，适用自然人作品期限</td></tr>
<tr><td rowspan="3">集体作品、视听作品、遗作</td><td>首次合法出版之年年终</td><td>75年</td><td>—</td><td rowspan="3">法人作品、著作权由法人享有的职务作品、视听作品</td><td rowspan="3">首次发表后</td><td rowspan="3">50年</td><td rowspan="3">创作完成后50年内未发表的，不再保护</td></tr>
<tr><td>自发表之年年终</td><td>75年</td><td>创作后50年内未出版</td></tr>
<tr><td>作品创作完成之年年终</td><td>100年</td><td>创作后50年内未发表</td></tr>
</table>

三、法律风险分析及防范

通过对《柬埔寨著作权法》与《中国著作权法》关于著作权精神权利和经济权利的规定，有以下几点需要注意。

1. 精神权利。《柬埔寨著作权法》关于作者的精神权利没有规定“修改权”，“作者有权反对以任何形式损害其声誉的歪曲、残缺或修改其作品内容”更倾向于“保护作品完整权”，后者是要求“损害作者的声誉”，关于他人对作品的内容、文字的修改违背作者个人意志的，作者可以通过经济权利中的“改编权”进行控制。

2. 翻译权。《柬埔寨著作权法》关于“翻译权”限于将作品翻译成外语，若将外语作品翻译成本国语言则作者无法控制，但《伯尔尼公约》要求翻译不得损害原作的版权。

3. 出租权。《柬埔寨著作权法》规定作者有控制他人公开出借作品的专有权利，此种出借可以是无偿的，出租、出借客体还包括了数据库或乐谱形式的音乐作品的原件或复制件。

4. 进口权。《柬埔寨著作权法》规定作者享有进口权。例如，中国人甲发现在中国销售的某一柬埔寨作品价格要比在柬埔寨销售的价格低，故从中国合法购入大量该作品至柬埔寨销售，此时，应当获得柬埔寨作者的许可，否则发生侵权。《中国著作权法》没有规定进口权。

5. 展览权。《柬埔寨著作权法》关于“展览权”的客体不限于美术作品和摄影作品，受《柬埔寨著作权法》保护的一切作品的作者都享有展览权。在作品原件所有权转移的情况下，不改变著作权的归属，但展览权在《中国著作权法》限于美术作品和摄影作品，是由原件所有人享有，而《柬埔寨著作权法》并未有该规定。

6. 放映权。《柬埔寨著作权法》没有规定“放映权”。当然，也有观点认为公开放映行为被其认定为机械表演的一种，可以受到“表演权”的控制。这一点也需要引起重视。

7. 信息网络传播权。《柬埔寨著作权法》也未规定信息网络传播权，但规定了“向公众传播作品的其他方式”的兜底条款，对于向不在传播发生地的公众传播的，非交互式传播可以通过广播权控制，交互式传播是否可以通过该兜底条款控制，是值得进一步考察的问题。

8. 汇编权。汇编是将作品或作品的片段通过选择或编排，汇集成新作品。《柬埔寨著作权法》没有规定汇编权，但是第 21 条第 1 款明确作者有授权他人创作演绎作品的专有权利。那么，是否可以将柬埔寨的演绎权细化为《中国著作权法》的翻译、改编、注释和汇编权，也有待考察。

第四节 相 关 权

一、表演者权

《柬埔寨著作权法》和《中国著作权法》关于表演者享有的精神权利和经济权利规定对比如下（见表14－8）。

表14－8 表演者享有的精神权利和经济权利规定比较

《柬埔寨著作权法》	《中国著作权法》
第41条、第42条	第39条
表演者有权要求在现场表演或已录制表演中显示其书面姓名，所使用的方式需要省略除外	表明表演者身份的权利
表演者有权拒绝对其表演有任何有损其声誉的毁损、残缺和其他修改	保护表演形象不受歪曲的权利
表演者有权许可他人将其表演广播和向公众传播，但不包括表演者授权的录音制品的广播、通过电视转播、首家广播组织经过授权的最初表演广播	现场直播权，许可他人从现场直播和公开传送其现场表演，并获得报酬
表演者有权许可他人将其表演固定至录音制品	首次录制权，许可他人录音录像，并获得报酬
表演者有权许可他人在录音制品再现其表演	—
表演者有权许可他人通过出售或转让所有权向公众发行录有其表演的原始录音制品（尚未授权发行）	复制权、发行权、出租权，许可他人复制、发行、出租录有其表演的录音录像制品，并获得报酬
表演者有权许可他人向公众出租或出借录有其表演的录音制品原件或复制件	
—	信息网络传播权，许可他人通过信息网络向公众传播其表演，并获得报酬
表演者权的保护期限	
对表演者的权利保护期限为表演固定在录音制品之年年终后的50年，如果没有固定，则为表演发生之年年终后50年	表演者的著作人身权的保护期不受限制，著作财产权的保护期为50年，截止于该表演发生后第50年的12月31日

二、录音制作者权与录像制作者权

录音制品是指对表演或其他声音的声音固定，或声音表现的固定，但以电影或其他视听作品中的固定形式除外；而录像制品制作者是负责录制一系列图像，无论是否有声音，从而实现视频制作的自然人或法人。

《柬埔寨著作权法》和《中国著作权法》关于录音录像制品制作者享有的经济权利规定对比如下（见表14－9）。

表14－9　录音录像制品制作者享有的经济权利规定比较

<table>
<tr><td rowspan="2">内容</td><td>《柬埔寨著作权法》</td><td>《中国著作权法》</td></tr>
<tr><td>第44～46条</td><td>第44条</td></tr>
<tr><td rowspan="4">录音制品制作者</td><td>录制、复制和向公众传播其录音制品的专有权利</td><td rowspan="5">录音录像制品制作者对其制作的录音录像制品，享有许可他人复制、发行、出租、通过信息网络向公众传播并获得报酬的权利</td></tr>
<tr><td>授权他人复制、出售、交换、租赁和向公众传播录音制品</td></tr>
<tr><td>通过出售或转让所有权的方式向公众发行录音制品原件或复制件</td></tr>
<tr><td>进口其录音制品复制件，以便向公众传播</td></tr>
<tr><td>录像制品制作者</td><td>授权他人为了向公众传播、出售、交换和租赁而进行的所有的录像复制。录像制品制作者的权利不能独立于作者和表演者的权利转让，因为后两者已经并入该录像制品中</td></tr>
<tr><td>保护期</td><td>录音制品制作者的保护期限为录音制品出版后50年，如果没有出版，则为录音制品录制后的年终开始起算</td><td>权利的保护期为50年，截止于该制品首次制作完成后第50年的12月31日</td></tr>
</table>

三、广播组织者权

广播组织包括广播电台、电视台和有线电视台。

《柬埔寨著作权法》和《中国著作权法》关于广播组织者权法律规定对比如下（见表14－10）。

表14－10　广播组织者权相关规定比较

<table>
<tr><td>《柬埔寨著作权法》</td><td>《中国著作权法》</td></tr>
<tr><td>第47条</td><td>第47条</td></tr>
<tr><td rowspan="3">许可他人录制其广播、向公众传播、转播、复制、发行和首次租赁其广播复制件</td><td>转播权，将其播放的广播、电视以有线或者无线方式转播</td></tr>
<tr><td>录制、复制权，将其播放的广播、电视录制以及复制</td></tr>
<tr><td>信息网络传播权，将其播放的广播、电视通过信息网络向公众传播</td></tr>
<tr><td colspan="2">保护期</td></tr>
<tr><td>广播组织的广播节目保护期限为节目播出之年年终后50年</td><td>权利的保护期为50年，截止于该广播、电视首次播放后第50年的12月31日</td></tr>
</table>

四、法律风险分析及防范

1. 关于表演者权。《柬埔寨著作权法》规定“表演者有权许可他人在录音制品再现其表演”，这在《中国著作权法》中属于法定许可的范畴，“录音制作者使用他人已经合法录制为录音制品的音乐作品制作录音制品，可以不经著作权人许可，但应当按照规定支付报酬；著作权人声明不许使用的不得使用”。在柬埔寨，聘请不同的表演者进行演奏后录制成录音制品发行的，应当明确获得作者和表演者的许可并支付使用费。

2. 出版者权。《中国著作权法》在表演者权、录制者权和广播组织权三种传统的领接权之外还规定了图书、报刊的出版，《柬埔寨著作权法》则没有此规定。图书、期刊的出版者，在其出版的图书、期刊中采用的版式设计，即对印刷品的版面格式的设计，包括对版心、排式、用字、行距、标点等，在柬埔寨都需要进一步考察。

第五节　权利的限制

一、对著作权的限制

按照《伯尔尼公约》的规定，著作权的限制包括合理使用、法定许可和强制许可。

《柬埔寨著作权法》第二章第四节主要规定了合理使用，也即在使用作品时，无须支付报酬，但应当指明作品来源，作者姓名或者名称。具体规定如下（见表 14－11）。

表 14－11　《柬埔寨著作权法》关于合理使用的规定

分类	具体内容
以个人使用为目的	任何自然人可以进口作品的复制件
	自然人可以复制已发表的作品，但不包括复制建筑作品、乐谱形式的音乐作品、作品的全部或实质部分、计算机软件以及与作品的正常使用相冲突或以不合理方式损害权利人的利益
以教育为目的	使用已发表作品说明图书、报刊、广播或视听放映
	复制文章、杂志、段节选用于教学或教育机构举行的考试，不会直接或间接产生商业利益，并根据特定目的以适当理由进行

续表

分类	具体内容
作者不能禁止	仅向家人或朋友等亲近的人进行免费和私人的陈述
	为保护或研究而在图书馆保存的复制件
	将作品用于教育目的而不是经济利益
	将高棉语作品翻译成少数民族语言，反之亦然
	分析或简短引用具有批判性、辩论性、教学性、科学性或信息性的作品
	新闻评论的广播
	通过新闻发布或电视广播向公众传播全部或部分演讲
	基于原作品，对喜剧、风格或漫画的改编
	对位于公共场所的绘画、塑像的复制，该复制不构成后续复制的主体
	在另一作品中引用合法发表的作品，但不超过必要目的

二、对相关权的限制

《柬埔寨著作权法》第 50 条对相关权的限制作出规定，主要是合理使用，可以在未经权利人授权且未支付任何报酬的情况下，允许以下行为：

（1）从表演、录音或广播中提取短片段进行新闻事件的报道；

（2）仅仅为了科学研究的目的而进行的复制；

（3）为了教育目的而进行的复制，但为教育目的制作的表演或录音除外；

（4）引用，以表演、录音制品或广播中提取的简短引用为形式，要求此类引用符合常理并具有适当目的；

（5）构成受保护的作品例外情况的使用；

（6）为了全部或部分从原电视台对典礼、会议或其他国家事件同步广播，需要拍摄和录制画面和声音。

表演者授权将其表演纳入视听作品的，关于表演者权利的规定不再适用。

三、《中国著作权法》关于权利限制的规定

《中国著作权法》对著作权和与著作权有关的权利的限制包括合理使用和法定许可。

1. 合理使用

《中国著作权法》第 24 条规定了“合理使用”制度。该法要求使用作品可以不经著作权人许可，不向其支付报酬，但应当指明作者姓名或者名称、作品名称，并且不得影响该作品的正常使用，也不得不合理地损害著作权人的合法权益。关于著作权的限制也

适用于对与著作权有关的权利的限制，包含12种情形（见表14－12）。

表14－12　合理使用的规定比较

《柬埔寨著作权法》	《中国著作权法》
自然人为了个人使用可以未经作者或权利人同意进口作品的复制件、单独复制已发表作品	为个人学习、研究或者欣赏，使用他人已经发表的作品
分析或简短引用具有批判性、辩论性、教学性、科学性或信息性的作品	为介绍、评论某一作品或者说明某一问题，在作品中适当引用他人已经发表的作品
可以在未经作者授权且未支付任何报酬的情况下，允许在另一作品引用合法出版的作品，引用不应超出必要目的	为报道新闻，在报纸、期刊、广播电台、电视台等媒体中不可避免地再现或者引用已经发表的作品
新闻评论的广播	报纸、期刊、广播电台、电视台等媒体刊登或者播放其他报纸、期刊、广播电台、电视台等媒体已经发表的关于政治、经济、宗教问题的时事性文章，但著作权人声明不许刊登、播放的除外
通过新闻发布或电视广播向公众传播全部或部分演讲	报纸、期刊、广播电台、电视台等媒体刊登或者播放在公众集会上发表的讲话，但作者声明不许刊登、播放的除外
将作品用于教育目的而不是经济利益；以教育为目的进行作品利用	为学校课堂教学或者科学研究，翻译、改编、汇编、播放或者少量复制已经发表的作品，供教学或者科研人员使用，但不得出版发行
—	国家机关为执行公务在合理范围内使用已经发表的作品
为保护或研究而在图书馆保存作品的复制件	图书馆、档案馆、纪念馆、博物馆、美术馆、文化馆等为陈列或者保存版本的需要，复制本馆收藏的作品
—	免费表演已经发表的作品，该表演未向公众收取费用，也未向表演者支付报酬，且不以营利为目的
对位于公共场所的绘画、塑像的复制，该复制不构成后续复制的主体	对设置或者陈列在公共场所的艺术作品进行临摹、绘画、摄影、录像
将高棉语作品翻译成少数民族语言，反之亦然	将中国公民、法人或者非法人组织已经发表的以国家通用语言文字创作的作品翻译成少数民族语言文字作品在国内出版发行
—	以阅读障碍者能够感知的无障碍方式向其提供已经发表的作品

2. *法定许可*

法定许可使用，是指特定的自然人、法人或者其他组织根据法律规定，可以不经著作权人许可而使用其作品，但应当按照规定支付报酬的制度。我国法律共规定了6种法定许可，即《中国著作权法》中规定的“报刊转载”“录音制品制作”“播放作品”“播放录音制品”“教科书编写”，以及《信息网络传播权保护条例》中规定的“课件制作”。

四、法律风险分析及防范

通过前述表格比较可见，中柬两国的合理使用规定方面有比较大的差异。

1. 关于媒体刊登或者播放的限制。《中国著作权法》规定报纸、期刊、广播电台、电视台等媒体可以刊登或者播放其他报纸、期刊、广播电台、电视台等媒体已经发表的关于政治、经济、宗教问题的时事性文章，但著作权人声明不许刊登、播放的除外；而《柬埔寨著作权法》仅规定了电视广播等媒体。

2. 以教育为目的的使用。《柬埔寨著作权法》规定的范围比较笼统，就是以教育为目的的利用。我国规定得比较详细，也即以学校课堂教学或者科学研究，翻译、改编、汇编、播放或者少量复制已经发表的作品，可以供教学或者科研人员使用，但不得出版发行。

3. 《柬埔寨著作权法》没有关于国家机关执行公务的合理使用规定。

4. 《柬埔寨著作权法》没有关于免费表演的合理使用规定。

5. 对于国家通用语言的合理使用，《柬埔寨著作权法》规定将高棉语翻译成少数民族语言属于合理使用，没有对国籍、出版社等做翔实的规定。

6. 《柬埔寨著作权法》没有规定阅读障碍者的合理使用问题。《柬埔寨著作权法》没有规定为阅读障碍者提供能够感知的无障碍方式使用已经发表的作品，但作为 RCEP 国，履行加入《关于为盲人、视力障碍者或其他印刷品阅读障碍者获得已出版作品提供便利的马拉喀什条约》的义务是指日可待的。

当然，与我国相比，《柬埔寨著作权法》也有一些比较翔实的规定值得我国借鉴，比如，该法第 26 条规定，根据他人或家庭的真实生活故事创作的作品，作者必须获得他人或家庭成员的授权。

同时要指出，《柬埔寨著作权法》没有规定法定许可制度。针对“以教育为目的”的作品利用如教科书编写、课件制作等行为可以通过《柬埔寨著作权法》的合理使用规定，应当属于不以营利为目的未获取商业利益的行为。但是报刊转载、录音制品制作等则使用普通许可模式，也即应当获得作者或权利人的明确许可并支付报酬。此外，对他人作品的利用应当注明作者信息和来源。

第六节　权利的转让与许可

一、经济权利的转让

《柬埔寨著作权法》规定，对作品的经济权利的转让可以全部或部分进行，作者根据转让合同规定获取经济利益。转让合同或授权许可使用的有效范围限于合同约定的使用条件。

作者死亡的，经济权利可以根据作者的遗嘱转让给作者的继承人或任何第三人；在没有继承人或遗嘱的情况下，由文化和美术部代表国家管理该作品的经济权利。

二、经济权利的许可使用

《柬埔寨著作权法》规定，著作权许可合同必须以书面形式说明，否则，合同视为无效，且只有作者或权利人有权提出合同无效的理由。

转让著作权许可使用合同必须以书面形式作出规定，并分别规定使用领域，并对范围、程度、地点、目的和期限方面作出限制。

集体作品的作者在作品中贡献自己的智力成果具有独立性的，可以在不会对集体作品的使用造成损害的情况下单独使用自己的智力创作，除非有不同的规定。

合作作品的作者，只有全体合作作者同意才可以对作品许可使用。如果合作作者无法协商一致，法院将对此作出裁决。

三、法律风险分析及防范

总体来看，对于这部分内容，中柬两国的规定几乎一致。一般来说，当事人在订立著作权许可使用合同时应当将许可使用的权利种类列明并尽可能予以解释，应尽可能明确作品的使用方式，以防因约定不明产生纠纷。

同时，许可使用合同应当明确专有使用合同与非专有使用合同，即被许可人是否有权排除包括著作权人在内的任何人以同样的方式使用作品。同时，应当明确被许可人是否可以以自己的名义就他人的侵权行为提起诉讼。

第七节　权利的集体管理

著作权的管理通常通过集体管理组织管理。《柬埔寨著作权法》也规定，作者和相关权利人可以建立集体管理组织来保护和管理他们的经济权利。建立关于作者权利、表演者权、录音录像制作者权的集体管理组织必须获得文化和美术部的认可。广播组织的无线电台、电视、有线电台应当经新闻部认可。

《柬埔寨著作权法》第 49 条规定，为商业目的制作的录音制品，或复制该录音制品直接用于向公众广播或传播，或公开演出，则用户应向管理这一集体权利的组织支付合理报酬给表演者和制作人。管理集体权利的组织是一个法人，有责任管理报酬，报酬由二级法令决定。

第八节　权利的保护

一、侵权行为

（一）侵权行为种类

《柬埔寨著作权法》第 57 条规定，任何人遭受或可能遭受侵犯其著作权或相关权的行为，有权向法院提起诉讼；第 64 条规定，凡侵犯《柬埔寨著作权法》规定的作者权利以任何方式进行生产（production）、复制、表演或向公众传播的行为，必须受法律惩罚。

《中国著作权法》第 52 条、第 53 条规定的侵权行为有 19 种：其中，第 52 条规定的 11 种承担的是民事责任；第 53 条规定的 8 种是除了承担民事责任还可能承担行政责任，甚至刑事责任。

（二）技术保护措施与权利管理信息

《柬埔寨著作权法》和《中国著作权法》关于技术保护措施与权利管理信息的规定对比如下（见表 14－13）。

表 14－13　技术保护措施与权利管理信息的规定比较

《柬埔寨著作权法》	《中国著作权法》
第 62 条	第 49 ~ 51 条
为销售或租赁而制造、进口专门设计、改装的设备、手段，以规避任何装置、手段或限制作品、录音制品、广播的复制数量或损害正在制作的复制品质量；为销售或租赁而制造、进口设备、手段，帮助侵权人接收加密的节目，通过广播或其他方式传播给公众，包括卫星广播	第 49 条第 2 款　未经权利人许可，任何组织或者个人不得故意避开或者破坏技术措施，不得以避开或者破坏技术措施为目的制造、进口或者向公众提供有关装置或者部件，不得故意为他人避开或者破坏技术措施提供技术服务。但是，法律、行政法规规定可以避开的情形除外
—	第 50 条　下列情形可以避开技术措施，但不得向他人提供避开技术措施的技术、装置或者部件，不得侵犯权利人依法享有的其他权利： （1）为学校课堂教学或者科学研究，提供少量已经发表的作品，供教学或者科研人员使用，而该作品无法通过正常途径获取； （2）不以营利为目的，以阅读障碍者能够感知的无障碍方式向其提供已经发表的作品，而该作品无法通过正常途径获取； （3）国家机关依照行政、监察、司法程序执行公务； （4）对计算机及其系统或者网络的安全性能进行测试； （5）进行加密研究或者计算机软件反向工程研究。前款规定适用于对与著作权有关的权利的限制
未经权利人许可，抑制或修改以电子形式呈现的与权利制度相关的所有信息。以发行、广播为目的的发行或进口未经授权的通过广播组织、向公众传播或向公众提供作品、表演、录音制品或广播，同时知道以电子形式呈现的有关版权制度信息已被删除或修改	第 51 条　未经权利人许可，不得进行下列行为： （1）故意删除或者改变作品、版式设计、表演、录音录像制品或者广播、电视上的权利管理信息，但由于技术上的原因无法避免的除外； （2）知道或者应当知道作品、版式设计、表演、录音录像制品或者广播、电视上的权利管理信息未经许可被删除或者改变，仍然向公众提供
权利制度的信息延伸为披露作者身份、作品特征、表演者身份、表演者特征、录音制作者身份、录音制品特征、广播组织身份和广播组织特征的信息；信息使人能够了解权利人的身份或作品和其他产品的利用条件和程序，以及代表该信息的编号或代码的特征	—

二、临时措施

《柬埔寨著作权法》规定，法院有权决定采取一切必要的临时措施，以确保证据的保存，特别是扣留未经授权复制的复制品。如果法院证明原告的请求没有根据，则原告应对被告的损失承担责任。在扣押后 30 天内，被扣押财产的所有人或管理人可向法院申请解除扣押或限制扣押的影响。在扣押后 30 天内，如果向法院提交的请求不足，法院可以根据被扣押财产所有人或管理人的请求解除扣押。

《柬埔寨著作权法》第 63 条规定，海关当局可以基于著作权人或相关权利人的书面申请，在其商品管控范围内扣留权利人认为侵权的物品。海关当局应将扣留情况立即通知申请人所在的主管部门、法院和管理货物的部门。

在扣留通知之日起 10 个工作日内，申请人未能向海关当局提供正当证据的，则可以合法解除该措施：根据该法第 59 条，向法院提出扣留措施的请求；向法院起诉构成了必要的担保以承担最终责任；申请人的申请被证明没有根据的，申请人对扣留造成的损失负责；《商标、商号和不正当竞争行为法》中关于边境措施的规定应作为本条的补充适用。

三、责任承担

1. 民事责任承担形式

《柬埔寨著作权法》和《中国著作权法》关于侵犯著作权或相关权的行为规定民事责任承担形式对比如下（见表 14 – 14）。

表 14 – 14　民事责任承担形式比较

《柬埔寨著作权法》	《中国著作权法》
第 57 条	第 52 条
任何人遭受或可能遭受侵犯其著作权或相关权的行为，有权向法院提起诉讼，请求禁止侵犯权利的行为（如果这很快就会发生）；停止侵犯其权利（如果侵权行为在继续），原告可以请求被告承担损害赔偿、精神损害赔偿，归还争议中的设备或材料以及返还从该非法行为中所得收益	侵权行为应当根据情况，承担停止侵害、消除影响、赔礼道歉、赔偿损失等民事责任

2. 处罚

《柬埔寨著作权法》关于侵犯著作权或相关权的行为以及处罚的规定如下（见图 14 – 10）。

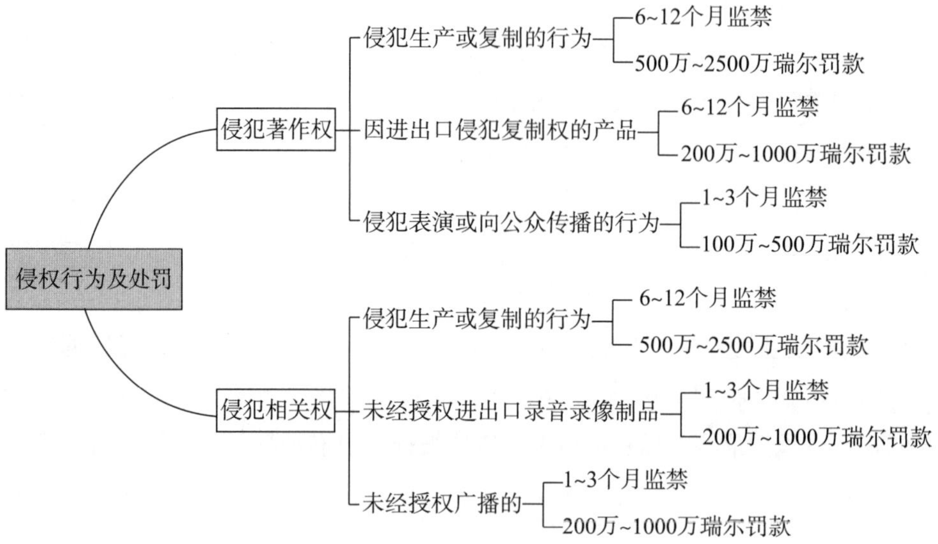

图 14－10　柬埔寨关于侵权行为及处罚的规定

四、法律风险分析及防范

1. 注意著作权技术措施的规定。《柬埔寨著作权法》允许权利人为保护其权利采取技术措施，并规定销售、出租、制造、进口这种破坏、规避技术保护措施的行为，抑制或修改权利管理信息的行为是非法的，应根据第 64 条、第 65 条受到处罚。

2. 特别注意责任承担。除了承担民事责任外，《柬埔寨著作权法》对侵犯著作权的行为规定了监禁和罚款两种处罚方式。在柬埔寨进行文化产品的生产、制作、进出口、向公众传播等行为，应与权利人订立书面协议获得明确的授权。若面临权利人申请法院、海关当局采取临时措施、扣留涉嫌侵权的文化产品，应当积极配合当局的查处，提交正当证据，及时与权利人协商沟通，对造成对方的损失积极补救。

3. 注意有关海关的规定。在柬埔寨进行文化产品的创作可获得《柬埔寨著作权法》的保护，在发生他人侵害著作权或相关权行为时，可向海关当局申请扣留其认为侵权的文化产品，在收到扣留通知之日起 10 日内提交相关证据证明侵权行为的发生。除此之外，权利人有权向法院起诉，可向法院申请扣留侵权的文化产品，申请应当有证据证明侵权行为的发生，否则，因任意申请采取临时措施造成对方损失的应当承担责任。

第十五章　柬埔寨专利法风险解读

本章主要讨论柬埔寨专利法风险。(见图 15－1)

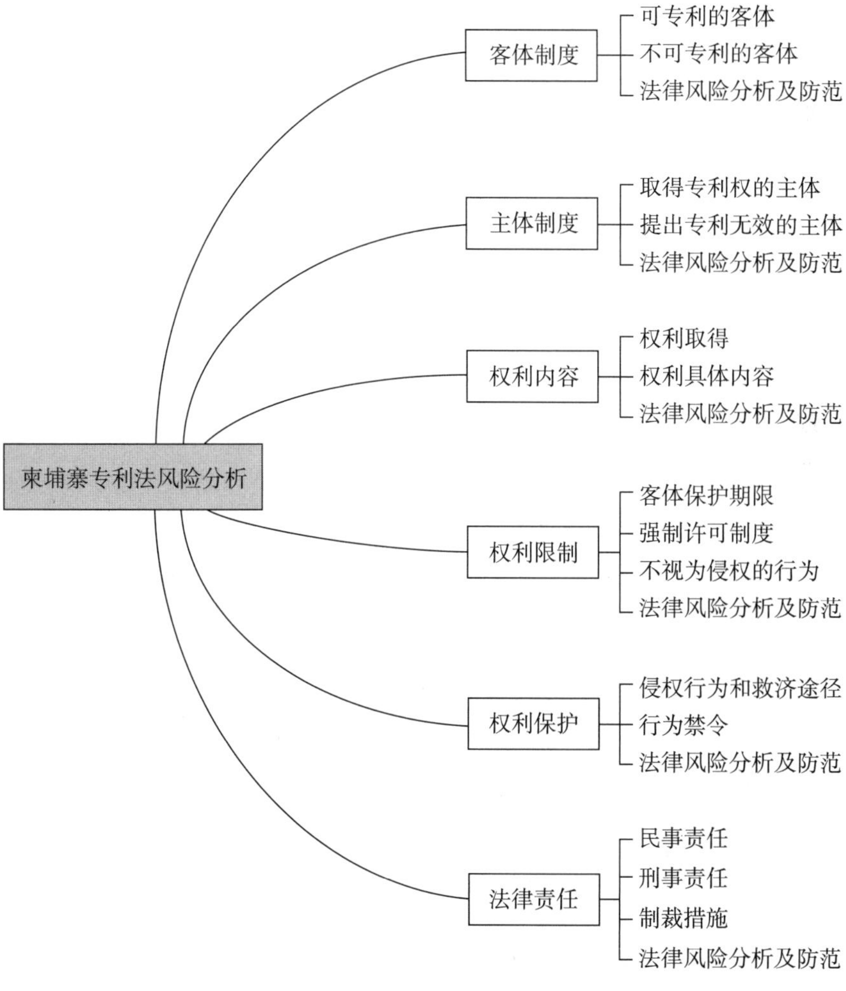

图 15－1　柬埔寨专利法风险分析思维导图

柬埔寨关于专利使用的法律全称为《柬埔寨专利、实用新型和工业品外观设计法》(以下简称《柬埔寨专利法》)，颁布于2002年，共有9章137条。《中华人民共和国专利法》(以下简称《中国专利法》)颁布于1984年，现行《中国专利法》共有8章82条。

《柬埔寨专利法》9章分别为：总则、专利、实用新型、专利合作条约下的国际申请、工业设计、共同条款、法律责任、附则。《中国专利法》8章分别为：总则，授予专利权的条件，专利的申请，专利申请的审查和批准，专利权的期限、终止和无效，专利实施的特别许可，专利权的保护，附则。

柬埔寨于2016年12月8日加入《专利合作条约》(Patent Cooperation Treaty, PCT)，《柬埔寨专利法》第1条即指出，根据本法和PCT为柬埔寨授予的专利和实用新型证书以及注册的工业品设计提供保护。由此可见，柬埔寨的立法大量采用PCT的规定，与国际高度接轨，严格保护专利，打击非法商业行为。

中国于1994年1月1日加入PCT，成为PCT的正式成员国，《中国专利法》建立了系统完备的规范体系。

从专利法立法体例看，中国与柬埔寨的显著区别在于：中国没有专利法条文直接涉及与PCT的接轨问题，与PCT相关的规定多散见于其他法律法规中，而柬埔寨在专利法中大量直接引用PCT规定。

对于中柬在专利方面的合作来说，特别值得一提的重大利好消息是，2018年3月27日，柬埔寨发布了柬埔寨王国关于中华人民共和国专利在柬埔寨登记生效的公告，正式启动中国专利的登记生效受理工作。根据《中华人民共和国国家知识产权局与柬埔寨王国工业及手工业部关于知识产权合作的谅解备忘录》，所有申请日在2003年1月22日以后的已授权并维持有效的中国专利，都可以在柬埔寨登记生效。柬埔寨将单方面承认中国发明专利授权结果，即在中国境内有效的发明专利可不经实质审查程序，直接在柬埔寨办理登记生效手续。

第一节 客体制度

一、可专利的客体

(一) 专利种类

《柬埔寨专利法》和《中国专利法》关于专利种类的法律规定对比如下(见表15-1)。

表 15-1　专利种类比较

《柬埔寨专利法》	《中国专利法》
第 3 条　专利是指为保护发明而授予的权利。发明是指发明者在实践中能够解决技术领域特定问题的想法。本发明可以是或可以涉及产品或方法。 第 69 条　实用新型是指任何新的、可在工业上应用的、可能是或可能涉及产品或方法的发明。 第 89 条　就本法而言，工业设计包括线条和颜色的组合、三维形状或者任何材料，不论它们是否与线条或颜色有关。关键是这些组合、形状或材料要给工业产品或手工艺品赋予独特的外观，可以作为工业或手工艺制品的图案，并且能够通过视觉来感受和判断	第 2 条　本法所称的发明创造是指发明、实用新型和外观设计。 发明，是指对产品、方法或者其改进所提出的新的技术方案。 实用新型，是指对产品的形状、构造或者其结合所提出的适于实用的新的技术方案。 外观设计，是指对产品的整体或者局部的形状、图案或者其结合以及色彩与形状、图案的结合所作出的富有美感并适于工业应用的新设计

1. 发明

《柬埔寨专利法》将发明定义为发明者在实践中能够解决技术领域特定问题的想法，而《中国专利法》将发明定义为对产品、方法或其改进所提出的新的技术方案。

2. 实用新型

《柬埔寨专利法》规定实用新型是指任何新的、可在工业上应用的、可能是或可能涉及产品或方法的发明。相比之下，《中国专利法》规定实用新型是指对产品的形状、构造或者其结合所提出的适于实用的新的技术方案。

3. 工业设计

《柬埔寨专利法》规定工业设计是指任何线条或颜色的组合或任何三维形式，或任何材料，无论是否与线条或颜色相关，均被视为工业设计。而《中国专利法》规定外观设计是指对产品的整体或局部的形状、图案或其结合以及色彩与形状、图案的结合所作出的富有美感并适于工业应用的新设计。

可见，两国的专利法都对发明、实用新型和工业设计进行了规定，但《柬埔寨专利法》和《中国专利法》规定的具体定义和表述上有所不同，这可能会影响申请人在两国申请专利时的策略和要求。

（二）可专利客体的实质要件

那么，对于发明、实用新型和外观设计这三种专利客体，中柬两国在可专利的实质性要件上是否相同呢？《柬埔寨专利法》和《中国专利法》关于可专利客体的实质要件的法律规定对比如下（见表 15-2）。

表 15－2　可专利客体的实质要件比较

《柬埔寨专利法》	《中国专利法》
第 6 条　如果该发明不属于现有技术，则该发明是具备新颖性的。 现有技术应包括在要求发明的申请提交之前，或在适当情况下，在优先权日之前，通过有形形式的公开或口头披露、使用或以任何其他方式向世界任何地方的公众披露的所有内容。 第 7 条　如果考虑到与要求发明的申请相关的现有技术，对于本领域普通技术人员来说，该发明并不明显，则该发明应被视为具有创造性。 第 8 条　如果一项发明可以在任何行业中制造或使用，则该发明应被视为具备实用性	第 22 条　新颖性，是指该发明或者实用新型不属于现有技术；也没有任何单位或者个人就同样的发明或者实用新型在申请日以前向国务院专利行政部门提出过申请，并记载在申请日以后公布的专利申请文件或者公告的专利文件中。 创造性，是指与现有技术相比，该发明具有突出的实质性特点和显著的进步，该实用新型具有实质性特点和进步。 实用性，是指该发明或者实用新型能够制造或者使用，并且能够产生积极效果。 本法所称现有技术，是指申请日以前在国内外为公众所知的技术

从上述规定可以看出，中柬两国专利法都规定了专利的“三性”，即新颖性、创造性和实用性。

1. 新颖性

《柬埔寨专利法》强调，发明须具备新颖性，要求发明不属于现有技术。同样地，《中国专利法》也规定发明或实用新型需要具备新颖性，即不属于现有技术。但中国还要求没有其他单位或个人在申请日以前向专利行政部门提交过同样的申请并记载在申请日之后的文件中，即中国还要求不存在抵触申请。

2. 创造性

创造性是从该领域普通技术人员的角度提出的要求。《柬埔寨专利法》和《中国专利法》都是采用相同的判断主体——本领域普通技术人员，以该主体来进行判断该发明是否具备创造性。《柬埔寨专利法》规定发明是否具备创造性是对本领域普通技术人员来说该发明是否明显。对实用新型不要求其具有创造性。《中国专利法》则是以本领域普通技术人员判断，该发明与现有技术相比是否具有实质性特点和显著的进步，实用新型是否具有实质性特点和进步。从文义上可以看出，我国对创造性要求更高一些。

3. 实用性

实用性是专利制度的核心目的，体现在发明创造的推广应用上。《柬埔寨专利法》规定实用性意味着一项发明可以在相关行业中制造或使用。而《中国专利法》判断发明或实用新型是否具有实用性，不仅要求它们能够在工业上制造或使用，还要求能够产生积极效果。

二、不可专利的客体

《柬埔寨专利法》和《中国专利法》关于不可专利的客体的法律规定对比如下（见表 15－3）。

表 15－3　不可专利的客体比较

《柬埔寨专利法》	《中国专利法》
第 4 条　以下客体不授予专利： （1）发现、科学理论和数学方法； （2）商业规则、纯粹的心理行为或玩游戏的计划、规则和方法； （3）人体或动物疾病的诊断和治疗方法； （4）尚在过渡期间的药品； （5）微生物以外的植物和动物，以及生产植物或动物的基本生物过程； （6）植物品种。 第 9 条　在柬埔寨进行的商业开发若违反公共秩序或道德，或不会保护人类、动物或植物的生命或健康，或会对环境造成严重损害，或受到法律禁止，这些发明将被排除在专利权之外	第 25 条　对下列各项，不授予专利权： （1）科学发现； （2）智力活动的规则和方法； （3）疾病的诊断和治疗方法； （4）动物和植物品种； （5）原子核变换方法以及用原子核变换方法获得的物质； （6）对平面印刷品的图案、色彩或者二者的结合作出的主要起标识作用的设计。 对前款第（4）项所列产品的生产方法，可以依照本法规定授予专利权。 第 5 条　对违反法律、社会公德或者妨害公共利益的发明创造，不授予专利权。 对违反法律、行政法规的规定获取或者利用遗传资源，并依赖该遗传资源完成的发明创造，不授予专利权

从上述表格的对比来看，柬埔寨存在几项显而易见的不可授予专利的客体：一是微生物以外的植物和动物，以及生产植物或动物的基本生物过程；二是尚在过渡期的药品。《中国专利法》没有涉及这两点。还有一点是，《柬埔寨专利法》允许动物品种获得专利，但不允许植物或动物生产过程获得专利。

当然，《中国专利法》禁止授予专利权的客体范围包括原子核变换方法及其产品，并且，对于依赖遗传资源完成的发明创造，如果获取或利用遗传资源违反法律、行政法规的规定，则不授予专利权，《柬埔寨专利法》则没有涉及上述两类内容。

两国专利法在涉及公共利益、道德和环境保护等方面的规定上也有所不同。《柬埔寨专利法》明确规定了在柬埔寨进行的商业开发违反公共秩序或道德、危害人类、动植物生命或健康、严重损害环境等方面的发明不授予专利。《中国专利法》规定不授予专利权的发明包括违反法律、社会公德或妨害公共利益的发明创造。

在工业设计方面，《柬埔寨专利法》未列出不受保护的设计，除非它们不符合工业设计要求。《中国专利法》则规定，对平面印刷品上的图案、色彩或二者结合所构成的主要具有标识作用的设计不授予专利。

三、法律风险分析及防范

（一）可专利的客体方面的法律风险防范

1. 熟悉柬埔寨和中国在发明、实用新型和工业设计（外观设计）方面的定义差异，以确保发明创造符合两国专利法的要求。在申请发明、实用新型和工业设计（外观设计）专利时，确保根据两国法律的定义准备相应的申请材料。

2. 充分了解两国法律对新颖性、创造性和实用性的规定差异，以确保在申请专利时满足柬埔寨的专利要求。从前述对比可以看出，柬埔寨判断发明是否具备创造性的标准略低于中国，甚至对实用新型的审查不要求其具备创造性。因此，在中国不被授予专利的发明创造在柬埔寨是有可能被授予专利的，权利人可以选择单独向柬埔寨提起申请。

3. 在撰写专利申请时，关注两国法律对工业设计范围的描述，确保申请内容满足柬埔寨法律要求。

（二）不可专利的客体方面的风险防范

1. 熟悉柬埔寨专利法律法规。在申请柬埔寨专利前，需要充分了解柬埔寨专利法律法规的具体要求，尤其关注与中国专利法律存在差异的部分，例如，微生物专利、药品的特殊规定以及其他不可授权的专利范围等。

2. 寻求专业律师帮助。由于柬埔寨和中国的专利法律存在差异，建议在申请专利时寻求专业律师的协助。律师可以帮助分析发明创造是否符合《柬埔寨专利法》的规定，提供有关申请策略的建议，并协助完成专利申请的各项程序。

3. 保持行业信息更新。在发明创造过程中，保持与柬埔寨相关领域的专业人士和组织的沟通交流，以获取最新的法律信息和行业动态，以便在申请专利时能够及时调整策略，确保顺利获得专利保护。

4. 注意公共利益、道德和环境保护规定。在进行发明创造时，特别注意柬埔寨法律关于公共利益、道德和环境保护等方面的规定，遵循相关法律要求，确保发明创造不对当地社会和环境造成负面影响。

5. 根据《柬埔寨专利法》的规定，目前，制药产品无法获得专利保护。这是因为，柬埔寨作为一个不发达国家，获得了豁免权。尽管中国国家知识产权局与柬埔寨工业与手工部所达成的协议中并未明确提及此问题，但需要注意，中国专利在柬埔寨生效时不应违反柬埔寨国内法，即过渡期的药品不授予专利。因此，为了保护药品专利，建议暂时不在柬埔寨国内市场销售相关药品，持观望态度，等待官方进一步解释或过渡期结束后再决定是否进入柬埔寨市场。

第二节　主体制度

一、取得专利权的主体

《柬埔寨专利法》和《中国专利法》关于取得专利权主体的法律规定对比如下（见表 15－4）。

表 15－4　取得专利权的主体比较

《柬埔寨专利法》	《中国专利法》
第 10 条　专利权属于发明人。 第 12 条　如果两个或两个以上的人彼此独立地做出了相同的发明，则其申请具有最早的申请日，或者如果要求优先权，则具有最早有效要求的优先权日的人有权获得该专利，只要该申请未被撤回、放弃或拒绝。 第 13 条　专利权可以转让，也可以通过继承转让。 第 14 条　如果发明是在执行雇佣合同的过程中完成的，在没有相反的合同规定的情况下，专利权属于雇主。 第 15 条　发明人应在专利中被指定为发明人，除非在由其签署并发给注册官的特别书面声明中表明其不希望被指定。发明人向任何人作出的任何承诺或承诺，均不具有法律效力	第 6 条　执行本单位的任务或者主要是利用本单位的物质技术条件所完成的发明创造为职务发明创造。职务发明创造申请专利的权利属于该单位，申请被批准后，该单位为专利权人。该单位可以依法处置其职务发明创造申请专利的权利和专利权，促进相关发明创造的实施和运用。 非职务发明创造，申请专利的权利属于发明人或者设计人；申请被批准后，该发明人或者设计人为专利权人。 利用本单位的物质技术条件所完成的发明创造，单位与发明人或者设计人订有合同，对申请专利的权利和专利权的归属作出约定的，从其约定。 第 8 条　两个以上单位或者个人合作完成的发明创造、一个单位或者个人接受其他单位或者个人委托所完成的发明创造，除另有协议的以外，申请专利的权利属于完成或者共同完成的单位或者个人；申请被批准后，申请的单位或者个人为专利权人。 第 10 条　专利申请权和专利权可以转让

（一）职务发明权利归属

《柬埔寨专利法》默认职务发明的专利权属于雇主，除非合同另有规定。而《中国专利法》明确规定职务发明的专利权归雇主所有，但允许合同约定权利归属。

（二）非职务发明权利归属

《柬埔寨专利法》与《中国专利法》均规定非职务发明的专利权归发明人所有。

二、提出专利无效的主体

《柬埔寨专利法》和《中国专利法》关于提出专利无效的主体的法律规定对比如下（见表15－5）。

表15－5　提出专利无效的主体比较

《柬埔寨专利法》	《中国专利法》
第65条　任何利害关系人均可请求主管法院使专利无效	第45条　自国务院专利行政部门公告授予专利权之日起，任何单位或者个人认为该专利权的授予不符合本法有关规定的，可以请求国务院专利行政部门宣告该专利权无效

从上述规定可以看出，两国提出专利无效的规定有两方面不同。

一是提起无效宣告的主体不同。《柬埔寨专利法》规定任何利害关系人均可请求主管法院使专利无效。这意味着，在柬埔寨，认为某专利不符合法律规定的，只有利害关系人可以提出无效申请。《中国专利法》规定，任何单位或个人认为专利权的授予不符合本法的相关规定都可以提出，而不是仅限于利害关系人。

二是受理的机构不同。《柬埔寨专利法》规定申请专利无效应向主管法院提出，《中国专利法》则规定应向国务院专利行政部门（国家知识产权局）提出。

三、法律风险分析及防范

（一）取得专利权的主体方面的法律风险提示

1. 在职务发明方面，确保与雇员签订合同明确专利权归属，避免纠纷。

2. 在合作发明方面，与合作方签订协议，明确专利权归属和分配原则。

3. 跨国申请和管理专利时，关注不同国家专利法律关于专利权归属、专利权转让及合作发明的规定，以维护专利权益。

（二）提出专利无效方面的法律风险提示

从前述规定对比发现，在柬埔寨，只有利害关系人才能提出无效宣告，比起我国规定的“任何人和单位”，其提出无效宣告的主体范围要小得多。当然，还是应当注意以下几点。

1. 了解柬埔寨专利法律法规。在柬埔寨申请和维护专利时，务必了解并遵守《柬埔寨专利法》的相关规定，确保专利申请和维护过程的合法性。

2. 在柬埔寨申请专利时，重视专利被无效请求的可能性。《柬埔寨专利法》规定任何利害关系人均可请求主管法院使专利无效。因此，在柬埔寨申请专利时，要确保专利申请材料的翔实、完整和准确，以降低专利被宣告无效的风险。

第三节　权利内容

一、权利取得

总体来讲，关于专利的权利取得，同作为PCT公约成员国，中国和柬埔寨绝大多数规定都是一致的，有一些细小区别，归纳如下。

（一）专利申请材料

《柬埔寨专利法》和《中国专利法》关于专利申请材料的法律规定对比如下（见表15－6）。

表15－6　专利申请材料比较

《柬埔寨专利法》	《中国专利法》
第16条　专利申请应向工业主管部门提交，并应包含请求、说明、一项或多项权利要求、一幅或多幅图纸（如需要）和摘要。应按照规定缴纳规定的申请费。 第17条　请求书应包含授予专利的请求书、申请人、发明人和代理人（如有）的姓名和其他规定数据以及发明的名称。如果申请人不是发明人，则请求应附有证明申请人享有专利权的声明。 第18条　说明书应以足够清楚和完整的方式披露本发明，以使本领域普通技术人员能够实施本发明，并应特别指出申请人在申请日或（如果要求优先权）在申请的优先权日为实施本发明所知的最佳模式。 第21条　摘要仅用于技术信息的目的，在解释保护范围时，不应将其考虑在内	第26条　申请发明或者实用新型专利的，应当提交请求书、说明书及其摘要和权利要求书等文件。 请求书应当写明发明或者实用新型的名称，发明人的姓名，申请人姓名或者名称、地址，以及其他事项。 说明书应当对发明或者实用新型作出清楚、完整的说明，以所属技术领域的技术人员能够实现为准；必要的时候，应当有附图。摘要应当简要说明发明或者实用新型的技术要点。 权利要求书应当以说明书为依据，清楚、简要地限定要求专利保护的范围。 依赖遗传资源完成的发明创造，申请人应当在专利申请文件中说明该遗传资源的直接来源和原始来源；申请人无法说明原始来源的，应当陈述理由。 第27条　申请外观设计专利的，应当提交请求书、该外观设计的图片或者照片以及对该外观设计的简要说明等文件。 申请人提交的有关图片或者照片应当清楚地显示要求专利保护的产品的外观设计

从表15－6中可见，柬埔寨和中国在专利申请文件方面的规定相类似，发明和实用新型专利的申请文件包括请求书、说明书及摘要以及权利要求书，外观设计专利的申请文件包括请求书和照片或图片。但柬埔寨申请书中摘要仅用于技术信息的目的，在解释

保护范围时不应将其考虑在内。

中国的专利授权部门为国家专利行政部门，柬埔寨的专利授权部门为工业主管部门。

（二）申请路径

如中国公民甲拟在柬埔寨申请获得专利，可区分为是否已经在中国获得了专利。正如前文已提及，按照《中华人民共和国国家知识产权局与柬埔寨王国工业及手工业部关于知识产权合作的谅解备忘录》，如果已经在中国获得授权的发明专利，且时间在2003年1月22日之后，那么可以直接登记即生效。如果在中国没有申请专利，则可以采取三种途径，具体如下（见图15－2）。

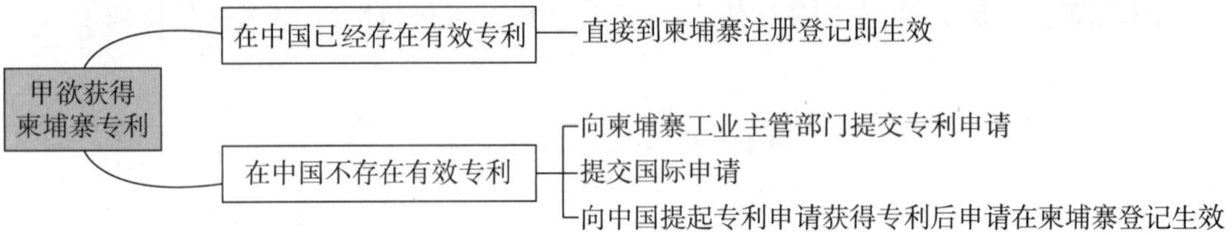

图15－2　中国公民在柬埔寨获得专利途径

进一步说，如果在中国已经取得有效发明专利，则可以依据国家知识产权局发布的《柬埔寨王国关于中华人民共和国专利在柬埔寨登记生效的公告》，通过向柬埔寨工业及手工业部提交申请登记，审查合格后即可在柬埔寨获得专利保护。

如果没有在中国取得有效专利，则可以：其一，可依据柬埔寨相关法律申请；其二，提交国际申请；其三，先申请中国专利保护，再依据途径一进行登记生效。

（三）审查流程

1. 柬埔寨专利审查的主要环节

柬埔寨的专利审查也分为形式审查和实质审查，与中国几乎一致。（见图15－3）中国对发明专利申请采取“早期公开，迟延审查”的审查机制，对于实用新型和外观设计专利申请只进行形式审查。中国授予发明专利初步审查满足条件后18个月公布，申请人也可以请求早日公布其请求，在发明专利申请自申请日起3年内，国家知识产权局可以根据申请人随时提出的请求，对其进行实质审查。自实质审查后，国家知识产权局才作出是否授予发明专利权的决定。

柬埔寨对发明和实用新型都需要进行实质审查和形式审查，进行形式审查后满足条件自动进入实质审查，无须单独提起实质审查申请，满足条件即授予专利。这一点与我国不同，我国只有发明专利需要经过实质审查，实用新型和外观设计都是采取登记制度。

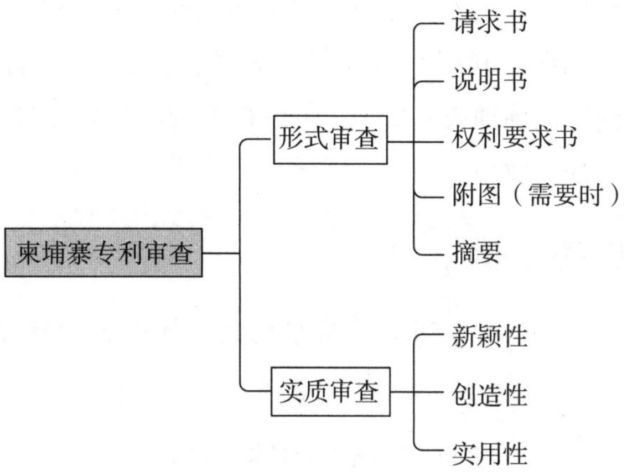

图 15－3　柬埔寨专利审查的主要环节

2. 国际申请

就柬埔寨而言，诸多法条均提及 PCT 的规定，那么关于 PCT 的流程，介绍如下（见图 15－4）。

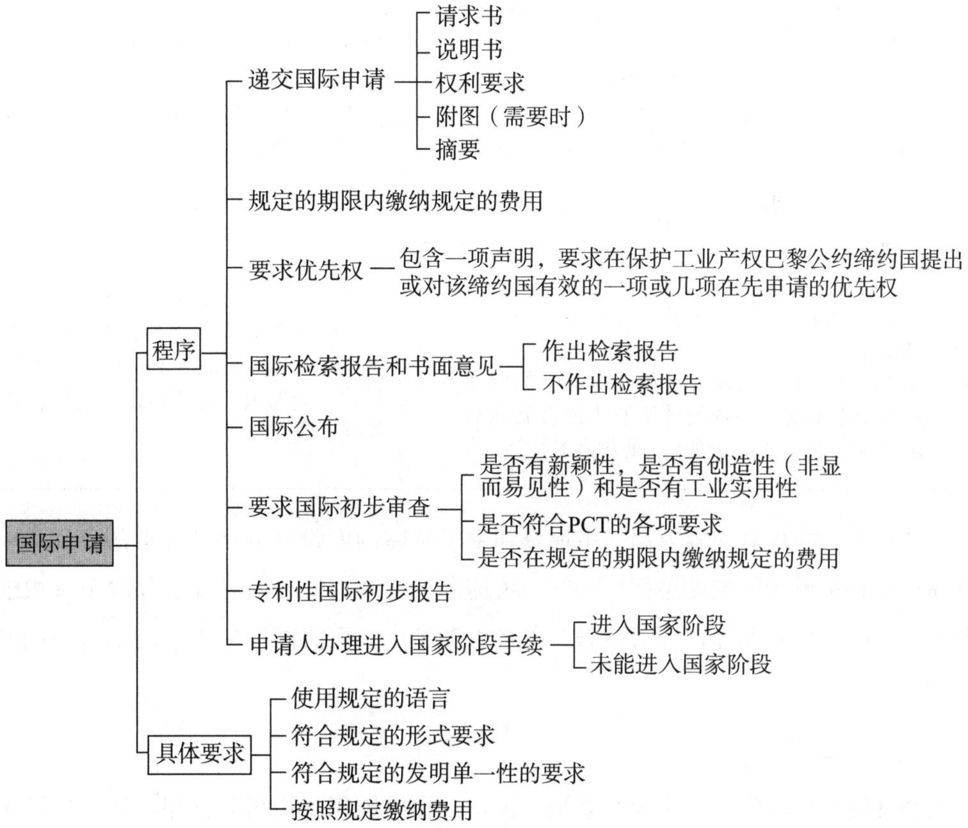

图 15－4　专利的国际申请流程

PCT 国际申请可以解决同一发明创造向多个国家或地区申请专利时，减少申请人和各个专利局重复劳动的问题。利用 PCT 申请途径的优点在于：可以简化提出申请的手续；可以推迟决策时间，准确地投入资金；可以根据国际检索报告和专利性国际初步报告直接进入指定国，以提高效率。

二、权利具体内容

《柬埔寨专利法》和《中国专利法》关于权利具体内容的法律规定对比如下（见表 15－7）。

表 15－7　专利权具体内容比较

内容	《柬埔寨专利法》	《中国专利法》
发明与实用新型	第 41 条　专利所有人以外的人在柬埔寨实施专利发明，应当取得专利所有人的同意。 第 42 条　本法所称实施专利发明，是指下列行为之一： （i）产品被授予专利权的： （a）制造、进口、提供销售、销售和使用该产品； （b）储存该产品以供出售、销售、使用； （ii）已就一种方法获得专利的： （a）实施本条（i）项（a）和（b）项所述的任何行为； （b）直接通过该方法获得产品	第 11 条第 1 款　发明和实用新型专利权被授予后，除本法另有规定的以外，任何单位或者个人未经专利权人许可，都不得实施其专利，即不得为生产经营目的制造、使用、许诺销售、销售、进口其专利产品，或者使用其专利方法以及使用、许诺销售、销售、进口依照该专利方法直接获得的产品
外观设计	第 106 条　本法所称使用已注册的工业品外观设计，是指制造、销售或进口含该工业品外观设计的物品。 第 107 条　工业品外观设计注册项下的权利不得扩展到由工业品外观设计所有人或经其同意在柬埔寨或柬埔寨以外投放市场的物品的行为	第 11 条第 2 款　外观设计专利权被授予后，任何单位或者个人未经专利权人许可，都不得实施其专利，即不得为生产经营目的制造、许诺销售、销售、进口其外观设计专利产品

总体来讲，在权利内容方面，柬埔寨和中国整体制度设计方面是相似的，最主要的区别体现在外观设计的制度层面。同时，柬埔寨关于专利权利内容规定分散于《柬埔寨专利法》发明、实用新型以及外观设计的各个章节中，而我国则集中规定于《中国专利法》第 11 条中。

（一）产品发明专利

柬埔寨发明的权利内容主要是制造、进口、提供销售、销售和使用该产品以及为要约销售而储存该产品；其中，“提供销售”事实上可以理解为《中国专利法》规定的许诺销售，其本质含义是一致的，是做出销售商品的意思表示的行为，如展销。

（二）方法专利

在方法专利规定中，两国有不一致的地方，也有相同的地方。柬埔寨规定的“已就一种方法获得专利的”即是方法专利，其权限与产品专利一致，拥有制造、进口、许诺销售、销售和使用等权利。相较于《中国专利法》将其规定为使用权，柬埔寨在专利法中还规定了制造权。

（三）实用新型

柬埔寨在实用新型一章中，规定较为简略，其章节主要是侧重不同于发明专利的方面，也就是对于发明专利更特殊的地方。其对于实用新型权利方面的规定则采用发明专利的权利规定，与我国是一致的。

（四）外观设计

柬埔寨的法律对于外观设计权利规定主要体现在三项权利中，即制造、销售或进口；中国的外观设计则多了许诺销售这一项权利。

三、法律风险分析及防范

（一）专利取得方面的风险提示

1. 柬埔寨申请书中的摘要仅用于技术信息的目的，在解释保护范围时不应将其考虑在内，故在撰写权利要求书时切勿将重点部分仅写在摘要部分。

2. 发明和实用新型在柬埔寨都需要进行实质审查和形式审查，满足条件即授予专利。这一点与我国不同，我国只有发明专利需要经过实质审查，实用新型和外观设计采取的则是形式审查制度。所以在柬埔寨申请实用新型专利的程序比在我国难。

3. 中国专利在柬埔寨可以通过申请登记的方式获得，但也有需要注意的地方。

根据国家知识产权局发布的《柬埔寨王国关于中华人民共和国专利在柬埔寨登记生效的公告》可知，经中国国家知识产权局授权、在有效期，且申请日在 2003 年 1 月 22 日之后的中国发明专利都具备在柬埔寨生效的资格。有效发明专利在提交生效申请时，需提交登记申请表格、中国国家知识产权局出具的专利说明书和专利登记簿副本以及专利文件英文和高棉语翻译等材料，经柬埔寨工业及手工业部审查合格后即可在柬埔寨获得专利保护，并享有与相应中国专利同样的申请日和保护时限，即从中国申请日起保护 20 年。

根据《柬埔寨王国关于在与中国国家知识产权局开展的外观设计合作框架下加快外

观设计认可登记的规定和流程的公告》可知，已在柬埔寨工业、科技和创新部提交外观设计申请的申请人可使用中国国家知识产权局作出的审查结果，对递交的外观设计申请提出加快认可登记的请求，中国境内有效的发明专利可不经实质审查程序直接在柬埔寨办理登记生效手续，故若想尽快获得登记，可先在中国国内办理相关手续。

对于通过提交申请获得柬埔寨专利保护的情况，中国专利的法律状态也会影响柬埔寨专利的法律状态。如果中国专利因未缴纳年费而权利终止，则柬埔寨相应专利不会受到影响。但是如果中国专利被无效或授权文本发生变化，且在中国所有后续法律救济程序结束后，柬埔寨工业与手工业部将对相应专利进行无效或对授权文本作出相应修改。对于中国专利法律状态的变化，登记生效申请人也有义务告知柬埔寨工业与手工业部。

4. 由于向柬埔寨提交的登记簿副本等文件是中国国家知识产权局官方出具的中英文对照文本，因此，在向中国国家知识产权局提出请求时，需要在备注或理由栏中注明具体用途为在柬埔寨登记生效使用。

（二）专利权利具体内容方面

整体来说，柬埔寨专利权利规定和我国的权利规定基本一致，其主要风险在于以下方面。

1. 提供销售的文义理解有所不同。需要注意提供销售是否等同于中国的许诺销售。我国规定了发明专利和实用新型拥有许诺销售权，而柬埔寨则规定为提供销售，由于语言文化的差距，对于许诺销售适用可能存在差距，故在柬埔寨做广告、在商店橱窗陈列或者在展销会上展出的方式做出销售商品的意思表示时，应当注意柬埔寨对于“提供销售”的理解。

2. 注意柬埔寨与中国关于方法专利的区别。柬埔寨对于方法专利权利与产品专利权利是一致的，这一点和我国侧重于方法专利的使用权不一致。但是对基于方法专利延伸出来的产品相关权利方面，柬中两国是一致的，故应当在注意具体属于方法专利还是方法专利延伸出的产品的相关权利时，避免因为区别错误产生损失。

3. 柬埔寨在外观设计权利规定中没有体现许诺销售这一项权利，做出销售商品的意思表示时应当注意对自己的外观设计专利的保护意识，避免由于做出销售商品的意思表示时导致自己权利受到侵害。

第四节　权利限制

一、客体保护期限

《柬埔寨专利法》和《中国专利法》关于客体保护期限的法律规定对比如下（见表 15－8）。

表 15－8　专利保护期限比较

内容	《柬埔寨专利法》	《中国专利法》
发明专利	第 45 条　专利应在专利申请提交日后 20 年到期	第 42 条第 1 款　发明专利权的期限为 20 年
实用新型	第 73 条　实用新型证书应在提交申请之日后的第 7 年结束时到期，无任何更新的可能性	第 42 条第 1 款　实用新型专利权的期限为 10 年
外观设计	第 109 条　工业外观设计的注册期限为自申请注册之日起 5 年。需要通过支付规定的费用，注册可连续续展两次，为期 5 年。在支付规定的附加费后，应允许延期 6 个月支付续期费	第 42 条第 1 款　外观设计专利权的期限为 15 年，均自申请日起计算

从表 15－8 可以看出，在关于专利保护期限上，同作为 PCT 公约成员国，中国和柬埔寨除了发明的保护期限规定为一致的 20 年之外，关于实用新型、外观设计的保护期限是不一致的。柬埔寨的实用新型保护期限是 7 年，中国的实用新型保护期限是 10 年；柬埔寨外观设计的保护期限是 5 年，可以连续续展两次，也就是 15 年的保护时间，中国的外观设计保护期限直接规定 15 年。当然，如果柬埔寨的外观设计的保护期限通过两次续展，从时间上来看与中国保护时间一致。

二、强制许可制度

《柬埔寨专利法》和《中国专利法》关于强制许可制度的法律规定对比如下（见表 15－9）。

表 15-9　强制许可制度比较

内容	《柬埔寨专利法》	《中国专利法》
公共利益	第 47 条　部长可决定，即使未经专利所有人同意，政府机构或部长指定的第三方也可在下列情况下实施发明： (1) 公共利益，特别是国家安全、营养、健康或国民经济其他重要部门的发展需要	第 54 条　在国家出现紧急状态或者非常情况时，或者为了公共利益的目的，国务院专利行政部门可以给予实施发明专利或者实用新型专利的强制许可
半导体强制许可	第 54 条　半导体技术领域的专利发明的开发只能被授权用于公共非商业用途。 如果司法机构认定专利所有人或其被许可人在半导体领域实施专利发明的方式是反竞争的，部长可签发非自愿许可证以补救这种做法	第 57 条　强制许可涉及的发明创造为半导体技术的，其实施限于公共利益的目的和本法第 53 条第 2 项规定（专利权人行使专利权的行为被依法认定为垄断行为，为消除或者减少该行为对竞争产生的不利影响的）的情形
非充分实施的强制许可	第 56 条　在提交专利申请之日起 4 年或授予专利之日起 3 年（以最后一个期限为准）期满后向部长提出请求时，如果部长确信该专利发明在柬埔寨未被开发或未被充分开发，则可颁发非自愿许可证。 尽管有本条第 1 款的规定，如果专利所有人使部长确信存在不实施或不充分实施专利发明的正当情况，则不得颁发非自愿许可。 第 57 条　颁发非自愿许可证的决定应确定： (i) 许可证的范围和功能； (ii) 被许可人必须开始实施专利发明的期限； (iii) 向专利所有人支付的适当报酬的金额和支付条件	第 53 条　有下列情形之一的，国务院专利行政部门根据具备实施条件的单位或者个人的申请，可以给予实施发明专利或者实用新型专利的强制许可： (1) 专利权人自专利权被授予之日起满 3 年，且自提出专利申请之日起满 4 年，无正当理由未实施或者未充分实施其专利的； (2) 专利权人行使专利权的行为被依法认定为垄断行为，为消除或者减少该行为对竞争产生的不利影响的
“依存专利”强制许可	第 59 条　如果在后一项专利中要求权利的发明涉及与在先专利中要求权利的发明相比具有相当经济意义的重要技术进步，部长可根据在后一项专利所有人的请求，在必要的程度上颁发非自愿许可，以避免侵犯在先专利。 第 60 条　如果根据本法第 59 条颁发了非自愿许可证，部长应在先专利所有人的请求，应就后一专利颁发非自愿许可	第 56 条　一项取得专利权的发明或者实用新型比前已经取得专利权的发明或者实用新型具有显著经济意义的重大技术进步，其实施又有赖于前一发明或者实用新型的实施的，国务院专利行政部门根据后一专利权人的申请，可以给予实施前一发明或者实用新型的强制许可。 在依照前款规定给予实施强制许可的情形下，国务院专利行政部门根据前一专利权人的申请，也可以给予实施后一发明或者实用新型的强制许可

续表

内容	《柬埔寨专利法》	《中国专利法》
公共健康强制许可	无	第55条　为了公共健康目的，对取得专利权的药品，国务院专利行政部门可以给予制造并将其出口到符合中华人民共和国参加的有关国际条约规定的国家或者地区的强制许可

强制许可制度的合理性来源于知识产权制度的利益平衡原则，是为了防止专利权人滥用专利权阻碍技术进步和损害公共利益。

1. 在公共利益方面。柬埔寨将国家安全、营养、健康纳入公共利益中，中国主要是侧重于紧急状态或非常时期。

2. 两国都有关于半导体强制许可的规定。柬埔寨认为司法机构认定专利所有人或其被许可人在半导体领域实施专利发明的方式是反竞争的即可采取强制许可，中国对于半导体的强制许可的判断需要结合第53条进行判断。

3. 非充分实施的强制许可方面，柬埔寨和中国的不一致之处在于，柬埔寨认为可以在授予日后3年或申请日后4年的最后一个时间来确定，中国则要求授予日后3年和申请日后4年的时间同时满足。柬埔寨规定了强制许可证的范围和功能、被许可人必须开始实施专利发明的期限以及向专利所有人支付的适当报酬的金额和支付条件等内容，但是中国没有规定。

4. 在“依存专利”强制许可方面，两国都要求后一申请人先进行申请才能颁发强制许可，柬埔寨没有对实用新型纳入该种强制许可的范围，中国对实用新型也可以进行“依存专利”的强制许可。

5. 柬埔寨没有单独关于公共健康强制许可的法条规定。从我国公共健康强制许可制度的内容看，这是我国作为大国体现的国际义务，因此，柬埔寨没有规定这项内容也在情理之中。

三、不视为侵权的行为

《柬埔寨专利法》和《中国专利法》关于不视为侵权的行为的法律规定对比如下（见表15－10）。

表 15－10　不视为侵权的行为的规定比较

《柬埔寨专利法》	《中国专利法》
第 44 条　专利权不得扩展至： (i) 对已投放市场的物品采取的行动，柬埔寨或柬埔寨以外的所有者专利或征得他的同意； (ii) 在其他国家的飞机、陆地车辆或船只上使用物品临时或意外进入领空、领土或水域柬埔寨的； (iii) 仅出于与专利相关的实验目的而进行的行为发明； (iv) 任何人在申请前出于善意实施的行为，在要求优先权的情况下，申请的优先权日获得专利并在柬埔寨使用发明或正在为这种使用做有效和认真的准备	第 75 条　有下列情形之一的，不视为侵犯专利权： (1) 专利产品或者依照专利方法直接获得的产品，由专利权人或者经其许可的单位、个人售出后，使用、许诺销售、销售、进口该产品的； (2) 在专利申请日前已经制造相同产品、使用相同方法或者已经作好制造、使用的必要准备，并且仅在原有范围内继续制造、使用的； (3) 临时通过中国领陆、领水、领空的外国运输工具，依照其所属国同中国签订的协议或者共同参加的国际条约，或者依照互惠原则，为运输工具自身需要而在其装置和设备中使用有关专利的； (4) 专为科学研究和实验而使用有关专利的； (5) 为提供行政审批所需要的信息，制造、使用、进口专利药品或者专利医疗器械的，以及专门为其制造、进口专利药品或者专利医疗器械的

从表 15－10 可以看出，关于不视为侵权的行为，同作为 PCT 公约成员国，中国和柬埔寨绝大多数规定都是一致的，有一些细小区别，归纳如下。

《中国专利法》第 75 条规定了“不视为侵犯专利权”的五种情形。这些情形从表面看来都是未经许可就实施的行为，《中国专利法》将这些行为界定为不构成对专利权的侵犯。具体而言，将专利权用尽后的特定实施行为、先用权人的特定实施行为、临时过境的外国运输工具对专利的使用、将专利作为科学研究和实验对象使用、为提供行政审批信息使用或提供专利药品或医疗器械均界定为不视为侵犯专利权的行为。

《柬埔寨专利法》将专利权用尽后实施的特定行为，临时过境的外国运输工具对专利的使用，将专利作为科学研究和实验对象使用申请优先权或正在准备申请优先权的情形视为不侵犯专利权，其范围要小很多。

四、法律风险分析及防范

（一）客体保护期限的风险提示

根据《柬埔寨王国关于中华人民共和国专利在柬埔寨登记生效的公告》与《柬埔寨王国关于在与中国国家知识产权局开展的外观设计合作框架下加快外观设计认可登记的规定和流程的公告》可知，事实上，中国的专利可通过向柬埔寨提交登记申请表格等材料，经柬埔寨工业及手工业部审查合格后即可在柬埔寨获得专利保护，并享有与相应中国专利同样的申请日和保护时限。

如果申请人首次是通过柬埔寨申请，会导致保护期相较于中国更短，而且不一定能够获得中国法律保护。如需获得中国专利保护，也需要根据我国法律提出申请并经过法定流程，如果符合我国法律的规定，才能获得授权。这个过程非常复杂。

基于上述原因，建议企业可以先向中国提交专利申请，获得专利之后迅速通过向柬埔寨提交登记申请的方式来防范风险。尤其是对于外观设计，务必注意有两次续展时间以及相关流程问题。

（二）强制许可规定的提示

1. 公共利益强制许可的提示。柬埔寨对于公共利益的保护门槛相较于中国更低，现阶段柬埔寨的经济发展水平较为落后，通过《柬埔寨专利法》第 47 条“公共利益，特别是国家安全、营养、健康或国民经济其他重要部门的发展需要”规定可知，其更侧重于营养，健康等方面，存在强制许可的门槛较低，导致专利易受强制许可的影响。对此，可以通过进入柬埔寨之前提前调查相关领域的公共政策，避免受到公共利益的强制许可来规避风险。

2. 整体来看，柬埔寨在强制许可制度方面的保护事实上是较为宽泛的，规定较为模糊，这会在进行被强制许可时自由裁量权过大。

（三）不视为侵权的行为的法律风险提示

前文已述，在不视为侵权的行为的规定上，柬埔寨的范围要比我国小得多，也就是说，企业在我国的一些不被视为侵权的行为，在柬埔寨就不一定了。比如，柬埔寨没有规定“为提供行政审批所需要的信息，制造、使用、进口专利药品或者专利医疗器械的，以及专门为其制造、进口专利药品或者专利医疗器械的不视为侵犯专利权的行为”，所以，在柬埔寨的专利保护中，药品、专利医疗器械等都是要特别关注的类型。

第五节　权 利 保 护

一、侵权行为和救济途径

《柬埔寨专利法》和《中国专利法》关于侵权行为和救济途径的法律规定对比如下（见表 15 - 11）。

表 15－11　侵权行为和救济途径的规定比较

《柬埔寨专利法》	《中国专利法》
第 43 条　专利所有人有权对未经其同意而对产品发明实施制造、进口、许诺销售、销售和使用；储存此类产品以供出售、销售或使用的任何人或可能发生侵权行为的任何人提起诉讼。 专利所有人有权对未经其同意而使用该方法，对使用该方法获得的产品进行制造、进口、许诺销售、销售和使用；储存此类产品以供出售、销售或使用的任何人或可能发生侵权行为的任何人提起诉讼。 第 108 条　工业品外观设计的注册所有人有权对未经其同意而实施制造、销售或进口包含该工业品外观设计的物品或可能发生侵权行为的任何人提起法院诉讼。 第 124 条　工业部根据本法作出的任何决定，特别是授予专利或授予实用新型证书或工业外观设计注册，或拒绝此类授予或注册申请，任何利害关系方可向主管法院提出起诉，且此类上诉应在作出决定之日起 3 个月内提出	第 11 条　发明和实用新型专利权被授予后，除本法另有规定的以外，任何单位或者个人未经专利权人许可，都不得实施其专利，即不得为生产经营目的制造、使用、许诺销售、销售、进口其专利产品，或者使用其专利方法以及使用、许诺销售、销售、进口依照该专利方法直接获得的产品。 外观设计专利权被授予后，任何单位或者个人未经专利权人许可，都不得实施其专利，即不得为生产经营目的制造、许诺销售、销售、进口其外观设计专利产品。 第 65 条　未经专利权人许可，实施其专利，即侵犯其专利权，引起纠纷的，由当事人协商解决；不愿协商或者协商不成的，专利权人或者利害关系人可以向人民法院起诉，也可以请求管理专利工作的部门处理。管理专利工作的部门处理时，认定侵权行为成立的，可以责令侵权人立即停止侵权行为，当事人不服的，可以自收到处理通知之日起 15 日内依照《行政诉讼法》向人民法院起诉；侵权人期满不起诉又不停止侵权行为的，管理专利工作的部门可以申请人民法院强制执行。进行处理的管理专利工作的部门应当事人的请求，可以就侵犯专利权的赔偿数额进行调解；调解不成的，当事人可以依照《民事诉讼法》向人民法院起诉

从表 15－11 的规定可以看到，关于专利侵权行为和救济途径，同作为 PCT 的成员国，中国和柬埔寨规定几乎一致，有一些细小区别归纳如下。

《柬埔寨专利法》和《中国专利法》都规定任何单位或者个人未经专利权人许可，都不得实施其专利。柬中两国专利法对发明和实用新型所规定的侵权行为是一致的，但在工业外观设计上，《柬埔寨专利法》仅规定了制造、销售、进口三类权利，没有许诺销售权。

《柬埔寨专利法》规定，未经专利人同意而实施了规定的专利独占权行为的，专利权人有权提起诉讼。同时，《柬埔寨专利法》第 124 条规定，对于侵权行为，任何利害关系人可以提起诉讼。

《中国专利法》规定，侵犯专利权而引起纠纷的，除了可以由专利权人和利害关系人向法院提起诉讼外，还可以由当事人协商解决或请求专利行政工作部门处理。

二、行为禁令

《柬埔寨专利法》第126条规定，应专利权人或被许可人的请求（请求专利所有权人提起诉讼而专利所有权人拒绝起诉），主管法院可授予禁令，以防止侵权发生或制止即将发生的侵权行为。主管法院可以判决损害赔偿金，并决定法律规定的其他任何补救措施。针对侵权行为，法院可以判决一定数额的赔偿金或法律规定的其他补救措施。专利所有权人或被许可人（请求专利所有权人提起诉讼而专利所有权人拒绝起诉）可以请求主管法院授予禁令以防止侵权发生或制止即将发生的侵权行为。这与《中国专利法》的规定基本一致。

三、法律风险分析及防范

1. 关于外观设计的专有权。在柬埔寨，外观设计的专有权有制造权、销售权、进口权，凡是未经许可实施这些权利均属侵权。换言之，柬埔寨的工业设计没有规定许诺销售权，所以在柬埔寨许诺销售包含该工业品外观设计的物品并不构成侵权。因此，专利权人要准确把握法定的权利类型，防止判断错误贸然提起诉讼。

2. 关于起诉维权的主体问题。《柬埔寨专利法》第126条明确指出，在柬埔寨发生专利侵权或即将发生专利侵权时，专利所有人才是提起诉讼的主体，利害关系人（被许可人）只有在请求专利权人提起诉讼而专利权人拒绝起诉的时候才有可能成为诉讼主体。因此，可以在签订许可合同时，在合同条款中对专利所有权人的协助起诉义务加以明确，否则可以要求其承担违约责任。

第六节　法律责任

一、民事责任

《柬埔寨专利法》和《中国专利法》关于民事责任的法律规定对比如下（见表15－12）。

表 15－12　民事责任比较

《柬埔寨专利法》	《中国专利法》
第 126 条　应专利权人或被许可人的请求（请求专利所有权人提起诉讼而专利所有权人拒绝起诉），主管法院可授予禁令，以防止侵权发生或制止即将发生的侵权行为。主管法院可以判决损害赔偿金，并决定法律规定的其他任何补救措施。针对侵权行为，法院可以判决一定数额的赔偿金或法律规定的其他补救措施	第 71 条　侵犯专利权的赔偿数额按照权利人因被侵权所受到的实际损失或者侵权人因侵权所获得的利益确定；权利人的损失或者侵权人获得的利益难以确定的，参照该专利许可使用费的倍数合理确定。对故意侵犯专利权，情节严重的，可以在按照上述方法确定数额的 1 倍以上 5 倍以下确定赔偿数额。 权利人的损失、侵权人获得的利益和专利许可使用费均难以确定的，人民法院可以根据专利权的类型、侵权行为的性质和情节等因素，确定给予 3 万元以上 500 万元以下的赔偿。 赔偿数额还应当包括权利人为制止侵权行为所支付的合理开支。 人民法院为确定赔偿数额，在权利人已经尽力举证，而与侵权行为相关的账簿、资料主要由侵权人掌握的情况下，可以责令侵权人提供与侵权行为相关的账簿、资料；侵权人不提供或者提供虚假的账簿、资料的，人民法院可以参考权利人的主张和提供的证据判定赔偿数额

《柬埔寨专利法》规定，对于侵权行为的民事责任承担，法院可以判决一定数额的赔偿金或法律规定的其他补救措施，但具体数额有待进一步考察。

相比于柬埔寨，我国在这个问题上规定得比较翔实。我国对于专利侵权行为的民事责任承担方式沿袭民法的规定，具体而言，有停止侵权和赔偿损失，其中赔偿损失规定在《中国专利法》第 71 条，分为补偿性赔偿、惩罚性赔偿和法定赔偿。对于侵权行为，侵权人应当赔偿。补偿性赔偿是使权利人的状况恢复到侵权行为发生之前，赔偿数额按照权利人因被侵权所受到的实际损失或侵权人因侵权所获得的利益（违法所得）确定，权利人的损失或侵权人获得的利益（违法所得）难以确定的，参照许可使用费用或其倍数合理的确定。惩罚性赔偿是针对故意侵害知识产权的惩罚性赔偿机制，对故意侵犯专利权的，情节严重的，可以按照补偿性赔偿的方法确定数额的 1 倍以上 5 倍以下予以赔偿。法定赔偿是在法院无法确定权利人损失时酌情判令侵权人支付法定赔偿金，即权利人的损失、侵权人获得的利益和专利许可使用费均难以确定的，人民法院可以根据专利权的类型、侵权行为的性质和情节等因素，确定给予 3 万元以上 500 万元以下的赔偿。

二、刑事责任

《柬埔寨专利法》和《中国专利法》关于刑事责任的法律规定对比如下（见表 15－13）。

表 15－13　刑事责任比较

《柬埔寨专利法》	《中国专利法》
第 132 条　任何人在提交给注册官的任何文件中作出虚假陈述，即属犯罪，可处以 100 万瑞尔至 500 万瑞尔的罚款或 1 个月至 6 个月的监禁，或两者兼施。自上一次定罪之日起 5 年内再犯的应加倍罚款和监禁。 第 133 条　任何人故意实施本法规定的侵权行为，即构成犯罪，可处以 500 万瑞尔至 2000 万瑞尔的罚款或 1 年至 5 年的监禁，或两者兼施。自上一次定罪之日起 5 年内再犯的应加倍罚款和监禁	第 68 条　假冒专利的，除依法承担民事责任外，由负责专利执法的部门责令改正并予公告，没收违法所得，可以处违法所得 5 倍以下的罚款；没有违法所得或者违法所得在 5 万元以下的，可以处 25 万元以下的罚款；构成犯罪的，依法追究刑事责任

《柬埔寨专利法》将在提交注册的文件中作出的虚假陈述、故意实施侵权行为都认定为犯罪，可以对行为人处以罚款或监禁。

《中国专利法》没有将在提交注册的文件中作出的虚假陈述、故意实施侵权行为认定为犯罪，但中国规定了假冒专利的刑事责任。

从上述规定可以看出，《柬埔寨专利法》对侵犯专利权的行为规定了民事责任和刑事责任，《中国专利法》对侵犯专利权的行为规定了民事责任和行政责任，而没有规定侵犯专利权罪。这是因为，我国的专利制度规定了专利无效宣告程序，通过申请的专利存在被判定无效的风险，如果规定了侵犯专利权罪，犯罪嫌疑人理应有提出专利无效的权利。专利无效程序启动后还可能引发行政诉讼，导致整个诉讼周期十分漫长。那么一旦规定了该项罪名，冗长的程序将导致犯罪嫌疑人被羁押的时间可能因此被无限期延长，这是我国没有规定侵犯专利罪的原因。①

三、制裁措施

《柬埔寨专利法》第 134 条规定，认定有本法规定的犯罪行为的，主管法院可以责令侵权货物作为国有资产予以扣押，并销毁侵权货物以及主要用于犯罪行为的材料和

① 参见王迁：《知识产权法教程》（第 7 版），中国人民大学出版社 2021 年版，第 485 页。

工具。

四、法律风险分析及防范

1. 侵权行为要承担赔偿金。《柬埔寨专利法》规定侵犯专利权的法院可以判决一定数额的赔偿金，故不论是专利权人自身权利被侵犯还是侵犯他人专利权，赔偿数额都具有不可预见性。

2. 要特别注意提交注册的文件的真实性。《柬埔寨专利法》对提交注册的文件中作出的虚假陈述、侵犯专利权的行为规定了监禁和罚款两种惩罚方式，在柬埔寨申请专利时应当确保提交文件的真实性，在实施专利前应确保已经获得明确的授权，否则将有可能承担刑事责任。

同时，若被认定提交注册的文件中存在虚假陈述或侵犯专利权，法院有可能扣押、销毁侵权货物和用于犯罪的材料和工具。此时，应当积极配合法院的工作，及时与法院沟通，避免非侵权货物和非用于犯罪行为的材料和工具被错误地销毁和扣押。

3. 承担刑事责任的风险较大。《柬埔寨专利法》对于侵犯专利权规定了民事责任和刑事责任，而并未规定行政责任。因此，在出现侵犯专利权行为时极易被处以刑事责任，这一点导致投资人的风险较大。

第十六章　柬埔寨商标法风险解读

柬埔寨用于规制注册商标的法律全称为《柬埔寨王国商标、商号和不正当竞争行为法》（以下简称《柬埔寨商标法》）共16章72条，颁布于2002年并沿用至今。《中国商标法》共8章73条，颁布于1982年，现行法律制度是2019年修订的版本。

《柬埔寨商标法》16个章节分别为：总则、登记和注册授予的权利、无效和撤销、集体商标、商标许可、商号、不正当竞争行为、侵权和救济、临时措施、边境措施、所有权变更、商标注册簿的维护、代理人、国际条约的适用和解释、处罚以及最终条款。《中国商标法》8个章节分别为：总则，商标注册的申请，商标注册的审查和核准，注册商标的续展、变更、转让和使用许可，注册商标的无效宣告，商标使用的管理，注册商标专用权的保护，附则。从总的结构框架来看，《柬埔寨商标法》采用的是大而全的立法体例，比如，集体商标、商号、不正当竞争行为、边境措施、国际条约的适用和解释等内容都直接规定，而我国相关内容则通过其他法律或者配套法规规章予以规定。

柬埔寨于1999年加入《保护工业产权巴黎公约》（以下简称《巴黎公约》），又在2015年加入《马德里国际商标注册马德里议定书》（以下简称《马德里协定》）。而我国在1985年便加入了《巴黎公约》，随后，又于1989年加入《马德里协定》。中柬同作为《巴黎公约》以及《马德里协定》的成员国，在商标立法的规定上仍有所区别。下面将根据图16－1的思路，通过法律规定、条文解读、模拟实际应用的方式，来挖掘在柬埔寨注册商标、使用商标、维护商标以及责任承担四个阶段的潜在风险，并提供防范思路。

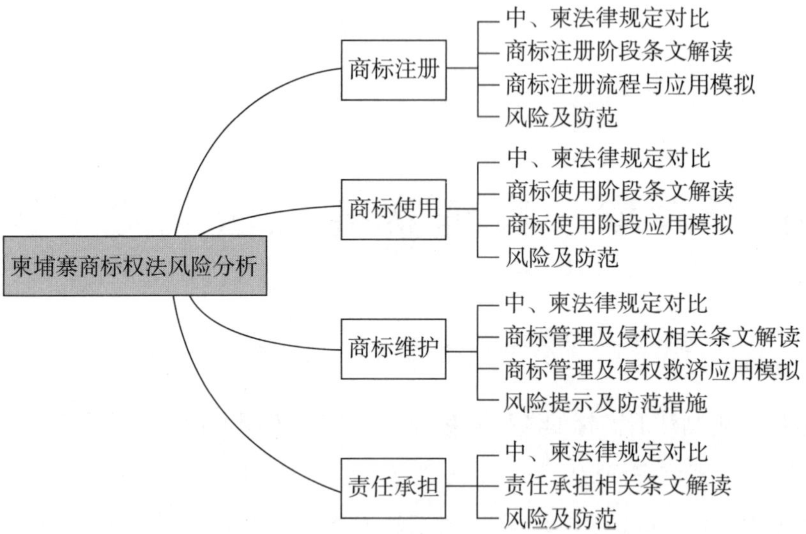

图 16－1　柬埔寨商标权法风险分析思维导图

第一节　注 册 阶 段

一、法律规定对比

《柬埔寨商标法》与《中国商标法》在注册阶段的法律规定对比如表 16－1 所示。

表 16－1　商标注册阶段法律规定对比

内容	《柬埔寨商标法》	《中国商标法》
商标构成要素	第 2 条第（a）款　“标志”是指能够区分企业商品（商标）或服务（服务标志）的任何可见标志	第 8 条　任何能够将自然人、法人或者其他组织的商品与他人的商品区别开的标志，包括文字、图形、字母、数字、三维标志、颜色组合和声音等，以及上述要素的组合，均可以作为商标申请注册
代理人	第 58 条　申请人的永久居住地或主要营业地位于柬埔寨王国以外的，需由柬埔寨王国境内居住和从事代理业务的代理人代表。 第 59 条　在柬埔寨商标注册申请中担任代表的代理人应具备《商务部声明》规定的足够资格	第 18 条第 2 款　外国人或者外国企业在中国申请商标注册和办理其他商标事宜的，应当委托依法设立的商标代理机构办理

续表

内容	《柬埔寨商标法》	《中国商标法》
形式审查	第 8 条　收到申请后，注册机关应当： （a）审核申请注册手续是否齐全； （b）审核并确定该商标是否符合商标构成要素，并是否存在实质审查中不予注册的情形，但不主动审查他人的在先权利。 第 10 条第（b）款　如果不符合实质审查或者形式审查的要求，申请人可在收到注册处的书面通知后 45 天内修改申请。如果在此期间内申请人没有做出积极回应，注册处将拒绝该申请	第 28 条　对申请注册的商标，商标局应当自收到商标注册申请文件之日起 9 个月内审查完毕，符合本法有关规定的，予以初步审定公告。 第 29 条　在审查过程中，商标局认为商标注册申请内容需要说明或者修正的，可以要求申请人做出说明或者修正。申请人未做出说明或者修正的，不影响商标局做出审查决定
实质审查	第 4 条　商标不能有效注册： （a）如果它无法区分一个企业的商品或服务与其他企业的商品或服务； （b）如果它违反公共秩序或道德或良好习惯； （c）如果它可能误导公众或商业界，特别是关于商品或服务的地理来源或其性质或特征； （d）如果它与任何国家、政府间组织或国际公约所创建的任何组织采用的纹章、旗帜和其他象征、名称或缩写或首字母缩写、官方标志或商标相同，或是其模仿或者包含其中的元素，除非获得该国家或该组织的主管当局授权； （e）如果该商标与柬埔寨王国为另一企业的相同或类似商品或服务而熟知的商标或商号相同或混淆相似，或构成该商标或商号的翻译； （f）如果它与柬埔寨王国已知并注册的为不同的商品或服务提供服务的标记或商标名称完全相同或混淆相似，但使用该标记与这些商品或服务相关会暗示存在某种联系，这会损害已知商标所有者的利益；或 （g）如果它与已注册的不同所有者的商标标志相同，或与在相同商品或密切相关商品或服务方面具有先前申请或优先权日期的商标标志相同，或者它与这样一个商标标志如此相似，以至于可能会欺骗或引起混淆	第 9 条第 1 款　申请注册的商标，应当有显著特征，便于识别，并不得与他人在先取得的合法权利相冲突。 第 10 条　下列标志不得作为商标使用： （1）同中华人民共和国的国家名称、国旗、国徽、国歌、军旗、军徽、军歌、勋章等相同或者近似的，以及同中央国家机关的名称、标志、所在地特定地点的名称或者标志性建筑物的名称、图形相同的； （2）同外国的国家名称、国旗、国徽、军旗等相同或者近似的，但经该国政府同意的除外； （3）同政府间国际组织的名称、旗帜、徽记等相同或者近似的，但经该组织同意或者不易误导公众的除外； （4）与表明实施控制、予以保证的官方标志、检验印记相同或者近似的，但经授权的除外； （5）同“红十字”“红新月”的名称、标志相同或者近似的； （6）带有民族歧视性的； （7）带有欺骗性，容易使公众对商品的质量等特点或者产地产生误认的； （8）有害于社会主义道德风尚或者有其他不良影响的。 县级以上行政区划的地名或者公众知晓的外国地名，不得作为商标。但是，地名具有其他含义或者作为集体商标、证明商标组成部分的除外；已经注册的使用地名的商标继续有效。 第 11 条　下列标志不得作为商标注册： （1）仅有本商品的通用名称、图形、型号的； （2）仅直接表示商品的质量、主要原料、功能、用途、重量、数量及其他特点的； （3）其他缺乏显著特征的。 前款所列标志经过使用取得显著特征，并便于识别的，可以作为商标注册。

续表

内容	《柬埔寨商标法》	《中国商标法》
		第12条 以三维标志申请注册商标的，仅由商品自身的性质产生的形状、为获得技术效果而需有的商品形状或者使商品具有实质性价值的形状，不得注册。 第13条第2、3款 就相同或者类似商品申请注册的商标是复制、摹仿或者翻译他人未在中国注册的驰名商标，容易导致混淆的，不予注册并禁止使用。 就不相同或者不相类似商品申请注册的商标是复制、摹仿或者翻译他人已经在中国注册的驰名商标，误导公众，致使该驰名商标注册人的利益可能受到损害的，不予注册并禁止使用
重要事项变更	第5条 (a) 商标注册申请，申请人地址变更备案申请以及使用或不使用声明的背书申请应提交给商务部。商标注册申请应包括请求、商标复制品以及所请求注册该商标的商品或服务清单，根据附件中提到的适用国际分类的类别或类别列出。 (b) 申请商标注册、地址变更备案以及证明使用或不使用的附言，应遵守经济财政部和商务部联合声明中提到的规定的申请费用	第41条 注册商标需要变更注册人的名义、地址或者其他注册事项的，应当提出变更申请
申请优先权	第6条 商标注册的优先权应根据以下条件授予： (a) 申请人可以通过在申请中附上要求申请人或其在先权利人提交的在先国家或地区申请优先权的声明来要求申请优先权。 (b) 上述声明的效力应按照《巴黎公约》的规定进行	第25条 商标注册申请人自其商标在外国第一次提出商标注册申请之日起6个月内，又在中国就相同商品以同一商标提出商标注册申请的，依照该外国同中国签订的协议或者共同参加的国际条约，或者按照相互承认优先权的原则，可以享有优先权。 依照前款要求优先权的，应当在提出商标注册申请的时候提出书面声明，并且在3个月内提交第一次提出的商标注册申请文件的副本；未提出书面声明或者逾期未提交商标注册申请文件副本的，视为未要求优先权。 第26条 商标在中国政府主办的或者承认的国际展览会展出的商品上首次使用的，自该商品展出之日起6个月内，该商标的注册申请人可以享有优先权。 依照前款要求优先权的，应当在提出商标注册申请的时候提出书面声明，并且在3个月内提交展出其商品的展览会名称、在展出商品上使用该商标的证据、展出日期等证明文件；未提出书面声明或者逾期未提交证明文件的，视为未要求优先权

续表

内容	《柬埔寨商标法》	《中国商标法》
相同或近似商标的认定原则	第9条　(a) 若有两个或两个以上的商标申请，它们涉及相同或相似的商标，并且将用于相同或相似的商品或服务，但是这些申请被分别提交于不同的日期，注册机构有权决定是否允许注册该商标，必须在规定的程序下申请确定申请人的权利或在经过其认可的方式下达成协议来解决； (b) 在同一天提交两个或两个以上与相同或类似商品或服务上使用的相同或近似商标有关的商标申请的，只有在所有申请人相互协商后达成一致的情况下一个申请人才有资格获得商标的注册	第31条　两个或者两个以上的商标注册申请人，在同一种商品或者类似商品上，以相同或者近似的商标申请注册的，初步审定并公告申请在先的商标；同一天申请的，初步审定并公告使用在先的商标，驳回其他人的申请，不予公告
异议申请	第10条第(c)(d)(e)款　(c) 在官方公报发布之日起90天内，任何利害关系人都可以按照规定的方式向注册局发出反对商标注册的通知，理由是满足以下一项或多项要求：不符合法定的商标构成要素、存在法定商标不予注册的情形、注册手续提交不齐全或者程序不当。 (d) 注册局应立即将此类通知副本发送给申请人，并在规定期限和规定方式内，申请人应向注册局发送一个反驳申请的依据声明；如果他未能这样做，他将被视为放弃了注册。 (e) 如果申请人发送反驳声明，注册人应向提出反对通知的人提供副本，并在听取当事人的意见后进行决定，如果当事人希望发表意见并考虑案件的合法性，应决定注册标记是否合法	第33条　对初步审定公告的商标，自公告之日起3个月内，在先权利人、利害关系人认为违反本法第13条第2款和第3款、第15条、第16条第1款、第30条、第31条、第32条规定的，或者任何人认为违反本法第4条、第10条、第11条、第12条、第19条第4款规定的，可以向商标局提出异议。公告期满无异议的，予以核准注册，发给商标注册证，并予公告。 第35条　对初步审定公告的商标提出异议的，商标局应当听取异议人和被异议人陈述事实和理由，经调查核实后，自公告期满之日起12个月内做出是否准予注册的决定，并书面通知异议人和被异议人。有特殊情况需要延长的，经国务院工商行政管理部门批准，可以延长6个月。 商标局做出准予注册决定的，发给商标注册证，并予公告。异议人不服的，可以依照本法第44条、第45条的规定向商标评审委员会请求宣告该注册商标无效。 商标局做出不予注册决定，被异议人不服的，可以自收到通知之日起15日内向商标评审委员会申请复审。商标评审委员会应当自收到申请之日起12个月内做出复审决定，并书面通知异议人和被异议人。有特殊情况需要延长的，经国务院工商行政管理部门批准，可以延长6个月。被异议人对商标评审委员会的决定不服的，可以自收到通知之日起30日内向人民法院起诉。人民法院应当通知异议人作为第三人参加诉讼。

续表

内容	《柬埔寨商标法》	《中国商标法》
		商标评审委员会在依照前款规定进行复审的过程中，所涉及的在先权利的确定必须以人民法院正在审理或者行政机关正在处理的另一案件的结果为依据的，可以中止审查。中止原因消除后，应当恢复审查程序
核准注册	第10条第（a）款　当注册官发现符合商标注册的形式要件及实质要件并有明确唯一的申请人，他应予以注册商标，向申请人发放注册证书，在商务部公报	第33条　对初步审定公告的商标，自公告之日起3个月内，在先权利人、利害关系人认为违反本法第13条第2款和第3款、第15条、第16条第1款、第30条、第31条、第32条规定的，或者任何人认为违反本法第4条、第10条、第11条、第12条、第19条第4款规定的，可以向商标局提出异议。公告期满无异议的，予以核准注册，发给商标注册证，并予公告
违反诚实信用原则	第63条　在提交的关于商标、商号或商标许可证的注册申请、注册修改、注册续期或注册注销的申请、异议或其他文件中，向注册官作出虚假陈述的，处500万瑞尔以下的罚款，或判处1～6个月监禁，或两者兼施	第68条第4款　对恶意申请商标注册的，根据情节给予警告、罚款等行政处罚；对恶意提起商标诉讼的，由人民法院依法给予处罚

二、法律解读

通过对比表16－1的规定发现，总体来说，中国和柬埔寨同作为《巴黎公约》的成员国，关于商标注册阶段的规定绝大部分是一致的，只有一些细小区别，归纳如下。

（一）商标构成要素

可视性为柬埔寨目前法定的商标构成要素之一，而可视性并非我国商标的必要构成要素。依据《中国商标法》第8条的规定，声音在我国也可以作为商标注册。商标要在柬埔寨获得有效注册，也需要具备一定的显著性，并且，显著性要达到能够与其他企业的商品或服务区分开来的程度。

（二）实质审查

柬埔寨与我国针对商标不予注册的情形绝大部分存在重合，但《中国商标法》第10条规定的商标不仅不得被注册，同时还禁止这类商标的使用，我国的规定显然比柬埔寨的规定严格。

(三) 商标注册申请书

在柬埔寨申请注册商标可以背书说明是否使用商标，而我国对于商标是否使用并不要求在申请书中注明。

(四) 代理人

在柬埔寨，就算有经常住所地但没有经营场所的外国申请人也必须委托代理人代为办理商标注册申请，只有在柬埔寨有永久居住地或者经营场所的申请人才能独立办理商标注册申请。但在我国，有经常居住地的外国人可以独立办理商标注册申请。

(五) 申请人认定

针对两个或两个以上申请人就相同或近似商标使用于相同或类似商品或服务上的申请，我国采取申请在先原则为主、使用在先原则为补充的认定机制，而《柬埔寨商标法》未直接规定使用商标在先的申请人可以优先获得申请准许。

(六) 公告程序

柬埔寨的商标注册申请通过审查程序之后才会进行公告，在审查期间不能提出异议，而我国则是在初步审定阶段就会对商标进行公告，在此期间，在先权利人和利害关系人都可以提出异议。

(七) 违反诚实信用原则

《柬埔寨商标法》对商标申请注册过程以及后续使用过程中作出的虚假陈述行为规定了严厉的制裁措施，《中国商标法》也对恶意申请商标注册的行为作了处罚规定，无论是虚假陈述还是恶意注册，都是违反诚实信用原则的表现。相比之下，柬埔寨的制裁措施更为严厉，我国未将恶意注册商标纳入刑事处罚的范围。

三、应用模拟

在我国登记设立的甲公司，为了在境外进行品牌建设，欲在柬埔寨开拓市场，遂计划将其名下的商标在柬埔寨境内申请注册（见图 16－2）。

1. 甲公司可根据自身经营战略决定是否在柬埔寨设立经营场所，若在柬埔寨无经营场所，则需委托代理人代为办理商标注册申请（见图 16－3）。需注意的是，甲公司在申请书中应当背书注明是否使用商标。

2. 甲公司欲在柬埔寨申请注册的商标如果在 6 个月内曾在中国或者其他《巴黎公约》成员国先行注册过，则可以依据《巴黎公约》的优先权条款申请优先权，申请时需附上优先权声明。

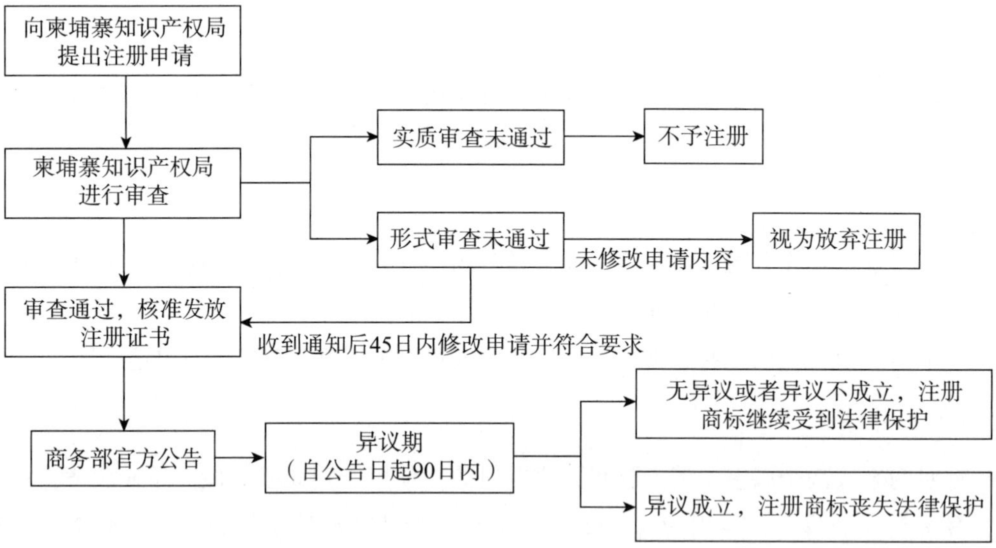

图 16－2　在柬埔寨境内申请商标注册流程

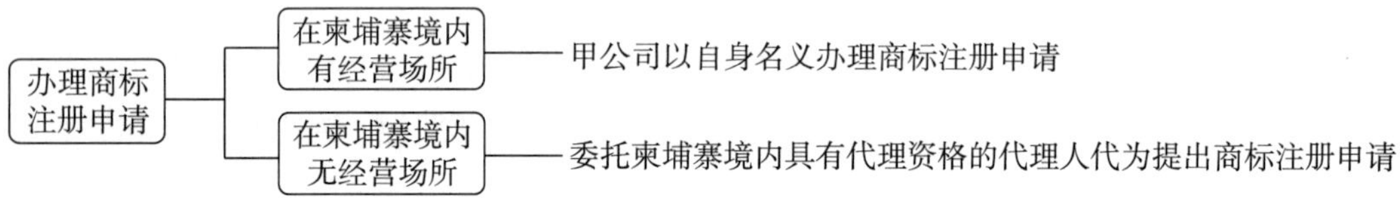

图 16－3　在柬埔寨有无经营场所对办理商标注册的影响

3. 甲公司在柬埔寨申请注册商标时，其他一个或者数个申请人与甲公司就相同或者近似的商标在相同或者类似的商品类别上共同提出注册申请，则柬埔寨知识产权局将根据甲公司与其他申请人提交注册申请的时间先后顺序决定受理哪一位申请人的注册申请（见图 16－4）。

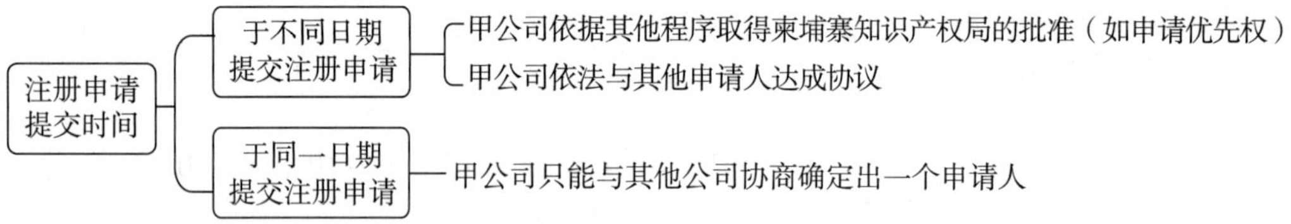

图 16－4　在先申请原则的运用

4. 当商标注册进入审核阶段以后，若形式要件不符合《柬埔寨商标法》第 8 条的要求，甲公司应在收到通知后的 45 日内对注册申请作出相应的修改，否则，该注册申请会被拒绝。

5. 甲公司的商标获得有效注册后，官方才会进行公告。自公告发布之日起 90 日内，任何利害关系人都可以对该注册商标提出异议，若甲公司收到了异议通知，须在 90 日内提出答辩意见；如果不作答辩，柬埔寨知识产权局将根据异议人提交的申请书及证据材料作出裁定。柬埔寨知识产权局可基于一方或双方要求组织召开听证会议，双方可继续提交补充证据材料及当面向审查员陈述申辩（见图 16－5）。

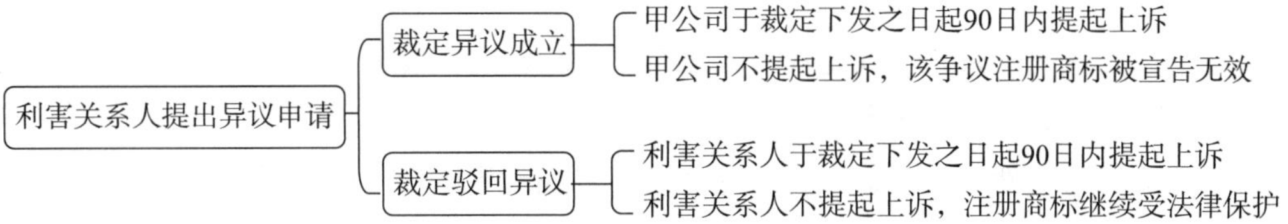

图 16－5　商标异议的处理

四、风险及防范

（一）风险提示

1. 提交的相关文件

（1）依据《柬埔寨商标法》第 63 条的相关规定，在申请人提交的注册申请材料以及后续向柬埔寨官方部门提交的修改申请、注销申请等一系列文件中，一旦被发现含有虚假的内容，则存在被罚款或者监禁的风险。

（2）依据《柬埔寨商标法》第 65 条的规定，如果申请人申请注册的商标被认定为模仿他人在柬埔寨注册的商标，并造成误导性后果的，存在被罚款或监禁的风险。

2. 代理人

申请人委托代理人代为办理商标注册事宜的，由于存在立法空白，代理人可能会利用自身便利条件行使代理权限范围之外的注册活动或者其他有损申请人利益的行为。此外，也存在代理人不符合柬埔寨法律规定资质的风险。

3. 恶意抢注

商标权利人在中国注册的商标被他人在柬埔寨恶意抢注的风险。

4. 异议期

柬埔寨与我国存在差异的是商标注册公告后置，即在商标核准注册之后才会进行公告，自公告日起 90 日内为利害关系人的异议期，异议期存在商标所有人未及时作出答辩而导致商标注册失效的风险。

（二）防范措施

1. 提交的相关文件

（1）申请人在提交相关文件之前应提前审核文件内容的真实性，若委托代理人代为办理相关事宜，则应在代理人将文件提交至官方部门之前对文件内容进行审核并留底保存，以确保呈递文件的真实性。

（2）申请人在提交注册申请前可向柬埔寨商务部申请查阅登记注册簿，检查拟申请注册的商标是否有模仿他人已注册商标的可能性，或者委托具备资质的代理人进行排查。

2. 代理人

（1）在委托代理人时，审查代理人是否具备法定的代理资格，要求代理人出具相应的资质证件并提供副本供申请人存档备案。

（2）请人与代理人之间签订的代理合同，应规定具体的代理权限（详细至申请注册商标的图样及申请注册的商品或服务类别），完善合同内容以后，申请人与代理人共同至柬埔寨公证部门对该份代理合同进行公证并保留公证文件。

（3）及时跟进、监督代理人的工作进程，确保商标注册程序高效有序推进。

3. 恶意抢注

（1）申请人在决定要在柬埔寨注册商标之后，尽可能早地提交商标注册申请，用注册申请在先阻却他人的恶意抢注行为。

（2）被恶意抢注的商标尚在公告异议期，且优先权申请期限尚未届满，则可直接准备相关证明材料提出异议申请。

（3）被恶意抢注的商标已过异议期，但优先权申请期限尚未届满，可申请宣告商标无效。

（4）被恶意抢注的商标已过异议期，优先权申请期限也届满，此时分两种情况：一是恶意抢注人已经将注册商标投入实际使用，可与恶意抢注人进行协商，通过商标转让或者其他途径来取回商标所有权；二是恶意抢注人未实际使用商标，若其符合连续5年不使用注册商标的情形，则商标权利人可以直接申请撤销该注册商标。

4. 异议期

注册商标进入公告后实时跟进，关注邮件等官方通知渠道或者委托代理人代为跟进。收到异议通知后，在90日内整理好证据文件并向柬埔寨知识产权局作出书面答辩意见。若裁定利害关系人的异议成立，申请人应当在收到裁定后快速确定是否需要提起上诉，确要上诉的，应当在自收到裁定之日起90日内准备好相关资料向柬埔寨法院或上诉委员会提起上诉。

第二节　商标使用

一、法律规定对比

《柬埔寨商标法》与《中国商标法》在商标使用阶段的法律规定对比如表16－2所示。

表 16－2　商标使用阶段规定对比

内容	《柬埔寨商标法》	《中国商标法》
商标许可	第 19 条　(a) 任何与商标注册或商标申请有关的许可合同，均应规定许可人对与商标使用相关的被许可人的商品或服务的质量进行有效控制。如果许可合同未规定此类质量控制或此类质量控制未有效实施，则许可合同无效； (b) 集体商标的注册或申请不得作为许可合同的主题。 第 52 条　任何与注册商标有关的许可合同，或因此而提出的申请，均应提交给注册官，注册官应对其内容保密，但应予以备案并公布其参考。在备案生效之前，许可合同对第三方无效	第 43 条　商标注册人可以通过签订商标使用许可合同，许可他人使用其注册商标。许可人应当监督被许可人使用其注册商标的商品质量。被许可人应当保证使用该注册商标的商品质量。 经许可使用他人注册商标的，必须在使用该注册商标的商品上标明被许可人的名称和商品产地。许可他人使用其注册商标的，许可人应当将其商标使用许可报商标局备案，由商标局公告。商标使用许可未经备案不得对抗善意第三人。 《集体商标、证明商标注册和管理办法》* 第 17 条　集体商标注册人的集体成员，在履行该集体商标使用管理规则规定的手续后，可以使用该集体商标。 集体商标不得许可非集体成员使用
商标转让	第 48 条　商标或集体商标注册所有权的任何变更均应以书面形式作出，并应任何利害关系方的要求，由注册官记录并公布。在该记录生效之前，该变更对第三方无效。 第 49 条　集体商标注册所有权的任何变更应事先获得商务部长的批准。 第 51 条　如果商标或集体商标的注册权所有权发生变化，如果可能会误导或引起混淆，特别是关于商品或服务的性质、来源、制造过程、特征或适用性方面与商标或集体商标拟用或正在使用的商品或服务有关，则该变更无效。 第 52 条　任何与注册商标有关的许可合同，或因此而提出的申请，均应提交给注册官，注册官应对其内容保密，但应予以备案并公布其参考。在备案生效之前，许可合同对第三方无效	第 42 条　转让注册商标的，转让人和受让人应当签订转让协议，并共同向商标局提出申请。受让人应当保证使用该注册商标的商品质量。 转让注册商标的，商标注册人对其在同一种商品上注册的近似的商标，或者在类似商品上注册的相同或者近似的商标，应当一并转让。 对容易导致混淆或者有其他不良影响的转让，商标局不予核准，书面通知申请人并说明理由。 转让注册商标经核准后，予以公告。受让人自公告之日起享有商标专用权。 《集体商标、证明商标注册和管理办法》 第 16 条　申请转让集体商标、证明商标的，受让人应当具备相应的主体资格，并符合商标法、实施条例和本办法的规定。 集体商标、证明商标发生移转的，权利继受人应当具备相应的主体资格，并符合商标法、实施条例和本办法的规定

续表

内容	《柬埔寨商标法》	《中国商标法》
集体商标及其使用	第17条　除本法律“集体商标”章节另有规定外，本法其他关于商标注册的规定适用于集体商标。 第18条　(a) 集体商标注册申请应将该商标指定为集体商标，并应随附集体商标使用条例副本； (b) 集体商标的注册所有人应将 (a) 段所述法规的任何变更通知注册官	第3条第2款　本法所称集体商标，是指以团体、协会或者其他组织名义注册，供该组织成员在商事活动中使用，以表明使用者在该组织中的成员资格的标志。 《集体商标、证明商标注册和管理办法》 第10条　集体商标的使用管理规则应当包括： (1) 使用集体商标的宗旨； (2) 使用该集体商标的商品的品质； (3) 使用该集体商标的手续； (4) 使用该集体商标的权利、义务； (5) 成员违反其使用管理规则应当承担的责任； (6) 注册人对使用该集体商标商品的检验监督制度。 第14条　集体商标注册人的成员发生变化的，注册人应当向商标局申请变更注册事项，由商标局公告。 第19条　使用集体商标的，注册人应发给使用人《集体商标使用证》；使用证明商标的，注册人应发给使用人《证明商标使用证》
商标变更	第5条　(a) 商标注册申请，申请人地址变更备案申请以及使用或不使用声明的背书申请应提交给商务部。商标注册申请应包括请求、商标复制品以及所请求注册该商标的商品或服务清单，根据附件中提到的适用国际分类的类别或类别列出； (b) 申请商标注册、地址变更备案以及证明使用或不使用的附言，应遵守经济财政部和商务部联合声明中提到的规定的申请费用。 第17条　(a) 集体商标注册申请应将该商标指定为集体商标，并应随附集体商标使用条例副本； (b) 集体商标的注册所有人应将 (a) 款所述法规的任何变更通知注册官	第41条　注册商标需要变更注册人的名义、地址或者其他注册事项的，应当提出变更申请

* 《中国商标法》仅作了部分规定，另见《集体商标、证明商标注册管理办法》，作者收录部分内容于表中作补充资料。

二、法律解读

通过对比表16－2中的规定发现，在商标使用阶段，两国的立法大致相同，但在部分内容上存在差异，归纳如下。

（一）集体商标的许可使用和转让

在许可使用方面，《柬埔寨商标法》规定在许可使用合同中不得将集体商标的注册与申请作为合同内容，我国《集体商标、证明商标注册和管理办法》规定集体商标注册人只能许可集体成员使用该集体商标，不得许可非集体成员使用。

在商标转让方面，《柬埔寨商标法》规定转让集体商标须得到商务部长的批准，而我国《集体商标证明商标注册和管理办法》只就集体商标的受让人的主体资格作了要求，集体商标转让的流程与其他类型的商标无异。

（二）商标转让

《中国商标法》规定在同一种商品上注册的近似的商标，或者在类似商品上注册的相同或者近似的商标，即联合商标与防御商标，在商标转让时应当一并转让，《柬埔寨商标法》暂未对联合商标与防御商标的转让作出明确规定（见图 16－6）。

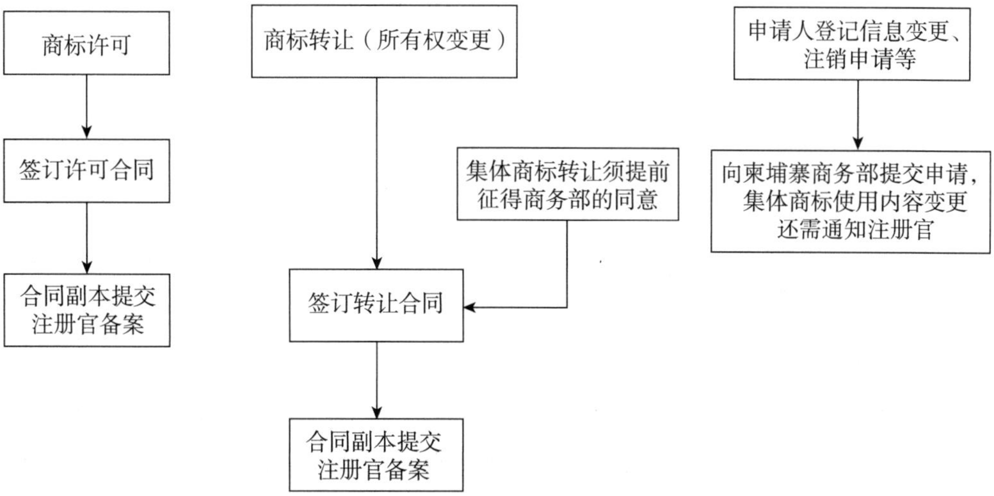

图 16－6　商标使用流程

三、应用模拟

甲公司在柬埔寨申请注册的商标已被核准通过并顺利通过公告异议期，为了更充分地发挥商标对品牌的建设作用，甲公司需要灵活地使用商标，同时还需注意要合理使用。

1. 假设甲公司由于本部设立在中国，为了提高商标对品牌建设的作用速率，遂许可柬埔寨境内的部分商家在核准注册的商品类别上使用注册商标。甲公司应与被许可使用人签订商标许可使用合同，并且，应当在合同中规定由甲公司对与商标使用相关的被许可人的商品或服务的质量进行有效控制，合同签订完成后需报送至商标注册官处备案。

甲公司若作为被许可人，除应遵守前述的规定之外，还需尽到合理使用被许可使用商标的注意义务，如在许可合同约定的范围内使用注册商标。

2. 假设甲公司因经营战略调整，需要将已经被核准注册的商标转让给第三人，必须与第三人签订书面的转让合同并报送至商标注册官处备案，如果甲公司转让的注册商标为集体商标，则还需要提前征得柬埔寨商务部的同意才可以转让给第三人。

若甲公司转让商标会造成混淆或者误导性后果，那么该转让合同无效。同理，甲公司如果准备受让其他商标所有人的注册商标，也应当注意该转让行为是否会导致混淆或者误导性后果。

3. 甲公司在商标被核准注册以后，如果发生了情形变更，如甲公司的地址迁移，则需要向柬埔寨商务部提出变更申请。需注意的是，集体商标使用内容的变更还需通知注册官。

若甲公司决定撤销商标，应向商务部提出注销商标的申请。

4. 甲公司在与其他商标权利人合作时，应当使用合法且无权利争议的商标进行商品销售进出口。

四、风险及防范

（一）风险提示

依据《柬埔寨商标法》的相关规定，与他人签订的商标许可合同或者商标转让合同存在被认定无效的风险。

（二）防范措施

针对许可使用合同，在合同草拟及签订的环节，无论是作为许可人还是被许可人，都需仔细审核合同是否遗漏必要生效条款，即许可合同是否规定许可人对与商标使用相关的被许可人的商品或服务的质量进行有效控制；针对转让合同，转让人或者受让人需提前做市场调查，确定让与商标或者受让商标是否会对相关公众造成误导，如确有可能造成误导性后果，应及时调整策略。在签订合同之后，作为合同一方当事人，应及时将合同交送给注册官备案，避免合同无法对第三人产生效力。

第三节　商 标 维 护

一、法律规定对比

《柬埔寨商标法》与《中国商标法》在商标维护阶段的法律规定对比如表 16－3 所示。

表 16－3　商标维护阶段法律规定对比

内容	《柬埔寨商标法》	《中国商标法》
注册商标有效期起算时间	第 12 条第 a 款　商标注册有效期为从提交商标注册申请之日起的 10 年	第 39 条　注册商标的有效期为 10 年，自核准注册之日起计算
期满续展	第 12 条第 d 款　若商标注册已逾期，申请人可享有 6 个月的宽限期申请续展注册	第 40 条第 1 款　注册商标有效期满，需要继续使用的，商标注册人应当在期满前 12 个月内按照规定办理续展手续；在此期间未能办理的，可以给予 6 个月的宽展期。每次续展注册的有效期为 10 年，自该商标上一届有效期满次日起计算。期满未办理续展手续的，注销其注册商标
商标宣告无效	第 13 条　（a）任何利害关系人都可以请求商务部宣告商标注册无效。 （b）如请求无效的人证明符商标不符合法定构成要素和法定商标不予注册的情形，商务部应宣告注册无效。 （c）任何商标注册的无效声明应视为自注册日起生效应尽快记录并公开参考。 第 18 条　除利害关系人申请并不符合法定商标构成要素、实质审查要件外，如果请求无效宣告的人证明只有注册所有人使用该商标，则注册官应使集体商标的注册无效，或者他违反集体商标的规定使用或允许使用，或者他使用或允许其使用的方式可能在有关货物或服务的原产地或任何其他共同特征方面欺骗贸易界或公众	第 44 条第 1 款　已经注册的商标，违反本法第 4 条、第 10 条、第 11 条、第 12 条、第 19 条第 4 款规定的，或者是以欺骗手段或者其他不正当手段取得注册的，由商标局宣告该注册商标无效；其他单位或者个人可以请求商标评审委员会宣告该注册商标无效。 第 45 条第 1 款　已经注册的商标，违反本法第 13 条第 2 款和第 3 款、第 15 条、第 16 条第 1 款、第 30 条、第 31 条、第 32 条规定的，自商标注册之日起 5 年内，在先权利人或者利害关系人可以请求商标评审委员会宣告该注册商标无效。对恶意注册的，驰名商标所有人不受 5 年的时间限制
商标注销	第 14 条　在下列情况下，商务部有权责令注销注册商标： （a）申请人未在法定期限内申请注册商标的续期； （b）注册商标所有者请求撤销； （c）在 90 天内，注册商标所有者未遵守商标形式审查或者实质审查所规定的条件或限制； （d）注册商标的所有人不再在柬埔寨王国拥有服务地址； （e）有证据证明注册商标的所有人不是合法所有人； （f）确信注册商标与第三方拥有的驰名商标相似或相同。	第 40 条　注册商标有效期满，需要继续使用的，商标注册人应当在期满前 12 个月内按照规定办理续展手续；在此期间未能办理的，可以给予 6 个月的宽展期。每次续展注册的有效期为 10 年，自该商标上一届有效期满次日起计算。期满未办理续展手续的，注销其注册商标。 商标局应当对续展注册的商标予以公告。

续表

内容	《柬埔寨商标法》	《中国商标法》
	第15条　任何利害关系人可请求商务部从登记册中撤销其注册的任何商品或服务的商标，理由是在提交申请前1个月内，该商标在注册后连续5年内未被注册所有人或被许可人使用，但如果证明商标因特殊情况而无法使用，并且并没有故意放弃在针对这些商品或服务方面使用或放弃同样的商标，则不得将该商标撤销	第49条　商标注册人在使用注册商标的过程中，自行改变注册商标、注册人名义、地址或者其他注册事项的，由地方工商行政管理部门责令限期改正；期满不改正的，由商标局撤销其注册商标。 注册商标成为其核定使用的商品的通用名称或者没有正当理由连续3年不使用的，任何单位或者个人可以向商标局申请撤销该注册商标。商标局应当自收到申请之日起9个月内做出决定。有特殊情况需要延长的，经国务院工商行政管理部门批准，可以延长3个月。 第50条　注册商标被撤销、被宣告无效或者期满不再续展的，自撤销、宣告无效或者注销之日起1年内，商标局对与该商标相同或者近似的商标注册申请，不予核准
侵权认定	第24条　在注册商标有效期内，注册商标的侵权行为应包括商标所有人以外的人在未经商标所有人同意的情况下在柬埔寨实施侵害商标专用权的任何行为。 第11条　(a) 除非获得注册商标的所有者同意，否则任何其他人不得在其注册商品或服务中使用注册商标； (b) 商标的注册所有者除了拥有其他权利、救济或诉讼外，还有权对任何未经其同意使用商标或从事可能导致侵权的行为的人提起法律诉讼。权利将扩展到使用与注册商标相似的标记，并在与已注册商标相同的商品和服务有关的使用中，在公众中可能引起混淆的情况下使用； (c) 注册商标所赋予的权利不得延伸至在柬埔寨境内，由注册所有人或其同意下已经上市的商品	第57条　有下列行为之一的，均属侵犯注册商标专用权： (1) 未经商标注册人的许可，在同一种商品上使用与其注册商标相同的商标的； (2) 未经商标注册人的许可，在同一种商品上使用与其注册商标近似的商标，或者在类似商品上使用与其注册商标相同或者近似的商标，容易导致混淆的； (3) 销售侵犯注册商标专用权的商品的； (4) 伪造、擅自制造他人注册商标标识或者销售伪造、擅自制造的注册商标标识的； (5) 未经商标注册人同意，更换其注册商标并将该更换商标的商品又投入市场的； (6) 故意为侵犯他人商标专用权行为提供便利条件，帮助他人实施侵犯商标专用权行为的； (7) 给他人的注册商标专用权造成其他损害的

续表

内容	《柬埔寨商标法》	《中国商标法》
驰名商标侵权认定	已经合法注册的驰名商标 第 25 条　注册驰名商标的侵权行为，包括未经驰名商标所有人同意，使用与该驰名商标相同或相似的标志，但前提是： （a）与已注册驰名商标的商品和服务相同或相似的商品和劳务，或； （b）关于与已注册驰名商标的商品和服务不相同或不相似的商品和服务，并且在这些商品或服务上使用该标志将表明这些商品和服务之间存在联系，并且驰名商标所有人，以及驰名商标所有人的利益可能因这种使用而受到损害。 未注册的驰名商标 第 26 条　未经注册的商标的侵权行为，包括未经驰名商标所有人同意，使用与该驰名商标相同或混淆相似的标志，但前提是该标志用于与驰名商标的商品或服务相同或相似的商品或服务	第 13 条第 2 款、第 3 款　就相同或者类似商品申请注册的商标是复制、摹仿或者翻译他人未在中国注册的驰名商标，容易导致混淆的，不予注册并禁止使用。 就不相同或者不相类似商品申请注册的商标是复制、摹仿或者翻译他人已经在中国注册的驰名商标，误导公众，致使该驰名商标注册人的利益可能受到损害的，不予注册并禁止使用
临时措施	第 29 条　应申请人的请求，本法院应下令采取迅速有效的临时措施，以防止侵权、即将发生的侵权行为或保存有关所指控的侵权行为的相关证据。 第 30 条　适当时，特别是会导致权利持有人不可挽回的损害或证据被毁灭的风险或可能的情况下，法院可以采取临时措施，要求申请人提供： （a）合理可用的证据，使法院有足够的把握认定申请人是权利持有人并且申请人的权利正在被侵犯或即将被侵犯； （b）所需保证金或等值担保，足以保护被告并防止滥用。必要的安全措施应由法院决定。 第 33 条　申请人在受到临时措施命令的通知后 20 个工作日内没有启动诉讼程序，或者在法院裁定的任何其他合理期限内没有启动诉讼程序，法院应根据被告的请求撤销临时措施。 第 34 条　在撤销临时措施或者法庭在申请人提起根据第 33 条启动的诉讼中裁决认定没有侵权或威胁侵权的情况下，如被告方提出请求，法院应当命令申请人为因执行临时措施造成的任何损害向被告方提供相应的补偿	第 65 条　商标注册人或者利害关系人有证据证明他人正在实施或者即将实施侵犯其注册商标专用权的行为，如不及时制止将会使其合法权益受到难以弥补的损害的，可以依法在起诉前向人民法院申请采取责令停止有关行为和财产保全的措施。 第 66 条　为制止侵权行为，在证据可能灭失或者以后难以取得的情况下，商标注册人或者利害关系人可以依法在起诉前向人民法院申请保全证据

续表

内容	《柬埔寨商标法》	《中国商标法》
边境措施	第35条　任何注册商标的所有人可以向海关或主管当局或法院提出申请，通过证明他是注册商标的所有者，暂停对涉嫌假冒的货物进行清关。 第36条　根据第35条提出的任何申请均应以书面形式提出，并应附上： (a) 商标登记簿上的摘录； (b) 申请理由说明书，特别是初步证据，证明该商标商品是伪造的； (c) 关于商标使用的货物的完整说明，以及为适当（或申请）所需，纯正产品的样品； (d) 申请人及其代表的名称和地址（或按规定提供申请人的完整详细信息）； (e) 如果申请由授权代表提出，则需要商标注册人授权； (f) 根据经济和财政部确定的规定缴纳规定费用。 第37条　海关或主管当局应在收到根据第35条提出的申请后10个工作日内，通知申请人该申请是否被批准、拒绝或保留以供进一步审议。 第38条　根据副法令规定，海关或其他主管部门有权要求申请人提供足以保护进口人、收货人、出口人或货物所有人以及主管部门的担保或同等保证。这种担保或同等保证的确定方式不应不合理地阻止诉诸这一进程。 第40条　如果在申请人收到停止通知后的10个工作日内，海关当局未被告知除被告外其他当事人已开始进行决定有关案件的诉讼程序，或者已经有法定授权的机构采取临时措施延长物品的停止放行期限，那么应当放行该物品，但前提是已经遵守了所有进出口的其他条件。在适当情况下，可以再延长10个工作日。如果已经启动了对案件实质的裁决程序，被告请求后，将进行审查，并享有听证权，以便决定是否应在合理期限内修改、撤销或确认这些措施。 第41条　有关当局有权命令申请人向货物的所有人、进口商、出口商和收货人支付因错误扣留货物或扣留超过延长期限放行的货物而对其造成的损害的适当赔偿。如果任何一方不同意该决定，该方有权向法院提起上诉。	《知识产权海关保护条例》* 第12条　知识产权权利人发现侵权嫌疑货物即将进出口的，可以向货物进出境地海关提出扣留侵权嫌疑货物的申请。 第13条　知识产权权利人请求海关扣留侵权嫌疑货物的，应当提交申请书及相关证明文件，并提供足以证明侵权事实明显存在的证据。 申请书应当包括下列主要内容： (1) 知识产权权利人的名称或者姓名、注册地或者国籍等； (2) 知识产权的名称、内容及其相关信息； (3) 侵权嫌疑货物收货人和发货人的名称； (4) 侵权嫌疑货物名称、规格等； (5) 侵权嫌疑货物可能进出境的口岸、时间、运输工具等。 侵权嫌疑货物涉嫌侵犯备案知识产权的，申请书还应当包括海关备案号。 第14条　知识产权权利人请求海关扣留侵权嫌疑货物的，应当向海关提供不超过货物等值的担保，用于赔偿可能因申请不当给收货人、发货人造成的损失，以及支付货物由海关扣留后的仓储、保管和处置等费用；知识产权权利人直接向仓储商支付仓储、保管费用的，从担保中扣除。具体办法由海关总署制定。 第15条　知识产权权利人请求海关扣留侵权嫌疑货物的，应当向海关提供不超过货物等值的担保，用于赔偿可能因申请不当给收货人、发货人造成的损失，以及支付货物由海关扣留后的仓储、保管和处置等费用；知识产权权利人直接向仓储商支付仓储、保管费用的，从担保中扣除。具体办法由海关总署制定。 第16条　海关发现进出口货物有侵犯备案知识产权嫌疑的，应当立即书面通知知识产权权利人。知识产权权利人自通知送达之日起3个工作日内依照本条例第13条的规定提出申请，并依照本条例第14条的规定提供担保的，海关应当扣留侵权嫌疑货物，书面通知知识产权权利人，并将海关扣留凭单送达收货人或者发货人。知识产权权利人逾期未提出申请或者未提供担保的，海关不得扣留货物。

续表

内容	《柬埔寨商标法》	《中国商标法》
	第43条　海关可主动暂停其已获得初步证据证明正在或即将进口假冒商标货物的清关。 第44条　海关应立即通知权利持有人暂停清关的地点和日期，并可随时向权利持有人寻求任何有助于其行使这些权力的信息。 第47条　旅客个人行李中含有的非商业性质的假冒商标商品可不适用本法	第19条　涉嫌侵犯专利权货物的收货人或者发货人认为其进出口货物未侵犯专利权的，可以在向海关提供货物等值的担保金后，请求海关放行其货物。知识产权权利人未能在合理期限内向人民法院起诉的，海关应当退还担保金。 第20条　海关发现进出口货物有侵犯备案知识产权嫌疑并通知知识产权权利人后，知识产权权利人请求海关扣留侵权嫌疑货物的，海关应当自扣留之日起30个工作日内对被扣留的侵权嫌疑货物是否侵犯知识产权进行调查、认定；不能认定的，应当立即书面通知知识产权权利人。 第24条　有下列情形之一的，海关应当放行被扣留的侵权嫌疑货物： （1）海关依照本条例第15条的规定扣留侵权嫌疑货物，自扣留之日起20个工作日内未收到人民法院协助执行通知的； （2）海关依照本条例第16条的规定扣留侵权嫌疑货物，自扣留之日起50个工作日内未收到人民法院协助执行通知，并且经调查不能认定被扣留的侵权嫌疑货物侵犯知识产权的； （3）涉嫌侵犯专利权货物的收货人或者发货人在向海关提供与货物等值的担保金后，请求海关放行其货物的； （4）海关认为收货人或者发货人有充分的证据证明其货物未侵犯知识产权权利人的知识产权的； （5）在海关认定被扣留的侵权嫌疑货物为侵权货物之前，知识产权权利人撤回扣留侵权嫌疑货物的申请的
假冒商标商品	第61条第5款　“假冒商标商品”是指任何商品，包括包装，未经授权带有与该商品的有效注册商标相同的商标，或在本质上无法与该商标区分，从而侵犯了进口国法律规定的商标所有人的权利	—

续表

内容	《柬埔寨商标法》	《中国商标法》
提起诉讼	第62条　商务部作出的任何决定均可由任何利害关系方向法院提出上诉，此类上诉应在裁决之日起3个月内提出	第34条　对驳回申请、不予公告的商标，商标局应当书面通知商标注册申请人。……当事人对商标评审委员会的决定不服的，可以自收到通知之日起30日内向人民法院起诉。 第35条第3款　商标局做出不予注册决定，被异议人不服的，可以自收到通知之日起15日内向商标评审委员会申请复审。……被异议人对商标评审委员会的决定不服的，可以自收到通知之日起30日内向人民法院起诉。人民法院应当通知异议人作为第三人参加诉讼。 第45条第2款　商标评审委员会收到宣告注册商标无效的申请后，应当书面通知有关当事人，并限期提出答辩。……当事人对商标评审委员会的裁定不服的，可以自收到通知之日起30日内向人民法院起诉。人民法院应当通知商标裁定程序的对方当事人作为第三人参加诉讼。 第54条　对商标局撤销或者不予撤销注册商标的决定，当事人不服的，可以自收到通知之日起15日内向商标评审委员会申请复审。……当事人对商标评审委员会的决定不服的，可以自收到通知之日起30日内向人民法院起诉。 第60条第1款　有本法第57条所列侵犯注册商标专用权行为之一，引起纠纷的，由当事人协商解决；不愿协商或者协商不成的，商标注册人或者利害关系人可以向人民法院起诉，也可以请求工商行政管理部门处理。 第60条第3款　对侵犯商标专用权的赔偿数额的争议，当事人可以请求进行处理的工商行政管理部门调解，也可以依照《民事诉讼法》向人民法院起诉。经工商行政管理部门调解，当事人未达成协议或者调解书生效后不履行的，当事人可以依照《民事诉讼法》向人民法院起诉

* 《中国商标法》无对应规定，可参见《知识产权海关保护条例》，作者收录部分内容于表中作补充资料。

二、法律解读

通过对比表16－3的规定发现，在商标维护阶段，两国的立法也是大致相同，在部分内容上有所区别，归纳如下。

（一）注册商标有效期

与我国一样，《柬埔寨商标法》规定的注册商标有效期为10年。但《柬埔寨商标法》规定的注册商标有效期起算时间与《中国商标法》不同，柬埔寨自申请提交之日起算商标有效期，中国则是自核准注册之日起开始计算商标有效期。

（二）宣告无效

《柬埔寨商标法》在条文中未明文规定利害关系人请求宣告商标无效的时间限制，《中国商标法》则明确利害关系人须自商标注册之日起5年内才能请求宣告商标无效，但驰名商标不受5年期限的限制。《柬埔寨商标法》还规定了集体商标宣告无效的特殊情形。《中国商标法》规定了符合法定情形的，商标局可主动宣告商标无效，柬埔寨则只能依申请宣告无效。

（三）商标注销

我国仅规定了商标到期不续展时注销商标的情形，而柬埔寨列举了6种商务部责令注销的情形。

（四）商标撤销

柬埔寨与我国都对注册但不使用商标的行为作了可申请撤销的规定，但两国对连续不使用的时间规定不一致，柬埔寨规定的是连续5年不使用，我国则是3年。我国还规定了商标权利人自行变更商标并在限期内未改正的，也可以撤销其商标。针对变成商品通用名称的商标，在我国也可以申请撤销。此外，在我国被撤销、宣告无效或者注销的商标，还作了1年内不得再申请注册的限制性规定。

（五）商标侵权

《柬埔寨商标法》在“侵权和救济”一章并不像我国一样详细地列举出商标侵权情形，但在“处罚”的章节与我国列举的商标侵权类型有明显相同的部分。但柬埔寨立法未将反向侵权（未经商标注册人同意，更换其注册商标并将该更换商标的商品又投入市场）视为商标侵权，也未规定帮助实施侵犯商标专用权的行为应视为侵权。

（六）边境措施

中柬两国都规定了海关可以对侵犯他人商标专用权的货物采取措施的规定，但有很大的区别。

首先，针对海关主动依法扣押的货物，柬埔寨海关不得自行主动对涉嫌侵权的货物作出是否存在侵权的判断，而我国海关在主动扣留涉嫌侵权的货物以后可以独立调查并在30日内作出是否存在知识产权侵权的认定。

其次，两国对海关放行条件的规定不同。柬埔寨立法规定为请求海关暂停清关的申请人收到海关暂停清关的通知后10日内未向法院提起诉讼的，海关可以放行，但可以适当延长海关暂停清关的时间，每次延长不超过 10 日。而我国的放行情形之一是，海关依合法申请扣留货物之日起 20 日内，未收到法院协助执行通知的，则可以放行，且无延长规定。

三、应用模拟

甲公司要在柬埔寨境内建立品牌，除了要合理使用注册商标外，还要做好注册商标的维护工作，防止因自身管理不善或他人恶意损害商标专用权。具体注册商标管理流程以及维权流程见图 16－7、图 16－8。

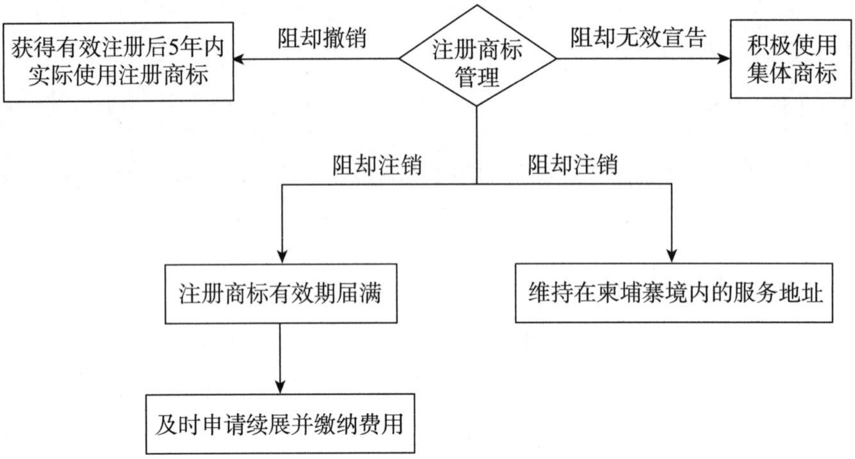

图 16－7　注册商标管理流程

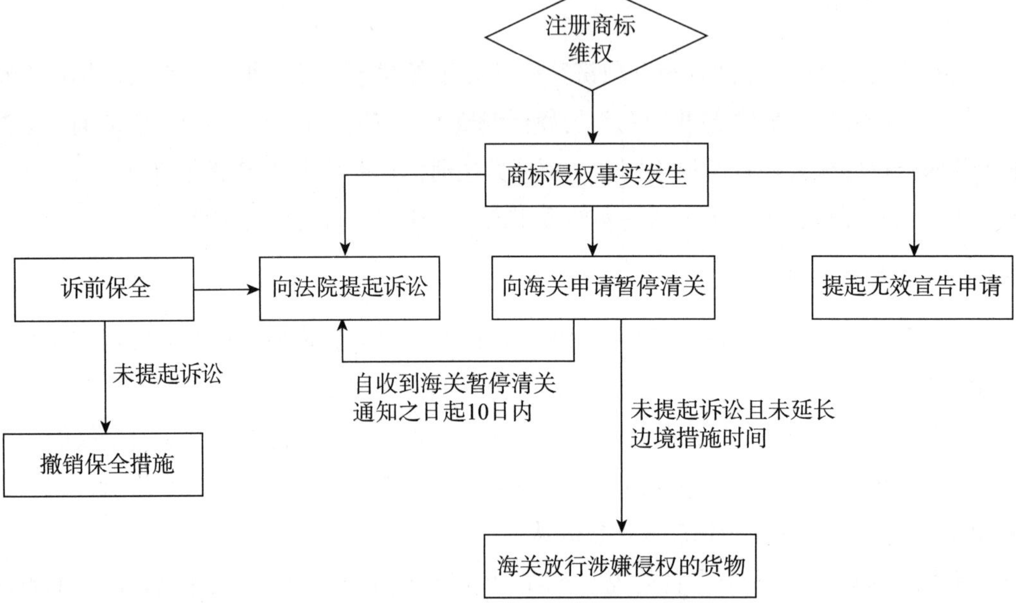

图 16－8　注册商标维权流程

1. 假设甲公司于 2022 年 3 月 2 日向柬埔寨知识产权局提交的商标注册申请并成功核准注册，商标有效期自 2022 年 3 月 2 日起计算，甲公司需尽可能在 10 年有效期届满之前（2032 年 3 月 2 日之前）办理续展手续，最迟不得超过 6 个月宽展期（2032 年 9 月 2 日之前）办理续展，否则，商标将会被柬埔寨商务部责令注销。

2. 甲公司要维持商标在柬埔寨市场的使用，须保证在柬埔寨境内有提供服务的场所，如果因为其他原因导致原来的服务场所无法使用，可以提前准备好其他的服务场所。

3. 甲公司若在商标获得有效注册后无法立即使用注册商标，也应当在法律规定的期限内对商标进行实际使用，如前所述，若商标有效期自 2022 年 3 月 2 日开始起算，那么甲公司应当在 2027 年 3 月 2 日之前对注册商标进行实际使用，在该时间之后使用可能会被其他利害关系人提出无效宣告申请。

4. 如果甲公司申请注册的商标为集体商标，作为集体商标的所有人，甲公司须督促其他成员按照规定使用该集体商标，否则将会造成集体商标被宣告无效的后果。

5. 他人对甲公司的注册商标作出了《柬埔寨商标法》第 24 条规定的侵权行为，作为商标权利人，甲公司可以对他人提起侵权之诉。必要时，甲公司为了防止损失扩大或者证据灭失，可以向法院申请诉前保全。

6. 如果他人准备将侵犯了甲公司商标专用权的商品销售至国外，则甲公司可以向海关提供相关资料证明资料并申请暂停侵权货物的清关，同时甲公司还需提供与货物同等价值的担保。在海关暂停清关以后，甲公司应当在收到通知后的 10 日内向法院提起诉讼，若有特殊情况，可向海关申请延长暂停清关的时间。

7. 若甲公司发现他人在其他类别的商品或服务上注册的商标与自己在先注册的商标相同或者近似，或者可能造成混淆的，甲公司可以向柬埔寨商标局发出无效宣告申请。

四、风险及防范

（一）风险提示

1. 由于《柬埔寨商标法》存在立法空白，注册商标所有人在注册商标有效期届满之后、6 个月宽展期届满之前这段时间内办理商标续展手续，若他人存在侵权行为，则可能因为商标有效期届满、续展手续尚未办理完毕而导致无法顺利行使商标专用权的风险。

2. 在商标注册实质审查时，柬埔寨知识产权局不会审查商标是否与他人在先注册的商标相同或者近似，可能会造成相关公众混淆的不良后果，影响在先商标权利人的商誉积累。

3. 商标权利人在向海关提出暂停清关的申请后，错过提起诉讼的期限，存在因海关放行假冒商标商品而扩大损失的风险。

（二）防范措施

1. 在申请注册商标时做好时间记录，在商标有效期届满之前办理续展手续或者委托代理人代办续展手续。若实在无法在有效期届满之前办理续展手续，又确实发生了前述的侵权事实，则可先确定侵权人，在续展成功之后，追踪该侵权人是否仍在持续侵权行为，并及时进行维权。

2. 作为在先商标权利人，一旦发现存在后面注册的商标与自己的注册商标可能会发生混淆相关公众的情况，若该注册商标处于公告异议期，则马上提出异议。若异议期已过，应当直接提起宣告无效申请。

3. 在收到海关暂停清关的通知后，应当在 10 日内向法院提起诉讼，若未能在限期内起诉，则应当向海关申请延长暂停清关的时间，并在延长期届满前提起诉讼。

第四节 责 任 承 担

一、法律规定对比

《柬埔寨商标法》与《中国商标法》就责任承担和免责条款部分的法律规定对比如表 16－4 所示。

表 16－4 责任承担和免责条款部分法律规定对比

内容	《柬埔寨商标法》	《中国商标法》
责任承担	第 64 条　伪造另一企业在柬埔寨王国注册的商标或商品名称的（包括伪造近似的商标以及能够引起相关公众混淆的不当使用），应处以 1 至 2000 万瑞尔的罚款，或 1～5 年的监禁，或两者兼施。 第 65 条　任何人模仿他人在柬埔寨王国注册的商标、服务标志、集体商标或商号，或者存在其他不正当竞争行为的，应处以 5 万至 1000 万瑞尔的罚款，或判处 1 个月至 1 年的监禁，或两者兼施。	第 60 条第 2 款　工商行政管理部门处理时，认定侵权行为成立的，责令立即停止侵权行为，没收、销毁侵权商品和主要用于制造侵权商品、伪造注册商标标识的工具，违法经营额 5 万元以上的，可以处违法经营额 5 倍以下的罚款，没有违法经营额或者违法经营额不足 5 万元的，可以处 25 万元以下的罚款。对 5 年内实施两次以上商标侵权行为或者有其他严重情节的，应当从重处罚。销售不知道是侵犯注册商标专用权的商品，能证明该商品是自己合法取得并说明提供者的，

续表

内容	《柬埔寨商标法》	《中国商标法》
	第66条　根据第64条，任何人故意进口、销售、要约销售或为销售目的拥有带有假冒商标的货物，应受到该条规定的处罚。根据第65条，任何人故意进口、销售、要约销售或为销售目的拥有带有仿制商标的货物，应受到该条规定的处罚。 第67条　本法第64条、第65条规定的累犯，最高刑罚分别按本条的规定加倍罚款和有期徒刑。 第69条　凡违反本法第66条规定进口、出售、要约出售或为出售目的而进口的所有货物，无论是否有人被定罪，均应根据法院的决定予以没收或销毁	由工商行政管理部门责令停止销售。 第63条第1款、第3款、第4款　侵犯商标专用权的赔偿数额，按照权利人因被侵权所受到的实际损失确定；实际损失难以确定的，可以按照侵权人因侵权所获得的利益确定；权利人的损失或者侵权人获得的利益难以确定的，参照该商标许可使用费的倍数合理确定。对恶意侵犯商标专用权，情节严重的，可以在按照上述方法确定数额的1倍以上5倍以下确定赔偿数额。赔偿数额应当包括权利人为制止侵权行为所支付的合理开支。 权利人因被侵权所受到的实际损失、侵权人因侵权所获得的利益、注册商标许可使用费难以确定的，由人民法院根据侵权行为的情节判决给予500万元以下的赔偿。 人民法院审理商标纠纷案件，应权利人请求，对属于假冒注册商标的商品，除特殊情况外，责令销毁；对主要用于制造假冒注册商标的商品的材料、工具，责令销毁，且不予补偿；或者在特殊情况下，责令禁止前述材料、工具进入商业渠道，且不予补偿。 第67条　未经商标注册人许可，在同一种商品上使用与其注册商标相同的商标，构成犯罪的，除赔偿被侵权人的损失外，依法追究刑事责任。 伪造、擅自制造他人注册商标标识或者销售伪造、擅自制造的注册商标标识，构成犯罪的，除赔偿被侵权人的损失外，依法追究刑事责任。 销售明知是假冒注册商标的商品，构成犯罪的，除赔偿被侵权人的损失外，依法追究刑事责任。 第68条　商标代理机构有下列行为之一的，由工商行政管理部门责令限期改正，给予警告，处1万元以上10万元以下的罚款；对直接负责的主管人员和其他直接责任人员给予警告，处5000元以上5万元以下的罚款；构成犯罪的，依法追究刑事责任： （1）办理商标事宜过程中，伪造、变造或者使用伪造、变造的法律文件、印章、签名的； （2）以诋毁其他商标代理机构等手段招徕商标代理业务或者以其他不正当手段扰乱商标代理市场秩序的；

续表

内容	《柬埔寨商标法》	《中国商标法》
		(3) 违反本法第4条、第19条第3款和第4款规定的。 商标代理机构有前款规定行为的，由工商行政管理部门记入信用档案；情节严重的，商标局、商标评审委员会并可以决定停止受理其办理商标代理业务，予以公告。 商标代理机构违反诚实信用原则，侵害委托人合法利益的，应当依法承担民事责任，并由商标代理行业组织按照章程规定予以惩戒。 对恶意申请商标注册的，根据情节给予警告、罚款等行政处罚；对恶意提起商标诉讼的，由人民法院依法给予处罚
免责条款	第68条　如果根据本法规定，犯罪责任由法人承担，则该法人的执行董事、经理或代表也应承担相应罚款，除非他能证明自己对法人的犯罪行为没有知情或同意	第64条　注册商标专用权人请求赔偿，被控侵权人以注册商标专用权人未使用注册商标提出抗辩的，人民法院可以要求注册商标专用权人提供此前3年内实际使用该注册商标的证据。注册商标专用权人不能证明此前3年内实际使用过该注册商标，也不能证明因侵权行为受到其他损失的，被控侵权人不承担赔偿责任。 销售不知道是侵犯注册商标专用权的商品，能证明该商品是自己合法取得并说明提供者的，不承担赔偿责任

二、法律解读

通过对比表16－4中的规定发现，除民事责任之外，我国与柬埔寨在责任承担阶段的规定有较大的区别，归纳如下。

(一) 处罚模式

《柬埔寨商标法》与《中国商标法》均规定了行政处罚与刑事处罚，柬埔寨的行政处罚方式较单一，《中国商标法》中规定的行政处罚除了罚款以外，还包括责令停止侵权、没收侵权商品等。需要注意的是，在我国，商标侵权行为构成犯罪时才能对侵权人实施刑事处罚，但《柬埔寨商标法》直接就不同的侵权行为规定了不同程度的刑事处罚内容，并且，对每一种侵权行为都设置了行政处罚单罚、刑事处罚单罚以及行政处罚与刑事处罚并罚的模式。

（二）商标代理人责任

《柬埔寨商标法》中对商标代理人的规定较少，未单独列出代理人的侵权行为认定以及责任承担方式，《中国商标法》详细列举了代理人的侵权行为认定以及对应须承担的法律责任。

（三）免责条款

《柬埔寨商标法》仅就侵权人主体为法人时，该法人的执行董事或者经理的免责情形。《中国商标法》规定的免责情形分为两类：一是被控侵权人使用的商标经商标注册人注册以后已有 3 年未使用，此时，被控侵权人提供相应证据证明即可免于承担侵权责任；二是被控侵权人不知道其销售的商品为侵权商品，且其取得商品的渠道合法，也可以免于承担侵权责任。

三、风险及防范

（一）风险提示

1. 员工以公司名义作出的侵权行为可能会由公司承担责任，并且，执行董事、经理或者代表有承担连带责任的风险。

2. 在柬埔寨销售的商品未经商标权利人许可使用了商标权利人在柬埔寨注册的商标（或者与该商标近似的商标），则有受到行政处罚或者刑事处罚的风险。

（二）防范措施

1. 企业商标所有人在柬埔寨涉及商标使用的业务时，授权员工以公司名义代办的，应当与员工签订加盖公司公章的授权委托书，并且在委托书中载明员工的代理权限。委托书按业务的范围一式 n 份，一份提交至业务合作方，另一份交商标所有权人自行备案保存，可作为证据证明该员工的代理范围。

2. 如果是与他人合作共同销售商品，在正式对商品投入生产之前，应当先要求合作伙伴提供商标注册证书，或者要求其提供经合法商标所有人许可使用的商标许可使用合同，以此明确商标的使用是否正当。若发现合作伙伴使用的是侵犯他人商标专用权的商标，则可及时终止合作，避免后续的损失和风险。

附　录　一

柬埔寨常用贸易投资机构信息

1. 中国驻柬埔寨大使馆

地址：柬埔寨金边市毛泽东大道 156 号

电话：00855－（0）23720922

传真：00855－（0）23720922

邮箱：chinaaemb_kh@ mfa. gov. cn

网址：http：//kh. china-embassy. org

2. 中国驻柬埔寨大使馆经商参处

地址：柬埔寨金边市莫尼旺大道 432C 号

电话：00855－23－721437

传真：00855－（0）23210861

邮箱：cb@ mofcom. gov. cn

网址：http：//cb. mofcom. gov. cn

3. 柬埔寨驻华使馆

地址：北京市东直门外大街 9 号

电话：010－65321889

传真：010－65323507

电子邮箱：cambassy@ public2. bta. net. cn

4. 柬埔寨驻上海总领事馆

地址：上海市天目中路 267 号蓝宝石大厦 12 楼 A 座

电话：021－51015850

传真：021－51015855

5. 柬埔寨驻广州总领事馆

地址：广州市环市东路 368 号花园酒店东楼 809 – 811 室

电话：020 – 83338999 – 808

传真：020 – 83879006

6. 商务部工商登记司（Business Registration Department of Ministry of Commerce）

地址：Lot 19 – 61，Russian Federation Blvd，Phum Teuk Thla，Sangkat Teuk Thla，Khan Sen Sok，Phnom Penh，Kingdom of CAMBODIA

电话：00855 –（0）23 866 459/00855 –（0）23 866 460

电子邮箱：omdararith@ yahoo. com

7. 柬埔寨发展理事会（The Council for the Development of Cambodia）

地址：Government Palace，Sisowath Quay，Wat Phnom，Phnom Penh，Cambodi

电话：+855 23 427 597/ +855 23 428 954

邮箱：info@ cambodiainvestment. gov. kh

网址：www. cambodiainvestment. gov. kh

附　录　二

中华人民共和国政府和柬埔寨王国政府自由贸易协定*

目　录

* 该中文版本来自中华人民共和国商务部中国自由贸易区网：http：//fta. mofcom. gov. cn/cambodia/cambodia_special. shtml。

附　　录（略）

附件 1　关税减让表

附件 2　产品特定规则

附件 3　原产地证书

附件 4　服务贸易具体承诺减让表

附件 5　仲裁庭程序规则

序　　言

中华人民共和国政府（以下简称“中国”）和柬埔寨王国政府（以下简称“柬埔寨”），以下同时提及时称“缔约双方”：

受激励于两国自 1958 年建立外交关系以来的长期友好关系和不断发展的双边经济关系；

期待加强两国经济伙伴关系，进一步开放双边贸易、促进投资，并带来经济和社会效益；

决心建立缔约双方之间透明、可预测的贸易和投资规则；

致力于在“一带一路”倡议下开展全面务实合作，并共同构建命运共同体；

基于两国在《马拉喀什建立世界贸易组织协定》下的权利和义务；

维护各自政府为实现国家政策目标进行管理，以及为保护公共利益保留灵活性的权利；

认识到通过自由贸易协定加强两国经济伙伴关系，将给缔约双方带来互利结果；

达成协议如下：

第一章　初始条款与定义

第一条　建立自由贸易区

在与《1994 年关税与贸易总协定》第 24 条和《服务贸易总协定》第 5 条相一致的基础上，缔约双方就此建立自由贸易区。

第二条　与其他协定的关系

缔约双方确认其在《世贸组织协定》以及在各缔约方均为缔约方的现行协定中对彼此既有的权利和义务。

第三条　适用范围

一、就中国而言，本协定适用于中国全部关税领土，包括领陆、领空、内水、领海，以及依据国际法和中国国内法，由其行使主权权利或管辖权的领海以外的区域。

二、就柬埔寨而言，本协定适用于：

依据柬埔寨法律，构成柬埔寨的所有领土，以及海域，包括与领海外部界限相邻接的海床与底土，空域等柬埔寨依据国际法有权行使主权权利或管辖权的区域。

三、各缔约方对遵守本协定所有条款负有完全责任，并应采用一切可行的合理措施，以确保其境内各地方政府和主管机关遵守本协定的条款。

第四条　一般适用的定义

除非另有规定，就本协定而言：

（一）日指日历日；

（二）现行指在本协定生效之日是有效的；

（三）《服务贸易总协定》（GATS）指《世贸组织协定》附件1B中的《服务贸易总协定》；

（四）《1994年关税与贸易总协定》是指作为《世贸组织协定》组成部分的《1994年关税与贸易总协定》；

（五）措施包括任何法律、法规、程序、要求或惯例；

（六）人指自然人或法人；

（七）世贸组织（WTO）指世界贸易组织；以及

（八）《世贸组织协定》指订于1994年4月15日马拉喀什的《马拉喀什建立世界贸易组织协定》。

第二章　货物贸易

第一条　范围

除非本协定另有规定，本章适用于缔约双方之间的货物贸易。

第二条　定义

除另有规定外，就本章而言：

（一）关税基准税率是指各缔约方2017年1月1日实施的最惠国进口关税税率；

（二）关税包括针对货物进口征收的任何税费，但不包括：

1. 与符合《1994年关税与贸易总协定》第三条第二款规定的国内税相当的任何费用；

2. 按照与《1994年关税与贸易总协定》第六条的规定、世贸组织《关于实施1994年关税与贸易总协定第六条的协定》或世贸组织《补贴与反补贴措施协定》相一致的方式实施的任何反倾销或反补贴税，以及按照与本章第八条相一致的方式实施的税；以及

3. 进口相关的与所提供服务成本相当的任何规费或其他费用；

（三）货物与产品应当被理解为具有相同含义，除非文中另有要求；

（四）原产是指符合第三章（原产地规则）规定的原产地规则。

第三条　国民待遇

各缔约方应根据《1994 年关税与贸易总协定》第三条及其解释性注释，给予另一缔约方的货物国民待遇。为此，《1994 年关税与贸易总协定》第三条及其解释性注释经必要修改后应纳入本协定并构成本协定的一部分。

第四条　关税减让和/或消除

一、除非本协定另有规定，各缔约方应在协定生效后根据附件 1（关税减让表）中的减让表，对另一缔约方原产货物减让和/或消除关税。

二、除非本协定另有规定，任一缔约方不得对另一缔约方的原产货物提高关税基准税率，或增设任何新的关税。

三、附件 1（关税减让表）中每一项实行关税逐步减让的产品应以各缔约方 2017 年 1 月 1 日适用的最惠国进口关税税率为基准税率。

四、若一缔约方在本协定生效后降低其实施的最惠国关税税率，只要该税率低于根据其在附件 1 中的减让表所计算的关税税率，该税率应适用于本协定涉及的相关贸易。

第五条　关税承诺的加速实施

一、应任一缔约方要求，缔约双方应通过磋商，考虑加速减让和消除附件 1（关税减让表）中所列关税。

二、缔约双方就加速减让和消除某货物关税达成的协定，在各缔约方根据各自适用法律程序获得批准后，将取代缔约双方减让表中所规定的该货物的税率或减让类别。

三、一缔约方可随时单方面加速减让和取消其在附件 1（关税减让表）中所列的针对另一缔约方原产货物的关税。有意采取此举的一缔约方应当在新的关税税率生效前，尽早通知另一缔约方。

第六条　数量限制与非关税措施

一、除非本协定另有规定，任一缔约方不得对原产自另一缔约方境内的产品的进口、或向另一缔约方境内的产品的出口、或为出口而进行的销售采取或维持任何禁止、限制或具有同等效果的措施，包括数量限制。为此，《1994 年关税与贸易总协定》第十一条经必要修正后纳入本协定，构成本协定的一部分。

二、除非根据其在《世贸组织协定》或本协定下的权利和义务，一缔约方不得对从另一缔约方进口的任何产品或向另一缔约方出口的任何产品采取或维持任何非关税措施。

三、各缔约方应确保本条第二款所允许的非关税措施的透明度，并且应确保任何此类措施的准备、采用或实施在目的或效果上均不得对缔约双方之间的贸易造成不必要的障碍。

第七条　进口许可

各缔约方应当确保针对另一缔约方原产货物的进口许可制度的实施符合《世贸组织

协定》，特别是世贸组织《进口许可程序协定》的规定。

第八条　全球保障措施

各缔约方保留《1994 年关税与贸易总协定》第十九条和《保障措施协定》项下的权利与义务。

第九条　行政费用和手续

一、各缔约方应依据《1994 年关税与贸易总协定》第八条第一款及其解释性说明，确保对进出口或有关进出口征收的任何性质的所有规费和费用（关税、相当于国内税的费用或符合《1994 年关税与贸易总协定》第三条第二款的其他国内费用以及反倾销和反补贴税除外），限制在提供服务所需近似成本以内，且不得构成对本国货物的间接保护或为财政目的而征收的进出口税。

二、各缔约方应该通过互联网或者类似的计算机通讯网络，相互提供目前所征收的与进口或者出口有关的规费和费用清单。

第十条　贸易促进

一、在认识到保障供应链安全和可靠性、扩大互利、缩小发展差距重要性的基础上，缔约双方应当加强双边贸易合作，对各自域内减少贫困、促进社会经济发展提供支持和帮助。

二、为进一步提升双边贸易，缔约双方应提供良好政策环境，并通过各缔约方的具体安排扩大部分降税产品及例外产品的市场准入商业机会。缔约双方应当鼓励产业界、商界加强货物贸易交流与合作。

第十一条　例外

关于一般和安全例外，《1994 年关税与贸易总协定》第二十条和第二十一条应适用，并经必要修订后纳入本协定，构成本协定的一部分。

第十二条　联络点

各缔约方应当指定一个或多个联络点，以便利缔约双方就本章所涉任何问题进行沟通，并应当将该联络点的详细信息提供给另一缔约方。缔约双方应当将联络点详细信息的修改情况及时通知对方。

第三章　原产地规则

第一节

第一条　定义

在本章中：

（一）“水产养殖”是指从卵、鱼苗、鱼虫和鱼卵等胚胎开始，对包括鱼、软体动物、甲壳动物、其他水生无脊椎动物及水生植物在内的水生生物的养殖。通过有序畜养、喂养或防止食肉动物掠食等方式，对饲养或生长过程加以干预，以提高产量；

（二）“到岸价格（CIF）”是指包括运抵进口国进境口岸或地点的保险费和运费在内的进口货物价格，应当依照海关估价协定进行估价。

（三）“离岸价格（FOB）”是指包括货物运抵最终外运口岸或地点的运输费用在内的船上交货价格，应当依照海关估价协定进行估价。

（四）“公认的会计原则（GAAP）”是指一方有关记录收入、支出、成本、资产及负债、信息披露以及编制财务报表方面的会计准则、认可的一致意见或实质性权威支持。上述准则既包括普遍适用的概括性指导原则，也包括详细的标准、惯例及程序。

（五）“货物”是指任何商品、产品、物品或材料。

（六）“可互换材料”是指为商业目的可互换的相同种类的材料，其性质在本质上是相同的，并且两者之间无法仅通过视觉上的检查加以区分的材料。

（七）“材料”是指用于货物生产的任何物质，以物理形式构成另一货物一部分或用于另一货物生产过程的货物。

（八）“原产材料”或“原产货物”是指根据本章规定具备原产资格的材料或货物。

（九）“运输用包装材料及容器”是指货物运输期间用于保护货物的材料和容器，但不同于零售用材料及容器。

（十）“生产”是指获得货物的方法，包括货物的种植、饲养、开采、收获、捕捞、水产养殖、耕种、诱捕、狩猎、捕获、采集、收集、养殖、提取、制造、生产、加工或装配等。

（十一）“产品特定规则”是指规定材料已经过税号改变或特定制造或加工工序，或满足区域价值百分比标准，或者混合使用任何这些标准的规则。

（十二）“协调制度”是指世界海关组织编制的《商品名称及编码协调制度》。

（十三）“中性成分”是指在另一货物的生产、测试或检验过程中使用，本身不构成该货物组成成分的货品。

（十四）“海关估价协定”是指作为《马拉喀什建立世贸组织的协定》的组成部分的《关于实施1994年关税与贸易总协定第七条的协定》。

（十五）“非原产货物”或“非原产材料”是指根据本章规定不具备原产资格的货物或材料，以及原产地不明的货物或材料。

第二条　原产货物

在本章中，当货物满足下列条件之一时应被视为原产货物，具备享受关税优惠待遇的资格：

（一）根据本章第三条规定，在一缔约方完全生产或者获得；

（二）仅使用原产材料，在一缔约方生产；

（三）在一缔约方由非原产材料生产，只要货物满足本章第四条的要求；

并且符合本章的其他适用要求。

第三条　完全生产或者获得的货物

根据本章第二条第（一）款，下列货物应当视为完全生产或者获得：

（一）在一缔约方种植、收获、采摘或采集的植物产品（包括水果、花、蔬菜、树、海藻、菌类和活的植物）；

（二）在一缔约方出生并饲养的活动物；

（三）在一缔约方从活动物中获得的未经过进一步加工的产品，包括牛奶、鸡蛋、天然蜂蜜、毛发、羊毛、精液和粪便；

（四）在一缔约方狩猎、诱捕、捕捞、水产养殖、采集或捕获获得的货物；

（五）从一缔约方陆地、水域及其海床或海床下提取或得到的矿物质及其他天然生成物质；

（六）在一缔约方以外的水域、海床或海床下提取的货物，只要该方根据国际法有权开发上述水域、海床及海床下；

（七）在一缔约方注册并悬挂其国旗的船只在公海上捕捞获得的鱼类和其他海产品；

（八）在一缔约方注册或悬挂其国旗的加工船上，完全用上述第（七）项所述货物加工和/或制造的货物；

（九）在一缔约方生产过程或消费中产生的，仅适用于回收原材料的废碎料；或者

（十）在一缔约方消费并收集的仅适用于回收原材料的旧货物；和

（十一）在一缔约方仅由上述第（一）项至第（十）项所述货物生产或获得的货物，或者在一方仅由上述第（一）项至第（十）项所述货物生产或获得的衍生物生产或获得的货物。

第四条　非完全生产或者获得的货物

一、除本条第二款所涵盖的货物以外，符合下列条件的货物应视为本章第二条第一款（三）所指的原产货物：

（一）如果货物用本章第五条所列公式计算的区域价值成分不少于离岸价格的40%，并且最后生产工序在一缔约方境内完成；

（二）对于归入协调制度第25，26，28，29①，31②，39③，42－49，57－59，61，62，64，66－71，73－83，86，88，91－97章的货物，如果货物生产过程中使用的全部

① 除双方另行达成一致外，税号29.01及29.02适用的标准是区域价值成分40%标准。

② 除双方另行达成一致外，税号31.05适用的标准是区域价值成分40%标准。

③ 除双方另行达成一致外，税号39.01，39.02，39.03，39.07及39.08适用的标准是区域价值成分40%标准。

非原产材料，发生了协调制度四位级税则归类改变（下称“CTC”），即品目改变。

二、依照本条第一款，除非附件2（产品特定规则）另有规定，如果货物符合产品特定规则所列标准或区域价值成分不少于40%，则应视为原产货物。

第五条　区域价值成分的计算

一、区域价值成分（以下简称“RVC”）应当根据以下公式计算：

$$RVC = \frac{FOB - VNM}{FOB} \times 100\%$$

其中RVC为区域价值成分，以百分比表示；

VNM为非原产地材料的价值。

二、非原产地材料的价值应当根据以下情况加以确定：

（一）对于进口的非原产材料，非原产地材料的价值应为在货物进口时的到岸价格；

（二）对于在一方获得的非原产材料，非原产地材料的价值应为该方最早确定的非原产材料的实付或应付价格。该非原产材料的价格不应包括将其从供应商仓库运至生产商所在地的运费、保险费、包装费及任何其他费用。

三、如果按照本条第一款规定具备一缔约方原产资格的产品在该缔约方被用作于生产另一产品的材料，则在确定后一产品的原产地时，该材料中包含的非原产成分不应被计入后一产品的非原产成分中。

四、有关价格应当按照海关估价协定予以确定。

第六条　累积规则

除本章另有规定以外，一缔约方的原产货物在另一缔约方用于生产或加工符合关税优惠待遇资格的最终货物的材料时，应当视为原产于生产或加工最终货物的后一缔约方。

第七条　微小加工和处理

虽然本章有任何条款规定，如果使用非原产材料生产产品仅经过了下列操作，应当视为不充分的加工或处理，不应赋予原产资格：

（一）为确保货物在运输或储存过程中保持良好状态而进行的保护性操作；

（二）出于运输或销售目的而进行包装或展示；

（三）简单加工④，包括过滤、筛选、挑选、分类、削尖、切割、纵切、研磨、弯曲、卷绕或展开；

（四）在产品或外包装上粘贴或印刷标志、标签、标识等其他类似的用于区别的标记；

---

④　在本条中，“简单”指的是不需要使用特殊的技术、机器、设备或器材进行生产或安装所进行的活动。

（五）仅用水或其他物质稀释，未实质改变货物的性质；

（六）将产品拆解成部件；

（七）动物屠宰⑤；

（八）简单的上漆及磨光处理；

（九）简单去皮、去核及去壳；

（十）对无论是否为不同种类的货物进行简单混合；或者

（十一）第（一）项至第（十）项中所述的任两项或两项以上操作的结合。

第八条　直接运输

一、关税优惠待遇仅应适用于符合本章要求，且在出口方和进口方之间直接运输的货物。

二、下列情况应视为直接从出口方运输至进口方：

（一）从出口方直接运输至进口方的货物；或

（二）货物运输经过出口方和进口方以外的一方或多方非成员方，只要：

1. 过境运输基于地理原因或仅出于运输需要的考虑；

2. 货物在其境内未进入贸易或消费领域；

3. 除装卸、重新装卸，或其他为使货物保持良好状态所需的处理外，货物在其境内未经任何其他处理。

第九条　微小含量

不满足本章第四条有关税则归类改变要求的货物，只要满足以下条件，则仍为原产货物：

（一）对于协调制度第 50 章至第 63 章以外的货物，货物生产过程中所有未经过所要求的税则归类改变的非原产材料总价，不超过货物离岸价格的 10%。

（二）对于协调制度第 50 章至第 63 章的货物，货物生产过程中所有未经过所要求的税则归类改变的非原产材料的总重量不超过货物总重量的 10%，或者货物生产过程中所有未经过所要求的税则归类改变的非原产材料的总价不超过货物离岸价格的 10%。

并且货物符合本章其他可适用的标准。

第十条　包装材料、包装及容器

一、在确定货物原产地时，用于货物运输的包装材料、包装及容器应不予考虑。

二、零售用包装材料、包装及容器：

（一）对于适用区域价值成分标准的货物，在确定货物原产地时，如果包装材料、

⑤ 在本条中，“屠宰”指仅将动物杀死的行为。

包装和容器和货物一并归类，则应计入零售用包装材料、包装及容器的价值。

（二）对于适用税则归类改变标准的货物，在确定货物原产地时，如果包装材料、包装和容器和货物一并归类，则在确定货物原产地时零售用包装材料、包装和容器的原产地应不予考虑。

第十一条　附件、备件及工具

一、与货物一并报验和归类的附件、备件及工具应视为货物的一部分，只要：

（一）该附件、备件及工具和货物一起开具发票；以及

（二）该附件、备件及工具的数量及价值是根据商业习惯为货物正常配备的。

二、对于适用附件 2（产品特定规则）所列的税则归类改变标准的货物，在确定货物的原产地时，第一款所述的附件、备件或工具应不予考虑。

三、对于适用区域价值成分标准的货物，在计算该货物的区域价值成分时，第一款所述的附件、备件或工具的价值应当视情计入原产材料或非原产材料。

第十二条　中性成分

在确定货物是否为原产货物时，下列中性成分的原产地不予考虑：

（一）燃料、能源、催化剂及溶剂。

（二）用于测试或检验货物的设备、装置及用品。

（三）手套、眼镜、鞋靴、衣服、安全设备及用品。

（四）工具、模具及型模。

（五）用于维护设备和建筑的备件及材料。

（六）在生产中使用或用于运行设备和维护厂房建筑的润滑剂、油（滑）脂、合成材料及其他材料。

（七）在货物生产过程中使用，虽未构成该货物组成成分，但能合理表明为该货物生产过程一部分的任何其他货物。

第十三条　可互换材料

当货物生产中使用了原产和非原产的可互换材料时，应采用下列方法确定所使用的材料是否为原产：

（一）材料的物理分离；或者

（二）出口方公认会计准则承认的库存管理方法。该库存管理方法一旦确定，则应在整个财政年度内使用该方法。

第十四条　原产地证书

除另有规定以外，对于申请享受优惠关税待遇的货物，申报时应提交按附件 3 规定的原产地证书。该原产地证书应由已按相关规定通知其他各方的签证机关签发。

第十五条　磋商，审议及修改

一、为实现本协定的精神和宗旨，各方应定期磋商以确保本章有效、统一及一致管理。

二、经一方要求并经各方同意，必要时本章可供审议及修改。经中国—柬埔寨自贸区联合委员会同意，本章可开放供审议及修改。

第十六条　原产地规则委员会

一、原产地规则委员会（本章简称“委员会”）由双方代表在联合委员会之下建立；

二、委员会负责处理与中国—柬埔寨自由贸易协定原产地规则相关事务；

（一）监控和评估协定相关内容的实施情况；

（二）信息互换与发展审议；

（三）经缔约双方同意的其他事务；

（四）其他由联合委员会向分委会交办的事务；

（五）按需要向联合委员会建议和汇报。

三、委员会应由双方主管机构代表共同担任主席。主办会议的一缔约方执行主席义务。担任主席人员需与另一缔约方协商准备分委员会会议临时议程，并在会议之前发至另一缔约方。

四、委员会应按照联合委员会指导下认为有必要或经双方同意的频率会面。分委员会会议应经双方同意在中国或柬埔寨举办。

五、委员会应将会议成果形成书面报告。

六、委员会应指派联络点以保证本章内容的有效实施。

第二节

为实施中国—柬埔寨自由贸易协定项下原产地规则，特制订原产地证书签证、核查操作程序及其他相关管理事务规定如下：

定义

规则一

在本节中：

海关是指根据一缔约方法律，负责执行海关法律、法规的主管机构⑥；

出口商是指驻在一缔约方境内出口产品的自然人或法人；

---

⑥ 包括由双方海关管理和执行的进出口及货物运转相关法律、法规，涉及海关关税、其它税费，或者受监管货品跨越双方海关边界流动的禁止、限制和管制。

进口商是指驻在一缔约方境内进口产品的自然人或法人；

签证机构是指一缔约方国内法律、法规和行政规章授权签发原产地证书的任何政府机构或其他实体签证机构。

规则二

原产地证书应当由出口方的签证机构签发。

规则三

（一）一缔约方应当将其签证机构的名称及地址通知另一方，并提供签证机构所使用的签名式样⑦及印章印模。如果使用更正章的，还应当提供更正章的印模。

（二）上述资料应由联络点以电子方式尽可能在生效前至少一个月提供给另一缔约方。名称、地址或印章如有任何变化，一缔约方应当以同样方式迅速通知另一缔约方。

（三）一缔约方应当将其收到资料的确认信息提供给另一缔约方。

规则四

为核实享受优惠待遇的条件，签证机构有权要求提供任何证明文件或者进行适当的检查。如果现行的国内法律、法规和行政规章没有授权，应当在规则五及规则六所指的申请表格中作为条款列出。

申请

规则五

（一）符合享受优惠待遇条件的产品，其出口商及/或生产商应当在产品出口前向签证机构提出核实原产地的申请。应当定期或随时对核查结果进行复核，作为核定出口产品原产地的证据。产品出口前核实不适用于按自然属性其原产地易于核实的产品。

（二）对于本地获取的材料，中国—柬埔寨自由贸易协定项下出口的最后一个制造商所作的自我声明，应当作为申领原产地证书的依据。

规则六

在办理享受优惠待遇产品出口手续时，出口商或其委托代理人应当提交原产地证书的申请，并随附相关证明文件，证明出口产品符合原产地证书签证要求⑧。

出口前检查

规则七

签证机构应当恪尽职守，对每一份原产地证书申请进行适当检查，以确保：

（一）申请表及原产地证书按照原产地证书背页说明的要求正确填写，并经授权人

---

⑦ 如签发机构能提供包含原产地证书信息的网站供口方查询，则免于提供签证人员签名式样。

⑧ 生产商在需授权其他机构代理出口的情况下可申请原产地证书。

签名；

（二）产品原产地符合中国—柬埔寨自由贸易协定项下原产地规则；

（三）原产地证书中的其他说明与所提交的证明文件相符；

（四）所列明的产品名称、数量及重量、包装唛头及编号、包装件数及种类与出口产品相符；

（五）在遵守进口方国内法律、法规和行政规章的前提下，一份原产地证书可涵盖多项产品，但每项产品必须符合相应的原产地规则。

原产地证书的签发

规则八

（一）原产地证书必须依据附件3所列格式用国际标准A4白色纸印制，以英文填制，并附出口方签证机构人员签名和机构印章。签名和印章可手工或电子。原产地证书应当包含一份正本及两份副本（第二副本和第三副本）。

（二）对于有多页的原产地证书，成员方应使用附件3所列格式。续页应当有与首页相同的签名、印章和编号。

（三）每份原产地证书应当包含唯一编号，并涵盖同一批次发运的一项或多项货物。

（四）原产地证书正本应由出口商提供给进口商，如进口方海关有要求提交原产地证书正本，进口商应在进口港（地）将其呈交海关，第二副本应当由出口方签证机构留存，第三副本由出口商留存。

（五）进口方海关拒绝接受原产地证书的，应当在该份原产地证书第四栏内加注。

（六）原产地证书因上述第（五）款所列原因而未被接受的，进口方海关应当对签证机构所作澄清加以考虑，并就可否接受该份原产地证书并给予优惠待遇进行评估。上述澄清应当针对进口方提出的拒绝给予优惠待遇的理由进行全面、详细的阐述。

规则九

为实施中国—柬埔寨自由贸易协定项下本章第二条的规定，出口方在签发原产地证书时，应当在证书第8栏内注明原产地标准或所适用的中国—柬埔寨自由贸易协定项下价值成分的百分比。

规则十

原产地证书不得涂改及叠印。任何更正必须先将错误项目划去，然后做必要的修改。所作更正应当由有权签注原产地证书的官员认可，并加盖签证机构印章或更正章予以证明。所有未填空白之处应予划去，以防事后填写。

规则十一

原则上，原产地证书应当在产品装运前或装运时签发。因特殊情况未能在产品装运时或装运后 3 天内签发原产地证书的，应出口商请求，可以依照出口方国内法律、法规和行政规章，自产品装运之日起 12 个月内，补发原产地证书，但必须在证书第 13 栏注明“补发”字样。在上述情况下，申明享受优惠待遇的产品进口商，可以依照进口方国内法律、法规和行政规章，向进口方海关提交补发的原产地证书。

规则十二

原产地证书被盗、遗失或毁坏的，出口商可以书面向签证机构申请签发该原产地证书正本及第三副本的经核准真实副本。该副本应当根据签证机构存档的出口文件制发，并应在第 12 栏中注明“经核准的真实副本”字样。该副本应当注明原始原产地证书的签发日期。原产地证书经核准的真实副本应当在原始原产地证书签发之日起一年内签发，并且只有在出口商向有关签证机构提供了原始原产地证书的第三副本或者签发原始原产地证书的任何证据的情况下才能签发。

提交

规则十三

原产地证书正本应以人工或电子的方式，依照进口方国内法律、法规和行政规章，在产品进境报关时向海关提交，以申明该产品享受优惠待遇。

规则十四

原产地证书自出口方签证机构签发之日起一年内有效。如进口方海关要求提交原产地证书，则必须在上述期限内提交。

规则十五

（一）出口方的原产产品，其离岸价格不超过 200 美元的，无需交验原产地证书，仅需出口商就有关产品原产于出口方作简要声明即可。离岸价格不超过 200 美元的邮递物品应当照此办理。

（二）如经进口方海关确认，该进口有理由被认为是为规避原产地证书的提交要求而实施或安排的多次进口的一部分，则本规则第一款的规定不予适用。

规则十六

（一）只要对中国—柬埔寨自由贸易协定项下内产品的原产地没有疑义，原产地证书所列产品与所报验的产品相符，原产地证书内容与办理进口报关手续时所提交的有关单证所列内容（例如，税则归类）之间存在的非实质性差异，不应影响原产地证书的有效性。

（二）产品出口方与进口方之间存在上述（一）款所述非实质性差异的，应当在采取相应的管理措施（例如，以所适用的较高税率征税或者收取等额保证金）后立即验放货物。一旦上述差异得到澄清，应当按正确的中国—柬埔寨自由贸易协定项下协定税率征税，多征税款应当依照进口方国内法律、法规及行政规章予以退还。

（三）当原产地证书包含多项产品时，其中一项产品所遇问题不应影响其他产品享受优惠待遇，也不应延迟其他产品清关。遇有问题的产品按规则十七（一）2 的规定进行处理。

规则十七

（一）进口方海关可以请求进行追溯核查。可以随机进行核查，也可以在有理由对有关文件的真实性或者涉及全部或者部分产品真实原产地相关信息的准确性表示怀疑时进行核查。

1. 核查请求应当书面提出，随附一份原产地证书复印件，指出该证书中可能有误的内容，详列核查理由，并提供其他补充信息。随机核查不受此限。

2. 在等待核查结果期间，进口方海关可以暂缓给予优惠待遇。但是，只要有关产品不属于禁止或限制进口产品，又不涉嫌瞒骗，在采取相应的管理措施（例如，以所适用的较高税率征税或者收取等额保证金）后，货物可予以放行。

3. 出口方海关或签证机构收到追溯核查请求后，应当迅速回应，并在收到请求后 90 天内予以回复。出口方海关或签证机构可以书面请求延期 90 天。该延期请求应在最初的 90 天内提出。

（二）如进口方海关对追溯核查的结果不满意，在特殊情况下，可以请求到出口方进行核查访问。

1. 根据本款规定开展核查访问前，进口方海关应当通知出口方的主管机构，以商定核查访问的条件和方式。

2. 核查访问应当在收到根据上述第 1 项规定发出的通知后 60 天内进行。

（三）从开展核查（包括追溯核查和核查访问），直到将核查结果通知出口方海关当局和/或签证机构，整个核查程序应当 180 天内完成。如果按照规则十七（一）3 的规定提出延期请求，则开展核查（包括追溯核查和核查访问），直到将核查结果通知出口方海关当局和/或签证机构，整个核查程序应当从 180 天延长至 270 内完成。在等待核查访问结果期间，应当适用规则十七（一）2 的规定，暂缓给予优惠待遇。

（四）所有关于核查请求的信息交换应当且只能通过各方各自的联络点开展。

（五）在追溯核查或核查访问过程中，出口方未能在上述第（一）款、第（二）款及第（三）款规定的核查时限内回复，从而满足进口方海关要求的，可以拒绝给予优惠待遇。

（六）缔约各方应当对核查过程中由另一方提供的信息和文件予以保密。除非提供该信息一方出具明确的书面许可，上述信息和文件不得用于其他目的，包括在行政或者司法程序中被作为证据使用。

记录保存要求

规则十八

（一）原产地证书的申请表及其所有相关文件，应当由签证机构自签证之日起保存至少 3 年。

（二）应进口方请求，应当提供与原产地证书有效性相关的资料。

（三）缔约各方之间沟通的任何信息应当予以保密，只能用于原产地证书的确认。

（四）为依照规则十七的规定进行核查，申领原产地证书的生产商及/或出口商，应当依照出口方国内法律、法规及行政规章，自原产地证书签发之日起，将相关申请材料保存至少 3 年。

特殊情况

规则十九

为实施中国—柬埔寨自由贸易协定项下原产地章节第八条规定，产品运经一个或多个非成员方境内的，应当向进口方海关提交下列单证：

（一）在出口方签发的联运提单；

（二）出口方有关签证机构签发的原产地证书；

（三）产品的商业发票复印件；

（四）符合中国—柬埔寨自由贸易协定项下原产地规则章节第八条第二款 1、2 及 3 要求的证明文件。

规则二十

（一）由出口方运至另一方展览并在展览期间或展览后销售给一方的产品，如其符合中国—柬埔寨自由贸易协定项下原产地规则的要求，应当享受中国—柬埔寨自由贸易协定项下优惠待遇，但应满足进口方海关的下列要求：

1. 出口商已将产品从出口方境内运送至举办展览会的另一方境内并在该方展出；

2. 出口商已将产品出售或转让给进口方的收货人；

3. 产品在展览期间或展览后立即以送展时的状态发运至进口方。

（二）为实施上述规定，必须向进口方海关提交原产地证书。必须注明展览会名称及地址，可以要求提供举办展览会一方的签证机构签发的证明和规则十九（四）所列的证明文件。

（三）上述第（一）款规定应当适用于任何以销售外国产品为目的、展览期间产品处于海关监管之下的交易会、农业或手工业展览会、展销会或者在商店或商业场所举办的类似展览或展示。

规则二十一

由驻在第三方的公司或者由为该公司代销的中国—柬埔寨自由贸易协定项下出口商开具销售发票的，只要产品符合中国—柬埔寨自由贸易协定项下原产地规则的要求，进口方海关对原产地证书应当予以接受。原始发票或第三方发票的发票号应当在原产地证书的第 10 栏予以注明，出口商和收货商必须驻在缔约各方。第三方发票的复印件随同原产地证书一并提交进口方海关如进口方海关要求提交原产地证书。

反瞒骗措施

规则二十二

（一）怀疑存在原产地证书相关瞒骗行为时，缔约各方政府机构应当进行合作，在各自境内对涉嫌人员采取行动。

（二）缔约各方应当依照其国内法律、法规及行政规章，对原产地证书相关瞒骗行为实施法律制裁。

规则二十三

在产品原产地确定、归类或其他方面出现争议时，双方有关政府机构应当相互协商，以期解决争议。

规则二十四

缔约双方应在此协定正式生效前致力发展原产地电子数据交换系统，以保证此章节按照双方的共同决议有效实施。

第四章　海关程序与贸易便利化

第一条　定义

就本章而言：

（一）海关当局指

1. 对中国而言，中华人民共和国海关总署；以及

2. 对柬埔寨而言，柬埔寨海关与消费税总署。

（二）海关法指明确由海关负责执行的有关货物进口、出口、移动或储存的法律或法规的条款，以及由海关根据法定权力制定的任何规章。

（三）海关程序指由一缔约方海关当局，遵循其海关法对货物及运输工具适用的措施。

（四）《海关估价协定》系指包含在《世贸组织协定》附件 1A 中的《关于实施

1994 年关税与贸易总协定第七条的协定》。以及

（五）运输工具指依据一缔约方法律法规，进入或离开一缔约方境内的载有自然人、货物或物品的各类船舶、车辆、航空器和驮畜。

第二条　范围与目标

一、本章应当根据缔约双方各自的国际义务以及其国内法律法规的规定，适用于对双边贸易的货物和缔约双方之间运行的运输工具实施的海关程序。

二、本章旨在：

（一）简化缔约双方的海关程序，并且在可能的范围内使其与相关国际标准相协调；

（二）保证缔约双方海关法适用的可预见性、一致性和透明度；

（三）促进对缔约双方海关程序的有效管理，以及货物的快速通关；

（四）便利缔约双方之间的贸易，包括通过加强全球和区域供应链环境；以及

（五）在本章范围内，促进缔约双方海关当局之间的合作。

第三条　便利化

各海关当局应当酌情以国际标准，特别是世界海关组织《关于简化和协调海关业务制度的国际公约》（《京都公约》修订版）有关的标准和推荐做法为基础，使用高效的海关程序，以便在双边贸易中降低贸易成本和不必要的延误。

第四条　透明度

一、各海关当局应当通过包括互联网在内的渠道，及时公布与缔约双方货物贸易相关的普遍适用的法律、法规，如适用，还包括行政规章或程序。

二、各海关当局应当指定或保持一个或多个咨询点，处理利益相关人关于海关事务的咨询，并且在互联网上公布与此类咨询程序有关的信息。

第五条　海关估价

双方海关当局应根据《海关估价协定》的规定对双方贸易货物进行海关估价。

第六条　税则归类

双方海关当局应当对双边贸易货物税则归类适用《商品名称及编码协调制度的国际公约》。

第七条　海关合作

缔约双方海关当局应当在其国内法律法规允许的范围内，在下列方面相互给予协助：

（一）本章以及《中华人民共和国海关总署和柬埔寨王国海关与消费税总署关于海关事务合作与互助的谅解备忘录》的实施与执行；以及

（二）双方共同决定的其他事项。

第八条　自动化系统的应用

一、各缔约方海关当局应当尽力拥有其支持电子化海关操作的系统。

二、在运用信息技术支持海关操作中，各缔约方海关当局在其可行的设施和能力情况下，应当考虑世界海关组织推荐的相关标准和最佳做法。

第九条　预裁定

一、应出口商、进口商或任何具有合理理由的人员或其代表⑨提交的包括所有必要信息的书面请求，在货物实际入境前，各缔约方海关当局应当就下列事项作出预裁定决定：

（一）货物原产地；

（二）商品税则归类；

（三）符合《海关估价协定》规定情形下，根据特定实施用于确定完税价格的适当方法或标准及其适用；以及

（四）缔约双方同意的其他事项。

二、进口方海关当局应当自接受所有必要信息后的90日内做出预裁定决定。

三、各缔约方海关当局应规定预裁定决定自做出之日起三年有效。

四、在下列情况下，进口方海关可以修改或撤销预裁定决定：

（一）如果该预裁定所依据的事实有误；

（二）如果预裁定所依据的事实或实际情形发生了变化；

（三）为与其国内法律的变化、司法判决以及本章修订的规定保持一致；或者

（四）如果提供了不实信息或相关信息未予提供。

第十条　货物放行

一、各缔约方海关当局应当采用或沿用简化的海关程序，高效放行货物以便利缔约双方贸易。本款不得要求一方在未能满足货物放行要求时放行货物。

二、依据第一款，各缔约方应当采用或沿用相关程序以允许货物放行的期限不超过执行其海关法所必需的时间。

三、当货物被选择进一步查验时，查验应限为合理、必要并且无不当延误。

第十一条　风险管理

一、各缔约方海关当局应当采用风险管理方法确定货物风险特征以便利低风险货物通关，集中对高风险管理进行监管。

二、各缔约方海关当局应当以风险管理为基础确定查验的人员、货物或运输工具以

---

⑨　向中国申请预裁定须向中国海关注册。

及这种查验的范围。

三、各缔约方海关当局应当交流风险管理技术的最佳做法。

第十二条　后续稽查

为加强海关监管，各缔约方海关当局应采用或沿用后续稽查以保证其海关法得以遵守。

第十三条　经认证的经营者

一、各缔约方海关当局应当尽力建立经认证的经营者（AEO）制度，以促进知法守法及海关监管高效。

二、缔约双方海关当局应当尽力推动经认证的经营者互认。

三、鼓励各缔约方海关当局加强合作，在适当的情况下，指定海关关员作为协调员并解决经认证的经营者的海关事务，并考虑如何加强此类计划的实施以促进贸易。

第十四条　磋商与联络点

一、在有请求方提供的合理根据或事实的情况下，一缔约方海关当局可随时要求与另一缔约方海关当局就本章实施或执行中发生的问题进行磋商。

二、若此类磋商未能协调解决有关问题，请求方可将问题提请本章第十五条所述的海关程序与贸易便利化委员会考虑。

三、各缔约方海关当局应当为本章之目的指定一个或多个联络点。联络点的联系方式信息应向另一缔约方提供，如发生改变，应及时向对方通报。

第十五条　海关程序与贸易便利化委员会

一、为本章的有效实施和执行，在中国—柬埔寨自由贸易区联合委员会框架下成立海关程序与贸易便利化委员会。

二、海关程序与贸易便利化委员会的主要职责包括：

（一）确保本章的正常实施并解决实施中发生的所有问题；

（二）对本章节解释与实施进行评估；

（三）确认与本章有关的便利缔约双方贸易的相关可以完善的领域；以及

（四）提出建议并向联合委员会报告。

三、海关程序与贸易便利化委员会应当由缔约双方海关当局代表组成，在缔约双方同意的时间、地点会面，并应当为此指定一个或多个联络点。

第五章　技术性贸易壁垒

第一条　目标

本章旨在：

（一）确保标准、技术法规和合格评定程序不会造成不必要的技术性贸易壁垒，以便利和促进缔约双方之间的货物贸易；

（二）加强合作，包括就标准、技术法规和合格评定程序的制定、采纳与适用有关方面开展信息交换；

（三）增强对各缔约方标准、技术法规和合格评定程序的相互理解；以及

（四）促进《世贸组织协定》附件 1A 的《技术性贸易壁垒协定》（以下简称《TBT 协定》）原则的实施。

第二条　适用范围

本章适用于可能直接或间接影响缔约双方间货物贸易的所有标准、技术法规和合格评定程序。本章不适用于：

（一）本协定第六章（卫生与植物卫生措施）涵盖的卫生于植物卫生措施；以及

（二）依据世贸组织《政府采购协议》规定实施的，政府机构为其自身的生产或消费要求而制定的采购规格不受本协定约束。

第三条　定义

就本章而言，《TBT 协定》附件 1 所列定义应予以适用。

第四条　一般条款

除非本章另有规定，缔约双方应适用《TBT 协定》，经必要修改后，在此并入本协定并成为本协定的一部分。

第五条　国际标准

就本章而言，已发布的标准，尤其由国际标准化组织（ISO）、国际电工委员会（IEC）、国际电信联盟（ITU）以及国际食品法典委员会（CAC）发布的标准，应视为《TBT 协定》第 2 条第 4 款所称相关国际标准。

第六条　合格评定程序

一、为提高合格评定的效率并确保其成本效益，缔约双方应通过双边访问、技术培训和研讨会等加强各自合格评定程序信息交换方面的合作。

二、在合格评定领域进行合作时，缔约双方应考虑其参加有关国际组织的情况。

第七条　边境措施

如果一缔约方在入境港扣留了另一缔约方出口的货物，认为其不符合技术法规或合格评定程序，该缔约方应立即将扣留理由通知进口商或其代表。为此采取的官方措施应与该类货物相关的风险相对应。

第八条　透明度及信息交换

一、各缔约方确保依据《TBT 协定》第 2 条第 9 款及第 5 条第 6 款的相关要求提供

有关拟议的新的或修订的技术法规或合格评定程序的信息。

二、各缔约方应在收到书面请求后15个工作日内，向请求方提供其通报的技术法规及合格评定程序全文。如有英文版本，则应提供英文版本。

三、除对健康、安全、环境造成风险或威胁需要采取紧急行动的情况外，各方应在向世贸组织通报其拟议的技术法规及合格评定程序后，给予另一缔约方至少60日评议期。

四、各缔约方有权要求另一缔约方提供有关本章所述事项的信息。被请求方应努力在合理期限内向请求方提供可获得的信息。

第九条　技术磋商

一、如有一缔约方认为另一缔约方有关技术法规或合格评定程序对其出口构成的障碍其有权要求进行技术磋商，被请求反方应尽早答复这一请求。

二、被请求方应在双方商定的时间内进行技术磋商，以达成解决方案。技术磋商可以通过缔约双方商定的任何方式进行。

第十条　合作

为增进对彼此制度的了解，便利双边贸易，缔约双方应加强在以下领域的技术合作：

（一）缔约双方主管机构之间的沟通；

（二）交换有关标准、技术法规、合格评定程序和良好监管实践的信息；

（三）尽可能鼓励缔约双方标准化和合格评定机构之间的合作，包括培训项目、研讨会和相关活动；

（四）在有关区域和国际组织工作中，在与标准和合格评定程序的制定和适用有关的共同关注领域开展合作；

（五）国际标准化组织（ISO）/国际电工委员会（IEC）指南2中定义的活动；以及

（六）缔约双方商定的其他领域。

第十一条　联络点

一、各缔约方应指定联络点，负责协调本章的实施。联络点分别为：

（一）中国：国家市场监督管理总局；以及

（二）柬埔寨：柬埔寨标准局。

二、各缔约方应向另一缔约方提供各自联络点相关工作人员的联系方式，包括电话、传真、电子邮件和任何其他相关信息。

三、各缔约方应就其联络点的变更或代表该联络点的相关工作人员信息的更改及时通知另一缔约方。

第六章　卫生与植物卫生措施

第一条　目标

本章旨在：

（一）便利缔约双方之间的贸易，同时保护其境内人类、动物或植物的生命或健康；

（二）促进各缔约方在制定、实施卫生与植物卫生措施方面的透明度和相互谅解；及

（三）加强缔约双方在卫生与植物卫生措施领域的合作、交流及磋商。

第二条　定义及范围

就本章而言：

一、世贸组织《实施卫生与植物卫生措施协定》（以下简称《SPS 协定》）附件 A 中规定的定义应当适用。

二、国际食品法典委员会（Codex）、世界动物卫生组织（OIE）和《国际植物保护公约》（IPPC）制定的相关定义应当予以考虑。

三、本章应适用于缔约双方可能直接或间接影响双边贸易的所有卫生与植物卫生措施。

第三条　总则

一、各缔约方确认其在《SPS 协定》项下对彼此的权利和义务。

二、缔约双方承诺在制定、实施卫生与植物卫生措施时遵循《SPS 协定》的原则。

第四条　协调

为最大限度地协调卫生与植物卫生措施，缔约双方应尽力使其卫生与植物卫生措施以国际食品法典委员会、世界动物卫生组织和《国际植物保护公约》制定的国际标准、指南或建议为基础。

第五条　等效

一、缔约双方应当根据《SPS 协定》加强等效性方面的合作，同时考虑世贸组织卫生与植物卫生委员会的相关决定和国际标准、指南和建议。

二、缔约双方应当，应请求，尽力进行磋商以达成认可具体卫生与植物卫生措施等效性的安排。

第六条　区域化

缔约双方同意在制定和实施其卫生与植物卫生措施时遵循世贸组织《SPS 协定》第 6 条规定的区域化原则，同时考虑世贸组织卫生与植物卫生委员会通过的“关于在实施

卫生与植物卫生措施时进一步落实协定第 6 条的指南”及相关国际标准和指南。

第七条　透明度和信息交换

一、缔约双方认识到世贸组织《SPS 协定》附件 B 规定的透明度的重要性。

二、各缔约方应通过世贸组织卫生与植物卫生咨询点或根据本章第十条设立的联络点通报对另一缔约方贸易有重大影响的拟议中的卫生与植物卫生措施或对现行卫生与植物卫生措施的修订。对于任一通报，一缔约方应给予另一缔约方至少 60 天时间提交评议意见，除非健康保护的紧急问题发生或面临发生的威胁。

三、收到书面请求后，一缔约方应在 5 个工作日内向另一缔约方提供其通报的卫生与植物卫生措施的全文。

四、缔约双方应适当交换与其境内卫生与植物卫生状况相关的信息，并为开展风险评估及等效工作提供必要信息。

五、对于进口货物重大的、连续或重复发生的不符合卫生与植物卫生要求的情况，缔约双方应及时交流。

第八条　口岸措施

如一缔约方因不符合卫生与植物卫生要求在进境口岸扣留从另一缔约方出口的货物，应立即将扣留原因告知进口商或其代理人。

第九条　合作

缔约双方同意探寻在卫生与植物卫生事务上进一步合作的机会以加强对双方管理体系的相互理解并便利双边贸易。

第十条　主管机构和联络点

一、缔约双方主管机构指具有实施本章职能的机构。缔约方联络点指负责在双方间就本章涵盖的任何问题进行交流及通报的机构。

二、各缔约方应设立一个联络点负责协调本章的实施。联络点为：

（一）对中国而言：中华人民共和国海关总署；及

（二）对柬埔寨而言：柬埔寨农业、林业与渔业部。

三、对于本国主管机构的结构、组织、职责划分方面的任何重大改变或其联络点的任何改变，缔约方双方应告知彼此。

第十一条　卫生与植物卫生委员会

一、缔约双方同意设立卫生与植物卫生事务委员会，由各缔约方具有卫生与植物卫生事务职责的代表组成。

委员会应由下列人员负责协调：

（一）对中国而言：海关总署国际合作司司长或其指定代表；及

（二）对柬埔寨而言：农业、林业与渔业部国际合作司司长或其指定代表。

二、委员会会议应在本协定生效后一年内召开，此后在缔约双方同意的地点和时间召开。

三、委员会职能如下：

（一）加强对各缔约方卫生与植物卫生措施及与这些措施相关的管理程序的相互理解；

（二）便利卫生与植物卫生事务的技术合作；及

（三）管理本章的实施和执行。

四、根据职责，委员会可同意设立临时性技术工作组。

五、会议可以以面对面、电话、视频或缔约双方同意的任何其他方式召开。

第七章　服务贸易

第一条　定义

就本章而言：

（一）商业存在是指任何类型的商业或专业机构，包括为提供服务而在一缔约方境内：

1. 组建、收购或维持一法人，或者；

2. 创建或维持一分支机构或代表处；

（二）一法人是指：

1. 由一缔约方的人所“拥有”，如该缔约方的人实际拥有的股本超过 50%；

2. 由一缔约方的人所“控制”，如此类人拥有任命大多数董事或以其他方式合法指导其活动的权力；

3. 与另一成员具有“附属”关系，如该法人控制该另一人，或为该另一人所控制；或该法人和该另一人为同一人所控制；

（三）一缔约方的法人是指根据一缔约方适用法律适当组建或组织的任何法人实体，无论是否以盈利为目的，无论属私营所有还是政府所有，包括任何公司、基金、合伙企业、合资企业、独资企业或协会，只要其符合：

1. 根据该缔约方的法律组建或组织的、并在该缔约方境内从事实质性业务活动的法人；或

2. 对于通过商业存在提供服务的情况：

（1）由该缔约方的自然人拥有或控制的法人；或

（2）由本款第 1 目确认的该缔约方的法人拥有或控制的法人。

（四）措施是指一缔约方采取的法律、法规、规则、程序、决定、行政行为或任何其他形式的措施，包括：

1. 中央、地区或地方政府和主管机关所采取的措施；以及

2. 由中央、地区或地方政府或主管机关授权行使权力的非政府机构所采取的措施；

（五）各缔约方影响服务贸易的措施包括关于下列内容的措施：

1. 服务的购买、支付或使用；

2. 与服务的提供有关的、各缔约方要求向公众普遍提供的服务的获得和使用；以及

3. 一缔约方的人为在另一缔约方境内提供服务的存在，包括商业存在；

（六）服务的垄断提供者是指一缔约方境内有关市场中被该缔约方形式上或事实上授权或确定为该服务的独家提供者的任何公私性质的人；

（七）一缔约方的自然人是指：

1. 对中国而言，是指根据中国法律属于中国公民的自然人；

2. 对柬埔寨而言，是指根据柬埔寨适用法律属于柬埔寨公民的自然人；

（八）一缔约方的人是指一缔约方的自然人或法人；

（九）服务包括任何部门的任何服务，但在行使政府职权时提供的服务除外；

（十）服务部门是指：

1. 对于具体承诺，是指一缔约方减让表中列明的一项服务的一个、多个或所有分部门；

2. 在其他情况下，是指该服务部门的全部，包括其所有的分部门；

（十一）服务消费者是指接受或使用服务的任何人；

（十二）行使政府职权时提供的服务是指既不以商业为基础，也不与一个或多个服务提供者竞争的服务；

（十三）一缔约方的服务提供者是指一缔约方提供服务的任何人；⑩

（十四）服务的提供包括服务的生产、分销、营销、销售和交付；

（十五）服务贸易定义为：

1. 自一缔约方境内向另一缔约方境内提供服务（“模式 1 跨境提供”）；

2. 在一缔约方境内向另一缔约方消费者提供服务（“模式 2 境外消费”）；

3. 一缔约方服务提供者通过在另一缔约方境内以商业存在方式提供服务（“模式 3

⑩ 如该服务不是由一缔约方法人直接提供，而是通过分支机构或代表处等其他形式的商业存在提供，则该服务提供者（该法人）仍应通过该商业存在被给予在本章项下给予服务提供者的待遇。此待遇应当给予提供该服务的商业存在，但不需给予该服务提供者位于服务提供地境外的其他任何部分。

商业存在”）；

4. 一缔约方服务提供者通过在另一缔约方境内以自然人存在方式提供服务（“模式4 自然人存在”）。

第二条 范围

一、本章适用于各缔约方采取或维持的影响服务贸易的措施。

二、本章不适用于：

（一）普遍适用的管理政府机构为政府目的而购买服务的法律、法规、政策或程序，此种购买不是为进行商业转售或为供商业销售而在提供服务过程中使用；

（二）行使政府职权时提供的服务；

（三）一缔约方提供的补贴或补助；

（四）影响寻求进入一缔约方就业市场的自然人的措施；

（五）海洋运输服务中的沿海和内水运输服务。

三、本章不适用于影响以下内容的措施：

（一）无论以何种形式给予的航空业务权；或

（二）与航空业务权的行使直接有关的服务，不包括影响下列内容的措施：

1. 航空器的修理和保养服务；

2. 空运服务的销售和营销；

3. 计算机预订系统（CRS）服务。

第三条 国民待遇

一、对于列入具体承诺减让表的部门，在遵守其中所列任何条件和资格的前提下，一缔约方在影响服务提供的所有措施方面应当给予另一缔约方的服务和服务提供者不低于其给予本国同类服务和服务提供者的待遇⑪。

二、一缔约方可通过对另一缔约方的服务或服务提供者给予与其本国同类服务或服务提供者形式上相同或不同的待遇，以满足第一款的要求。

三、如形式上相同或不同的待遇改变竞争条件，与另一缔约方的同类服务或服务提供者相比，有利于该缔约方的服务或服务提供者，则此类待遇应被视为较为不利的待遇。

第四条 市场准入

一、对于本章第一条中服务贸易定义的服务提供方式实现的市场准入，一缔约方应当给予另一缔约方的服务和服务提供者不低于其在具体承诺减让表中同意和列明的条

⑪ 根据本条承担的具体承诺不得解释为要求任一缔约方对由于有关服务或服务提供者的外国特性而产生的任何固有的竞争劣势做出补偿。

款、限制和条件。[12]

二、在作出市场准入承诺的部门，除非在其具体承诺减让表中另有列明，否则一缔约方不得在其一地区或在其全部境内维持或采取按如下定义的措施：

（一）无论以数量配额、垄断、专营服务提供者的形式，还是以经济需求测试要求的形式，限制服务提供者的数量；

（二）以数量配额或经济需求测试要求的形式，限制服务交易或资产总值；

（三）以配额或经济需求测试要求的形式，限制服务业务总数或以指定数量单位表示的服务产出总量；[13]

（四）以数量配额或经济需求测试要求的形式，限制特定服务部门或服务提供者可雇佣的、提供具体服务所必需且直接有关的自然人总数；

（五）限制或要求服务提供者通过特定类型法律实体或合营企业提供服务的措施；以及

（六）以限制外国股权最高百分比或限制单个或总体外国投资总额的方式限制外国资本的参与。

第五条　具体承诺减让表

一、各缔约方应当在各自具体承诺减让表中列出其根据本协定第七章第三条（国民待遇），第七章第四条（市场准入）和第七章第六条（附加承诺）作出的具体承诺。对于作出此类承诺的部门，其具体承诺减让表应当列明：

（一）市场准入的条款、限制和条件；

（二）国民待遇的条件和资格；

（三）与附加承诺有关的承诺；以及

（四）在适当时，实施此类承诺的时限。

二、与第七章第三条（国民待遇）和第七章第四条（市场准入）不一致的措施应当列入与第七章第四条（市场准入）有关的栏目。在此情形下，所列内容将被视为也对第七章第三条（国民待遇）规定了条件或资格。

三、具体承诺减让表应附在本协定之后作为附件4（服务贸易具体承诺减让表）。

---

⑫ 如一缔约方就第一条中服务贸易定义第1目所指的方式提供服务作出市场准入承诺，且如果资本的跨境流动是该服务本身必需的部分，则该缔约方由此已承诺允许此种资本跨境流动。如一缔约方就第一条中服务贸易定义第3目所指的方式提供服务做出市场准入承诺，则该缔约方由此已承诺允许有关的资本转移进入其境内。

⑬ 第2款第（3）项不涵盖一缔约方限制服务提供投入的措施。

第六条　附加承诺

缔约双方可就影响服务贸易、但根据第七章第三条（国民待遇）或第七章第四条（市场准入）不需列入减让表的措施谈判有关承诺，包括但不限于有关资格、标准或许可事项的措施等此类承诺应当列入一缔约方的具体承诺减让表中。

第七条　国内规制

一、在已做出具体承诺的部门中，各缔约方应当保证所有影响服务贸易的普遍适用的措施以合理、客观和公正的方式实施。

二、（一）各缔约方应当维持或尽快设立司法、仲裁或行政庭或程序，应受影响的服务提供者请求，对影响服务贸易的行政决定迅速进行审查，并在请求被证明合理的情况下提供适当的补救。如此类程序并不独立于作出有关行政决定的机构，则该缔约方应当保证此类程序在实际中提供客观和公正的审查。

（二）第二款第（一）项的规定不得解释为要求一缔约方设立与其宪法结构或其法律制度的性质不一致的法庭或程序。

三、对在本章下已作出具体承诺的服务，如提供此种服务需要得到批准，则各缔约方主管机关应当：

（一）在申请不完整的情况下，应申请人请求，指明所有为完成该项申请所需补充的信息，并在合理的时间内为申请人修正不足提供机会；

（二）应申请人请求，提供有关申请情况的信息，不得有不当延误；并且

（三）如申请被终止或被否决，尽最大可能以书面形式尽快通知申请人被终止或被否决的原因。申请人将有可能自行决定重新提交新的申请。

四、为确保与资格要求、程序、技术标准和许可要求相关的各项措施不构成不必要的服务贸易壁垒，缔约双方应当共同审议按照《服务贸易总协定》第六条4款所开展的有关此类措施纪律的谈判结果，以将该谈判结果纳入本协定。缔约双方注意到此类纪律旨在特别确保上述要求：

（一）依据客观、透明的标准，例如提供服务的资格或能力；

（二）不得超过为保证服务质量所必需的负担；

（三）涉及许可程序时，这些程序本身不对服务提供构成限制。

五、（一）对一缔约方已做出具体承诺的部门，在本条第四款提及的纪律被纳入本协定之前，该缔约方不得以下列方式实施使本协定项下义务失效或减损的许可要求、资格要求或技术标准：

1. 不符合本条第四款第（一）项、第（二）项或第（三）项中所概述的标准的；以及

2. 该缔约方对这些部门做出具体承诺时不可能合理预期的。

（二）在确定一缔约方是否符合本条第五款第（一）项下的义务时，应当考虑该缔约方所实施的有关国际组织[14]的国际标准。

六、在已就专业服务做出具体承诺的部门，缔约方应当规定适当程序，以核验另一缔约方专业人员的能力。

第八条　承认

一、为使服务提供者获得授权、许可或证书的标准或准则得以全部或部分实施，在遵守本条第三款要求的前提下，一缔约方可承认，或鼓励其相关主管部门承认在另一缔约方已获得的教育或经历、已满足的要求、或已给予的许可或证明。此类可通过协调或其他方式实现的承认，可依据缔约双方或其相关主管部门之间达成的协定或安排，也可自动给予。

二、属本条第一款所指类型的协定或安排参加方的一缔约方，无论此类协定或安排是现有的还是在未来订立，均应当向另一缔约方提供充分机会，以谈判加入此类协定或安排，或与其谈判类似的协定或安排。如一缔约方自动给予承认，则应当向另一缔约方提供充分的机会，以证明在另一缔约方获得的教育、经历、许可或证明以及满足的要求应得到承认。

三、一缔约方给予承认的方式不得构成在适用服务提供者获得授权、许可或证明的标准或准则时在各国之间进行歧视的手段，或构成对服务贸易的变相限制。

第九条　资格互认合作

双方尽力鼓励各自负责发放和承认专业和职业资格的相关机构加强合作，探讨互认其他资质及专业和职业许可的可能性。

第十条　支付与转移

一、除在第十五章（例外）第六条（保障国际收支平衡的措施）中预想的情况下外，一缔约方不得对与其具体承诺有关的经常项目交易的国际转移和支付实施限制。

二、本章的任何规定不得影响缔约双方作为国际货币基金组织成员在《国际货币基金协定》项下的权利和义务，包括采取符合《国际货币基金协定》的汇兑行动，前提是一缔约方不得对任何资本交易设置与其有关此类交易的具体承诺不一致的限制，但根据第十五章（例外）第六条（保障国际收支平衡的措施）或在国际货币基金组织请求下除外。

第十一条　利益的拒绝给与

一缔约方可对下列情况拒绝给予本章项下的利益：

---

⑭ “有关国际组织”指成员资格对本协定缔约双方相关机构开放的国际机构。

（一）对于一项服务的提供，如确定该服务来自于一非缔约方的境内，或在一非缔约方境内；

（二）在提供海运服务的情况下，如确定该服务是：

1. 由一艘根据一非缔约方的法律注册的船只提供；及

2. 由一经营和/或使用全部或部分船只的非缔约方的人提供的；

（三）对于一个具有法人资格的服务提供者，如确定其不是另一缔约方的服务提供者。

第十二条　透明度

一、缔约双方认识到，与服务贸易管理相关的透明措施对于促进服务提供者获得进入彼此市场并在其中经营的能力至关重要。各缔约方应当促进服务贸易中监管的透明度。

二、各缔约方应当迅速发布，除紧急情况外，最迟应在其生效之时公布：

（一）所有影响服务贸易的普遍适用的措施；及

（二）其为签字方的与服务贸易相关或影响服务贸易的所有国际协定。

三、在可能的情况下，各缔约方应当在互联网上提供本条第二款所指的措施和国际协定。

四、如果本条第二款和第三款所指的公布不可行，则应当以其他方式使此类信息⑮可公开获得。

五、在其国内法律框架规定的范围内，各缔约方应当尽力在采取就本条第二款第（一）项所指措施之前，为缔约双方的利益相关人发表评论提供合理的机会。

六、各缔约方应当迅速回应一缔约方提出的关于以下具体信息的所有请求：

（一）任何第二款第（一）项所指的措施或第二款第（二）项所指的国际协定；及

（二）任何新颁布的法律，法规或行政指南，或对现行的法律，法规或行政指南的修改，其对该缔约方在本章下的具体承诺所涵盖的服务贸易产生重大影响，无论另一缔约方先前是否已被告知上述新的或修改的法律，法规或行政指南。

七、如提供本章项下已作出承诺的服务要求获得许可，各缔约方应当在可行范围内确保与该服务许可有关的所有相关措施均可公开获得。

八、根据其法律法规要求，应申请人请求，各缔约方应当确保申请人可获得有关许可被拒绝、撤销、不予更新以及施加或修改条件的原因。在可能的情况下，各缔约方应当努力以书面形式提供上述信息。

第十三条　垄断和专营服务提供者

一、各缔约方应当保证在其境内的任何垄断服务提供者在有关市场提供垄断服务

---

⑮ 为进一步确认，缔约双方同意此类信息可以各缔约方自行选择的语言进行公开。

时，不以与该缔约方具体承诺下的义务不一致的方式行事。

二、如一缔约方垄断提供者直接或通过附属公司参与其垄断权范围之外且受该缔约方具体承诺约束的提供服务的竞争，则该缔约方应当保证该提供者不滥用其垄断地位在其境内以与此承诺不一致的方式行事。

三、如一缔约方有理由认为另一缔约方垄断服务提供者以与本条第一款和第二款不一致的方式行事，则该缔约方可要求设立、维持或授权该服务提供者的另一缔约方提供有关经营的具体信息。

四、如一缔约方在形式上或事实上（一）授权或设立少数几个服务提供者，并且（二）实质性阻止这些服务提供者在其境内相互竞争，则本条应当适用于此类专营服务提供者。

第十四条　商业惯例

一、各缔约方认识到服务提供者的某些商业行为，除第十三条（垄断和专营服务提供者）范围内的商业惯例外，服务提供者的某些商业惯例可能会抑制竞争，从而限制服务贸易。

二、在另一缔约方（以下简称“请求方”）的请求下，各缔约方应当进行磋商，以期取消第一款所指的商业惯例。被请求的缔约方（以下简称“被请求方”），对此类请求应当给予充分和积极的考虑，并应当通过提供与所涉事项有关的、可公开获得的非机密信息进行合作。在遵守其国内法律并在与请求方就保障其机密性达成令人满意协议的前提下，被请求方还应当向请求方提供其他可获得的信息。

第十五条　杂项条款

《服务贸易总协定》项下附件，即《关于提供服务的自然人流动的附件》、《关于空运服务的附件》、《关于金融服务的附件》和《关于电信服务的附件》，经必要调整后纳入本协定，并构成协定的一部分。

第八章　投资合作

第一条　与其他协议和其他安排的关系

一、缔约双方认识到《中华人民共和国政府和柬埔寨王国政府投资促进和保护协定》（1996 年）与《中华人民共和国政府和东南亚国家联盟成员国政府全面经济合作框架协议投资协议》（2009 年）为缔约双方相互投资创造有利条件的重要性，重申缔约双方在上述投资协议和其他投资相关安排中的承诺。

二、缔约双方认识到现有机制安排的有效性及其对实现双边产能和投资合作的重要作用，决定加强和进一步深化此类合作。

第二条　投资促进

一、缔约双方认识到促进跨境投资流动对实现经济增长和发展的重要性。在遵守本国法律法规的前提下，缔约双方应通过包括以下举措在内的方式合作，促进中国和柬埔寨之间的投资：

（一）识别投资机会；

（二）加强投资促进活动；

（三）分享关于促进对外投资措施的信息；

（四）交流投资法律、法规和政策的信息；

（五）帮助投资者了解缔约双方的投资法规和投资环境；

（六）改善有利于增加投资流动的环境；

（七）促进中国和柬埔寨机构之间的联系，以期促进双边投资。

二、缔约双方认识到便利中国企业“走出去”是双边合作的重要支柱，将加强在该领域的合作。为此，缔约双方应努力识别并分享潜在对外投资领域和活动的信息，鼓励此类企业向缔约方另一方投资。

第三条　投资便利化

一、在遵守其法律法规的前提下，各缔约方应通过包括以下举措在内的方式为另一缔约方的投资提供便利：

（一）提高其国内投资环境的透明度和效率，以期促进缔约方之间的优质投资；

（二）为所有形式的投资创造必要的环境，包括但不限于为任何投资项目的资金流动创造有利条件；

（三）简化投资申请与核准程序；

（四）促进投资信息的传播，包括但不限于投资规则、法规、政策、其他双边和多边贸易协议、程序；和

（五）加强东道国的一站式投资安排，为商界提供协助和咨询帮助，包括便利经营牌照和许可证申请程序。

二、在遵守国内法律法规的前提下，一缔约方应向另一缔约方的投资者及其投资提供投资设立手续的规定措施。一缔约方应保护任何商业秘密信息，避免其遭受任何可能损害投资者或投资的竞争地位的披露。本款的任何规定均不得解释为阻止一缔约方以其他方式获取或披露与其国内法的公平和诚信适用有关的信息。

三、缔约双方应便利投资者及其投资，按照东道国相关法律要求，在投资发生前，遵守环境影响评估和社会影响评估的有关标准和程序。

第四条　环境措施

缔约双方认识到促进投资对绿色增长的重要性，不得通过放松环境措施来鼓励另一缔约方投资者投资。为此，各缔约方均不得放弃或以其他方式减损此类环境措施去鼓励在其境内设立、收购、扩展投资。

第五条　投资合作委员会

一、缔约双方应当成立投资合作委员会（本章以下简称“委员会”），以完成本章所述目标。委员会的职能为：

（一）作为本章产生的投资问题的联络点；

（二）讨论和审议本章的实施和运行情况；

（三）讨论与本章有关的其他投资事项；和

（四）讨论为鼓励缔约双方投资者而采取或保持的相关措施。

二、委员会可在必要时经协商一致，向缔约双方提出适当建议，以便本协定能更有效地运行或达到协定目标。

三、委员会应由缔约双方的代表组成。委员会应决定其本身的议事规则，以执行其职能。

四、经缔约双方共同同意，委员会可与私营部门举行联席会议。

第六条　争端解决不适用

任何缔约方均不得就本章引起的或与本章有关的任何问题诉诸第十四章（争端解决）。

第九章　“一带一路”倡议合作

第一条　一般条款

一、缔约双方赞赏“一带一路”合作框架下取得的进展，尤其是《中华人民共和国政府和柬埔寨王国政府关于共建丝绸之路经济带和21世纪海上丝绸之路的双边合作规划纲要》和《柬埔寨王国政府四角战略第四阶段》列明领域的成果。

二、缔约双方应当加强“一带一路”作为一个重要倡议的作用，探索进一步加强高质量“一带一路”合作，促进政策沟通、设施联通、贸易畅通、资金融通、民心相通，从而提升务实合作，促进两国人民的福祉和支持本协定的执行。

三、缔约双方认为应在本协定的领域和范围内深化全面战略伙伴关系，以“共商、共建、共享”原则，“开放、绿色、廉洁”理念和高标准、惠民生、可持续的目标为指引，并同意采取进一步行动，落实《关于共建丝绸之路经济带和21世纪海上丝绸之路双边合作规划纲要》和《四角战略第四阶段》中的内容。

四、缔约双方同意进一步加强在基础设施、投资、经济走廊、经济合作区、农业、能力建设、产业园区和产业集群区、文化旅游、金融和环保等重点领域的合作。此类合作可以为经济社会发展开辟新的增长点和机遇，有利于合作共赢、共同繁荣。缔约双方将探讨以促进基础设施互联互通、加强发展政策对接、促进可持续发展为目标的潜在合作领域。

五、缔约双方将共同推动“一带一路”和“四角战略第四阶段”框架下的合作，通过现有双边合作机制，如中柬双边合作联合委员会，和缔约双方参与的多边机制，包括东亚峰会、澜沧江—湄公河合作、亚欧会议和大湄公河次区域合作等，探索潜在的合作领域。

六、缔约双方同意充分发挥柬埔寨的地理优势，提升互联互通水平，鼓励两国企业开展贸易、投资、产能和环保的合作，从而促进两国贸易和经济可持续发展。

七、缔约双方同意力所能及地推广使用“一带一路”框架下的可用资源，使本协定的效用最大化，并鼓励私营部门、学术机构和非政府组织参与，以促进相关专业知识和管理技能、创新、科技、竞争力、贸易和投资机会。

八、缔约双方认同实施国家发展政策的重要性，以最大限度地利用本协定所创造的效用和机会。

第二条　争端解决不适用

任何缔约方均不得就本章引起的或与本章有关的任何问题诉诸第十四章（争端解决）。

第十章　电子商务

第一条　定义

就本章而言：

（一）电子认证指为建立对一电子声明或请求可靠性的信心水平而对该声明或请求进行核实或检测的过程；

（二）电子签名的涵义根据各缔约方各自法律法规而定；

（三）电子格式文件指在电子系统中产生、发送/传输、接收或存储的信息、数据或文件；

（四）个人信息指任何已识别或可识别的个人信息，包括数据；

（五）贸易管理文件指由一缔约方颁布或控制的，必须由或为进口商或出口商填报完成的与进口或出口货物有关的表格。

第二条　范围和总则

一、缔约双方认识到电子商务带来的经济增长和贸易机会，以及促进和便利缔约方之间使用和发展电子商务的重要性。

二、本章目的是加强缔约双方之间电子商务发展合作，致力于为电子商务的使用创造一个信任和信心环境，促进全球领域内电子商务的更广泛应用。

三、原则上，缔约双方应努力保证双边电子商务贸易不得较双边非电子贸易受到更多限制。

四、本章不适用于：

（一）政府采购；或

（二）一缔约方持有或处理的信息，或与此类信息相关的措施，包括与信息收集相关的措施。

第三条　海关关税

一、各缔约方应按照《2017 年 12 月 8 日世贸组织部长会议关于电子商务工作计划的部长决定》（WT/MIN（17）/65），维持其不对缔约方之间电子传输征收关税的做法。

二、各缔约方保留根据世贸组织部长会议关于电子商务工作计划的任何进一步决定而调整其第一款所提及做法的权利。

第四条　电子认证和电子签名

一、除非其法律和法规另有规定，任何缔约方不得仅以签名为电子方式而否认该签名的法律效力。

二、各缔约方应维持允许以下情形电子签名的国内法律和措施：

（一）电子交易的参与方就其电子交易确定适当的电子认证技术和实施模式；及

（二）电子交易的参与方有机会证明其正在进行的电子交易遵守与电子认证相关的国内法律和法规。

三、各缔约方应致力于数字证书和电子签名的互认。

四、各缔约方应鼓励数字证书在商业领域的使用。

第五条　在线消费者保护

各缔约方应尽可能并以其认为合适的方式，采取或维持为电子商务消费者提供的保护措施，且应与其他商业形式的消费者享有至少同等的保护措施。

第六条　在线个人信息保护

各缔约方认识到保护电子商务个人信息的重要性，应采取或维持国内法律和其他措施，以确保电子商务用户个人信息得到保护。

第七条　无纸化贸易

一、各缔约方应努力公开贸易管理文件电子版。

二、各缔约方应努力接受贸易管理文件的电子版本与纸质版本具有同等法律效力，除非：

（一）与国内或国际法律要求相悖；

（二）会降低贸易管理程序的效率。

第八条　网络设备

一、缔约双方认识到电子商务相关网络设备和产品对保障电子商务健康发展的重要性。

二、缔约双方应努力营造有利于公共电信网络、服务或增值服务提供方独立选择网络设备、产品和技术服务的环境。

第九条　电子商务合作

一、缔约双方同意分享电子商务有关的信息和经验，特别是法律法规、规则标准和最佳实践。

二、缔约双方应鼓励研究和培训活动的合作，以加强电子商务发展。

三、缔约双方应鼓励商业交流、合作活动和电子商务联合项目。

四、缔约双方应主动参与区域和多边论坛，以合作姿态推动电子商务发展。

第十条　争端解决不适用

缔约方不得就本章节项下的任何事项诉诸本协定的争端解决。

第十一章　经济技术合作

第一条　目标和一般条款

一、本章旨在为本协定项下经济技术合作建立一个框架，以促进双方贸易、投资及其他与贸易相关的合作。

二、缔约双方应加强发挥经济技术合作的重要作用，以促进本协定的有效利用及章节的执行。

三、缔约双方同意实施能力建设项目和技术援助，重点是实施与本协定经济技术合作优先领域具体需求相契合的联合活动。

四、缔约双方认识到双方经济发展水平的差异，同意利用现有融资渠道或未来可获得的其他资源为本协定经济技术合作活动提供支持。

第二条　范围和优先领域

本协定项下经济技术合作将通过包括能力建设、技术援助、可获得的融资支持等在内的贸易投资相关活动，促使本协定的实施和利用具有包容性、有效性及高效率，重点聚焦于以下几个领域：

一、贸易促进。通过贸易促进和便利化活动、商业交流和对接，不断促进和扩大贸易。缔约双方将继续加强政府间机制，加强在中国国际进口博览会、中国—东盟博览会、“一村一品”活动等多个平台上的合作，并充分发挥缔约方已有自由贸易协定的作用，促进双边贸易。

二、服务贸易。缔约双方应加强共同商定的服务部门的合作，包括但不限于人力资源开发、研发和机构能力建设，以提高其国内能力、效率和竞争力。

三、旅游促进。缔约双方应继续通过定期对话、开展促进项目，探索为游客和旅行社提供更大便利的方式和举措，以扩大和深化旅游业发展，加强在旅游促进和交流方面的合作。

四、产业合作。缔约双方应进一步加强两国产业合作的规划和相互联系，制定和实施潜在项目和产业发展政策，支持孵化初创企业、创新发展中小企业及建立和运营工业园区，使其能够迈向工业 4.0。

五、运输和物流。缔约双方应通过简化和协调跨境运输和贸易法规，改善物理基础设施和物流服务质量，支持大湄公河次区域跨境便利化运输协议（GMS CBTA）的实施，加强陆、空、海运输和物流领域的合作，以提高两国之间的互联互通水平。

六、农业。缔约双方应促进农业领域高层交流，并加强优先领域的合作，例如农业部门的研究机构和人员交流，人力资源开发，通过简化进出口程序和建立农业企业平台促进农产品贸易合作。

七、非关税措施。缔约双方应提高贸易相关法律法规、进出口程序和贸易政策的网上获取和透明度，以便利跨境程序，并根据国际最佳实践调整贸易便利化措施。

八、信息和通信技术。缔约双方应通过人员交流、研发合作和人力资源开发，促进信息通信与创新方面的合作。

九、电子商务。缔约双方应开展电子商务合作，包括在联合研究、法律框架的建立和执行、电子商务政策制定和政府管理方面的经验共享、供应商直接进入市场的能力提升等领域。

十、缔约双方共同商定的其他领域。

第三条　工作规划

一、工作规划应考虑经济技术合作的优先领域，由经济技术合作委员会与本协定项下的其他常设委员会协商制定。

二、为鼓励有效执行和利用本协定，应优先考虑在缔约双方共同商定的领域利用可用资源开展提供能力建设、技术援助和资金支持的联合活动。

三、经所有缔约方同意，委员会应在必要时修改工作规划。

第四条　经济技术合作委员会

一、为有效执行本章，缔约方据此设立由各缔约方政府代表组成的经济技术合作委员会。

二、委员会应制定和协调工作规划及其执行机制，并与其他委员会合作，就经济技术合作活动和相关问题建立和保持有效的沟通与协调。委员会应审查工作规划的进度，并在必要时提出建议，以改善联合活动的实施。

三、各缔约方应在本协定生效后指定相关官员作为协调工作规划执行的联络点。各缔约方应提供联络点有关官员的具体联系方式，并应立即通告其联络点的任何变化或对作为其联络点或代表其联络点的有关官员的具体联系方式的任何更改。

第五条　争端解决不适用

任何缔约方均不得就本章引起的或与本章有关的任何问题诉诸第十四章（争端解决）。

第十二章　透　明　度

第一条　公布

一、缔约双方应确保与本协定涵盖事项相关的法律、法规、程序及普遍适用的行政裁定会迅速公布，包括在可行情况下通过互联网，或以其他方式使另一缔约方及利益相关人获悉。

二、在可能及可行并考虑各自国内法律法规的情况下，约双方应当：

（一）提前公布其拟通过的与本协定涵盖事项相关的法律、法规、程序及普遍适用的行政裁定；以及

（二）向利益相关方和另一缔约方提供合理机会以评议与本协定涵盖所有事项相关的法律、法规、程序及普遍适用的行政裁定。

第二条　通报和信息提供

一、在可能及可行并考虑各自国内法律法规的情况下，一缔约方应就其认为可能实质性影响本协定实施，或对另一缔约方在本协定项下的合法利益产生实质性影响的任何拟议或现行的措施通知另一方。

二、应另一缔约方请求，一缔约方应在可能及可行情况下在收到请求后 30 天以内，就另一缔约方认为可能实质性影响本协定实施的任何现行或拟议的措施提供相关信息，并回答相关问题，无论之前是否已向另一缔约方进行通报。

三、如本条项下相关信息已经向世贸组织适当通报并可获得，或可通过一缔约方的官方公开网站获取，本条所指信息提供应被认为已经完成。

四、本条项下的任何通报、请求或提供的信息应当通过本协定所指的联络点向另一方传达。

第三条　行政程序

一、缔约双方应确保本协定适用的所有法律、法规、程序和普遍适用的行政裁定以一致、公正、客观和合理的方式实施。

二、为以一致、公正、客观和合理的方式实施与本协定涵盖事项相关的法律、法规、程序和普遍适用的行政裁定，各缔约方在其行政程序将这些措施适用于具体个案中的另一缔约方特定的人、货物或服务的过程中，应确保：

（一）在可能的情况下，当一程序启动时，向另一缔约方直接受此程序影响的人提供合理通知，包括对程序性质的描述、据以启动程序的法定权限声明，以及对争议事项的一般描述；

（二）当时间、程序性质及公共利益允许时，在采取任何最终行政行为前，给予当事人提出支持其立场的事实和理由的合理机会；以及

（三）其依国内法规遵守程序。

第四条　复议和上诉

一、各缔约方应设立或维持司法、准司法或行政法庭或程序，以便迅速进行复议，并在有正当理由的情况下对关于本协定涵盖事项的最终行政行为进行修正。此类裁判机关应公正，并独立于被授权进行行政执法的机关或机构，且不得在复议事项的结果中有任何实质利益。

二、各缔约方应确保在任何此类法庭或程序中，程序参与方享有如下权利：

（一）有对其立场加以支持或辩护的合理机会；以及

（二）获得基于证据和提交的记录而做出的决定，或依据国内法要求，获得由行政机关编写的记录。

三、除依据国内法规定进行上诉或进一步复议外，各缔约方应确保该决定由该行政行为所涉机关或机构执行，并对该机关或机构的实践产生约束。

第十三章　管理和机制条款

第一条　建立中国—柬埔寨自贸区联合委员会

缔约双方成立中国—柬埔寨自贸区联合委员会（以下简称“联合委员会”），由缔约双方代表组成：

（一）就中国而言，指商务部；以及

（二）就柬埔寨而言，指商业部。

第二条　联合委员会的职能

一、联合委员会应：

（一）审议，监督，审查，指导和协调本协议以及其项下法律文件执行和落实；

（二）考虑并建议对本协议及其项下法律文件任何修订；

（三）磋商对本协议及其项下法律文件执行中的相关事宜及任何修订；

（四）监督和协调本协定及其项下法律文件规定的专门委员会工作；

（五）视情批准专门委员会根据本协定及其项下法律文件通过的决定和建议；

（六）考虑可能影响本协定及其框架下的法律文件的实施以及缔约双方授权的其他事项；和

（七）履行缔约双方同意的任何其他职能。

第三条　联合委员会的议事规则

一、联合委员会应自本协定生效之日起一年内召开第一次会议，其后至少每两年定期举行一次，或由缔约方共同商定举行时间。

二、在特殊情况下，应一缔约方的要求，缔约双方可在一致同意的任何时间举行会议。

三、委员会的例行会议应在每一缔约方轮流举办，并由举办方担任主席。

第四条　设立专门委员会

一、在联合委员会下设立以下专门委员会：

（一）货物贸易委员会；

（二）服务贸易委员会；

（三）原产地规则委员会；

（四）海关程序和贸易便利化委员会；

（五）卫生和植物卫生措施委员会；

（六）投资合作委员会；

（七）经济和技术合作委员会。

二、各专门委员会的所有决定均应得到联合委员会的批准。

三、专门委员会应与联合委员会同期每两年召开一次例会。特殊情况下，应一缔约方的要求，缔约双方可在任何一致同意时间决定召开会议。专门委员会的例会由各缔约方轮流举办，专门委员会其他会议应由举办会议的一缔约方担任主席。

第五条　专门委员会的职能

专门委员会的职责如下：

（一）确保本协议中相关章节的执行，并解决实施相关领域工作中的产生有关问题；

（二）审议各章的解释和执行；

（三）探讨与相关章节有关的需要改进的领域；

（四）向联合委员会报告和提出建议；

（五）履行联合委员会交办的任何其他职能。

第十四章　争端解决

第一条　合作

缔约双方在任何情况下均应当尽力对本协定的解释和适用达成一致，并且当一项争端产生时，应当尽一切努力通过合作，就可能影响本协定执行的任何事项，达成双方均满意的解决方案。

第二条　范围

一、除非本协定另有规定，当一缔约方采取的措施与本协定项下的义务不一致，或者一缔约方未能履行本协定项下的义务时，本章争端解决规定应当适用。

二、本协定的争端解决规定可以因缔约方地方政府或当局采取的影响其合规性的措施而被适用。

第三条　场所选择

一、如争端在本协定项下和任何其他双方均为缔约方的协定包括《世贸组织协定》项下发生，起诉方可以诉诸任何此类协定项下可适用的争端解决程序解决争端。

二、一旦起诉方要求设立或将事项提交第一款所指协定项下的专家组或法庭，则应使用该被选定的争端解决场所并同时排除其他场所。

第四条　磋商

一、缔约双方应当尽一切努力通过本条款的磋商就任何争端达成双方满意的解决方案。

二、磋商请求应以书面形式提交，并应说明提出请求的理由，包括指明争议措施和指出起诉法律基础。起诉方应向被诉方递交磋商请求。被诉方收到磋商请求后，应向起诉方确认收到磋商请求，否则磋商请求提交之日应被视为被诉方收到磋商请求之日。

三、在磋商请求提出后，被诉方应在收到磋商请求后20日内回复该请求，并应在以下期间内善意地进行磋商，以达成双方满意的解决方法：

（一）收到涉及易腐货物的紧急事项的磋商请求之日后20日；或

（二）收到所有其他事项的磋商请求之日后30日。

四、磋商应当保密，且不得损害任一缔约方在任何进一步程序中的权利。

五、如果被诉方未按照第三款规定的时间答复或进行磋商，请求方可以直接请求设立仲裁庭。

第五条　斡旋、调解和调停

一、缔约双方可以在任何时候自愿同意采取斡旋、调解和调停。此程序可随时开始，可随时终止，包括在仲裁程序进行期间。

二、涉及斡旋、调解和调停的程序，尤其是缔约双方在这些程序中所采取的立场应当保密，且不得损害任一缔约方在任何进一步或其他程序中的权利。

第六条　仲裁庭设立

一、如果第四条所述磋商未能在收到磋商请求后60日，或涉及易腐货物的紧急事项相关的30日内解决争端，起诉方可以书面请求设立仲裁庭考虑该事项。

二、起诉方应在请求中指出是否已举行过磋商，指明具体争议措施，并提供起诉的法律基础的摘要以充分清楚地陈述问题，并应向被诉方递交请求。仲裁庭收到请求后设立。

三、被诉方应确认收到根据第四条第五款和本条第一款提交的设立仲裁庭请求，指明收到请求的日期，否则请求提交之日应被视为被诉方收到请求之日。

第七条　仲裁庭的组成

一、仲裁庭应当由三名成员组成。

二、在仲裁庭设立15日内，各缔约方应分别指定该仲裁庭的一名仲裁员。

三、缔约双方应在仲裁庭设立后30日内共同一致指定第三名仲裁员。依此方式指定的仲裁员为仲裁庭主席。

四、如仲裁庭的任一仲裁员未在仲裁庭设立后30日内得到指定，应任一缔约方的请求，世贸组织总干事有权在此后30日内指定仲裁员。如果一名或多名仲裁员依据本款指定，世贸组织总干事有权指定仲裁庭主席。

五、仲裁庭主席应：

（一）不得属于任一缔约方的国民；

（二）不得在任一缔约方境内拥有惯常居所；以及

（三）不得以任何身份曾处理过该争议事项。

六、所有仲裁员应：

（一）具有法律、国际贸易、本协定项下其他事项，或解决国际贸易协定项下争端的专业知识或经验；

（二）依据客观性、可靠性及良好判断进行严格挑选；

（三）独立于任一缔约方，并且不受雇于、隶属于或听命于任一缔约方；

（四）向争端双方披露有可能对他或她的独立性或公正性产生合理怀疑的信息；以及

（五）遵守与世贸组织的 WT/DSB/RC/1 文件确立的规则相符的行为守则。

七、如根据本条任命的仲裁员辞职或者不能履行职责，继任者应以与原仲裁员的任命采用相同的方式和时间任命，且继任者应享有原仲裁员的所有权力和职责。在任命继任仲裁员期间，仲裁庭的工作应当中止。

第八条　仲裁庭职能

一、仲裁庭的职能是对其审查的争端作出客观评价，包括对案件事实及本协定的适用性和一致性的审查。

二、除非缔约双方在仲裁庭设立后 20 天内另有议定，职权范围应为：

“根据本协定的相关规定，审查根据第六条仲裁庭设立请求中提交的事项，并就法律和事实及其原因提出调查结果以及可能有的建议，以解决争端。”

三、仲裁庭可以在任何时候与争端双方磋商，并向争端双方提供充分的机会，以达成相互同意的解决办法。

四、如仲裁庭认定一措施与本协定不符，仲裁庭应建议被诉方使其措施与本协定相符。

五、仲裁庭应根据国际公法关于解释的习惯规则考虑本协定。仲裁庭的裁决和建议不能增加或减少本协定所规定的权利和义务。

第九条　仲裁庭程序规则

一、除非缔约方另有约定，仲裁庭应当遵守附件 5 规定的程序规则，并在与缔约方磋商后，可以通过与附件 5 不冲突的补充程序规则。

二、除非缔约双方另有约定，仲裁员的报酬及与开展仲裁程序有关的其他费用应由缔约双方平均分担。

第十条　程序的中止或终止

一、仲裁庭可随时应起诉方请求中止工作，期限不超过 12 个月。如缔约双方请求，仲裁庭应随时中止工作。在这种中止情形下，任何与仲裁程序相关的时限应按中止工作的时限顺延。如仲裁庭工作已中止 12 个月以上，除非缔约双方另行约定，设立仲裁庭的授权应终止。

二、缔约双方可同意终止仲裁庭程序。

第十一条　仲裁庭报告

一、仲裁庭的报告应当基于本协定的相关规定、缔约双方的陈述和主张，以及如果存在的话，其根据附件 5 第（十四）段获得的其他信息。

二、仲裁庭应当在其报告中列明：

（一）概述争端双方和第三方论点的描述部分；

（二）其对案件事实和本协定条款适用性的调查结果；

（三）其决定是否：

1. 争议措施与本协定项下的义务不一致；或者

2. 被诉方未履行其在本协定项下的义务；以及

（四）作出第 2 项和第 3 项所提及的调查结果和决定的理由。

三、仲裁庭程序应提供足够的灵活性，以确保高质量的报告，同时又不会过分延迟审理程序。

四、除非争端双方另有约定，仲裁庭应当在其组成之日后 120 日内，或在涉及易腐货物的紧急事项情况下，在其组成之日后 90 日内向缔约双方发布最初报告。

五、在例外情况下，如仲裁庭认为不能在 120 日内，或在涉及易腐货物的紧急事项情况下在 90 日内发布最初报告，则应当书面通知缔约双方延迟的原因和预计发布报告的期限。除非缔约双方另有约定，否则任何延迟不应超过 30 日。

六、各缔约方可以在最初报告发布 15 日内向仲裁庭提交书面评论。在考虑缔约双方对最初报告的书面评论，并开展其认为合适的任何进一步审查后，除非缔约双方另有约定，仲裁庭应当在最初报告发布 30 日内向缔约双方提交最终报告。

七、仲裁庭应尽一切努力基于一致意见做出裁决。如果仲裁庭不能取得一致，则应依照多数意见做出裁决。仲裁员可以就不能一致同意的事项提出异议。在仲裁庭报告中所有仲裁员个人的观点都应当是匿名的。

八、仲裁庭最终报告是最终的，并且仅对缔约双方就报告提及的本协定项下的事项具有约束力。

九、在保护机密信息的前提下，最终报告应在不迟于报告向缔约双方发布后 15 日使公众可获得，除非一缔约方不同意公开。

第十二条　仲裁庭最终报告的执行

一、如果仲裁庭在报告中认定一缔约方未全部或部分遵守其在本协定项下的义务，只要有可能，解决方案应为消除不符之处。

二、除非缔约双方达成补偿协议或其他相互满意的解决方案，否则被诉方应执行仲裁庭报告中的建议和裁定。

三、在仲裁庭最终报告向缔约双方发布之日起 30 天内，被诉方应当通报起诉方其关于执行的意愿，以及：

（一）如被诉方认为其已经遵守第一款项下的义务，应当立即通报起诉方。被诉方应当在通报中包括其认为实现合规的任何措施的描述、措施生效日期以及该措施的文本（如有）；或者

（二）如立即遵守第一款项下的义务是不可行的，被诉方应当将其认为遵守第一款

项下的义务所需要的合理期限通报起诉方，并且说明为此类合规其可能采取的行动。

第十三条　合理期限

一、第十二条提及的合理期限应当由缔约双方共同商定，如在仲裁庭最终报告发布后45日内缔约方未能就此达成一致，如有可能，任一缔约方可将此事项提交原仲裁庭，原仲裁庭应当确定合理期限。

二、仲裁庭应当在该事项提交之日后60日内向缔约双方提交裁决。如果仲裁庭认为其在此期限内无法提交报告，则应当书面通知缔约双方迟延的原因和预计提交裁决的期限。除非缔约双方另有约定，任何迟延不应超过30日。

三、合理期限一般不得超过自仲裁庭最终报告发布之日起15个月。

第十四条　执行审查

一、如对遵守仲裁庭建议和裁决而采取的措施，是否存在或该措施是否与本协定一致存在分歧，该争端应当通过诉诸本章项下的争端解决程序来解决，包括可行的话诉诸原仲裁庭。

二、仲裁庭应在该事项提交后60日内向缔约双方提交报告。如果仲裁庭认为在此期限内无法提交报告，则应当书面通知缔约双方迟延的原因和预计提交报告的期限。除非缔约双方另有约定，任何迟延不得超过30日。

三、本章中有关仲裁庭程序的条款在适当改动后也适用于本条下的程序。

第十五条　补偿和中止减让或其他义务

一、补偿和中止减让或其他义务是在被诉方未在合理期限内遵守第十二条项下的义务时可适用的临时措施。但是，无论补偿还是中止减让或其他义务都不优先于履行第十二条项下的义务。补偿是自愿的，并且如给予补偿，应当与本协定相一致。

二、如具有下列任何情况之一：

（一）被诉方已经通报起诉方，其无意遵守第十二条第一款项下的义务；或者

（二）被诉方未能依照第十二条第三款通报起诉方；或者

（三）执行审查专家组确定被诉方未能依照第十四条（执行审查）遵守第十二条（仲裁庭最终报告的执行）第一款项下的义务，应起诉方的请求，被诉方应当进行谈判，以达成共同可接受的补偿。

三、如果争端各方有下列情况：

（一）未能在收到根据第二款提出的请求之日后30天内就补偿达成同意；或者

（二）同意补偿，但被诉方未能遵守该协定的条款和条件，起诉方可以在随后的任何时间通报被诉方，其打算中止适用针对被诉方的减让或其他与丧失或减损水平相等的义务，并且应当有权在收到通报之日后30天开始中止减让或其他义务。

四、尽管有第三款规定，在下列情况下，起诉方不得在该款项下行使开始中止减让或其他义务的权利：

（一）正在根据第三至十款进行审查；或者

（二）已经达成共同同意的解决办法。

五、根据第三款作出的通报应当规定拟中止的减让或其他义务的水平，并且表明起诉方拟中止此类减让或其他义务的一个或多个相关部门。

六、中止减让或其他义务的水平应当等于利益丧失或减损的水平。

七、在考虑中止哪些减让或其他义务时：

（一）起诉方应该首先寻求对与仲裁庭裁决不符合的，或未能履行本协定项下的义务的一个或多个相同的部门中止减让或其他义务；以及

（二）如起诉方认为对一个或多个相同的部门中止减让或其他义务不可行或无效，其可以中止对其他部门的减让或其他义务。其在宣布该决定的通知中应当指明其依据的原因。

八、对于被诉方的书面请求，原仲裁庭应当裁定，起诉方根据第六款中止减让或其他义务的水平是否过高，以及/或者是否遵守了第七款。如果仲裁庭未能由原成员设立，其应当根据第七条规定的程序组成。

九、仲裁庭应当在收到根据第四款提出的请求后60日内做出裁定，如果仲裁庭未能由原成员设立，则应在最后一名仲裁员被任命后60日内做出裁定。

十、在仲裁庭根据本条做出裁决前，起诉方可以不中止减让或其他义务。

第十六条　后中止程序

一、在不损害第十五条的程序情况下，被诉方如认为其已消除了仲裁庭认定的不符之处，可书面通知起诉方并描述如何消除了不符之处。起诉方如不同意，可在收到该书面通知后60日内将该事项提交原仲裁庭。否则，起诉方应立即停止中止减让或其他义务。

二、仲裁庭应在起诉方根据第一款将该事项提交后60日内发布报告。如果仲裁庭认定被诉方已经消除不符之处，起诉方应迅速停止中止减让或其他义务。

第十七条　私人权利

任一缔约方不得在其国内法中规定以另一缔约方措施不符合本协定为理由，提起针对另一缔约方诉讼的权利。

第十五章　例　　外

第一条　一般例外

一、就第二章（货物贸易）、第三章（原产地规则）、第四章（海关程序与贸易便

利化）、第五章（技术性贸易壁垒）、第六章（卫生与植物卫生措施）和第十章（电子商务）而言，《1994 年关税与贸易总协定》第 20 条及其解释性说明经必要修正后纳入本协定，构成本协定的一部分。

二、就第七章（服务贸易）和第十章（电子商务）而言，《服务贸易总协定》第 14 条，包括其脚注经必要修正后纳入本协定，构成本协定的一部分。

第二条　安全例外

《1994 年关税与贸易总协定》第 21 条，《服务贸易总协定》第 14 条之二经必要修正后纳入本协定，构成本协定的一部分。

第三条　税收

一、就本条而言：

（一）税收协定指避免双重征税的协定或其他缔约双方均为缔约方的国际税收协议或安排。

（二）税收措施不包括本协定第二章第二条规定的海关关税。

二、除非本条另有规定，本协定的任何内容均不适用于税收措施。

三、（一）本协定的任何规定均不影响缔约双方在其为缔约方的任何税收协定下的权利和义务。如本协定与任何此种协定之间的税务措施有任何不一致之处，则不一致之处应当以该税收协定为准。

（二）就缔约方之间的税收协定而言，该税收协定所规定的主管当局应全权负责确定本协定与该税收协定之间是否存在任何不一致。

四、尽管有本条第三款规定，本协定只应就以下税收措施授予权利或规定义务，即当相应的权利或义务也依据《世贸组织协定》给予或施加时。

五、为本条的目的，主管当局指：

（一）就中国而言，指财政部和国家税务总局；以及

（二）就柬埔寨而言，指经济和财政部。

第四条　信息披露

本协定的任何规定不得解释为要求一缔约方披露妨碍其法律实施，或违背其公共利益，或损害特定公私企业合法商业利益的机密信息。

第五条　保密

除非本协定另有规定，如一缔约方根据本协定向另一缔约方提供信息并标注其为机密，另一缔约方应依据其国内法律法规保持该信息的机密性。

第六条　保障国际收支平衡的措施

如发生严重的国际收支平衡问题和对外财政困难或受此威胁，一缔约方有权依照

《世贸组织协定》和《国际货币基金协定》的规定采取其认为必要的措施。

第十六章　最终条款

第一条　附件和脚注

本协定附件和脚注构成本协定的组成部分。

第二条　生效

本协定应自缔约双方通过外交途径相互书面通知确认已完成各自国内法律程序30日后或缔约双方同意的其他日期起生效。

第三条　修订

一、缔约双方经书面同意可对本协定进行修订。任何修订应依据本协定的生效程序生效。

二、如果已纳入本协定的《世贸组织协定》或缔约双方均为缔约方的任何其他协定的任何条款被修订，除非本协定另有规定，缔约双方应就是否修订本协定进行磋商。

第四条　终止

一、本协定在任一缔约方通过外交途径向另一缔约方递交书面终止通知前应有效。本协定应自另一缔约方收到上述通知起180日后终止。

二、在收到本条第一款项下通知后30日内，任一缔约方有权就本协定的任何条款可否晚于本条第一款规定的日期终止效力提出磋商请求。该磋商应在一缔约方提出请求后30日内启动。

第五条　作准文本

本协定以中文、高棉文和英文写成。三种文本同等有效和作准。如对文本解释发生歧义，以英文文本为准。下列代表经各自政府授权签署本协定，以昭信守。

本协定于2020年10月12日由缔约方在北京和金边分别签署，一式两份，缔约方各执一份。

中华人民共和国政府 代表	柬埔寨王国政府 代表

参 考 文 献

［1］［美］马丁·弗·黑尔兹·M. F.：《柬埔寨简史》，厦门大学外文系翻译小组译，福建人民出版社1972年版。

［2］陈显泗：《柬埔寨两千年史》，中州古籍出版社1990年版。

［3］潘克：《越南、老挝、柬埔寨和缅甸投资法律实务与研究》，云南人民出版社2011年版。

［4］李轩志编著：《柬埔寨社会文化与投资环境》，世界图书出版广东有限公司2012年版。

［5］董治良、赵佩丽主编：《柬埔寨王国经济贸易法律选编》，中国法制出版社2006年版。

［6］王义明：《柬埔寨王国经济贸易法律选编》，中国法制出版社2006年版。

［7］卢光盛、李晨阳等：《柬埔寨》，社会科学出版社2014年版。

［8］赵耀：《柬埔寨王国投资法律风险防范》，法律出版社2013年版。

［9］卢光盛、卢军、黄德凯编著：《柬埔寨外商直接投资法律制度研究》，世界图书出版广东有限公司2018年版。

［10］王迁：《知识产权法教程》（第7版），中国人民大学出版社2021年版。

［11］《柬埔寨王国宪法》，顾佳赟译，载《亚非研究》2018年第1期。

［12］北京日报：https://news.bjd.com.cn/2023/02/14/10335575.shtml。

［13］国家税务总局国际税务司国别（地区）投资税收指南课题组：《中国居民赴柬埔寨投资税收指南》。

［14］世界银行公开数据：https://data.worldbank.org.cn/country/cambodia?view=chart。

［15］经济日报：http://paper.ce.cn/pc/content/202301/28/content_267816.html。

［16］参考消息网：http://www.cankaoxiaoxi.com/#/detailsPage/%20/9690e42ae6914a-65890beaabaac56254/1/2023-04-26%2010:39?childrenAlias=undefined。

［17］柬中时报：https://cc-times. com/posts/19089。

［18］世界银行数据库：https://data. worldbank. org. cn/country/cambodia? view = chart。

［19］中国驻柬埔寨大使馆：https://mp. weixin. qq. com/s/2tc4MfyC_TnjaceQwzQjMQ。

［20］中国东盟农资商会：https://web. cacac. com. cn/article/10281。

［21］驻柬埔寨王国大使馆经济商务处：http：//cb. mofcom. gov. cn/article/jmxw/202302/20230203382960. shtml。

［22］中国工商银行金边分行：https://mp. weixin. qq. com/s/ZltEvfucEDNVcI5G8m-GbQw。

［23］中国驻柬埔寨大使馆经商处编：《对外投资合作国别（地区）指南》之《柬埔寨》。

后　记

《柬埔寨贸易投资法律风险防范指南》是云南省贸促会联合有关研究机构、高等院校、律师事务所共同编撰南亚东南亚国家贸易投资法律风险防范指南系列丛书的柬埔寨编。为落实该丛书"看得懂、能借鉴、优服务、助发展"的编撰目的，我们遇到最大的困难就是柬埔寨贸易投资方面的法律制度尚没有中文版本，搜集的原始资料多为英文，阅读和翻译的工作量很大，加之时间紧，对法律风险的挖掘以及对中柬两国法律规定的对比等方面都还存在诸多需要提升之处，敬请各界朋友批评指正。我们也将继续关注柬埔寨的贸易投资法律风险问题。

尽管困难重重，《柬埔寨贸易投资法律风险防范指南》仍然在有限的时间内付梓。在此特别感谢云南省贸促会相关领导和社会各界朋友的支持和关怀，同时要感谢北京市中伦文德（昆明）律师事务所组织大量人力、物力投入编写工作中。还要感谢云南财经大学法政学院2022级硕士研究生李朝孔、邓杰崧等同学为收集资料、整理资料、核对资料等工作的辛苦付出。

最后，附上本作品援引的主要法律法规英文网址。

1. 《柬埔寨土地利用规划、城市化与建设法》，英文版网址：https://data.opendevelopmentcambodia.net/laws_record/law-on-land-management-urban-planning-and-construction-2。

2. 《柬埔寨王国土地法》，英文版网址：https://data.opendevelopmentcambodia.net/laws_record/law-on-land-2。

3. 《第146号经济特许地法令》，英文版网址：https://data.opendevelopmentcambodia.net/laws_record/sub-decree-on-economic-land-concession。

4. 《2012第01BB号有关提高经济特许地管理效率的指示令》，英文版网址：https://namati.org/wp-content/uploads/2013/06/Report_01BB_EN.pdf。(见报告附件1)

5. 《柬埔寨王国民法典》，英文版网址：https://data.opendevelopmentcambodia.net/

laws_record/the-civil-code。

6.《第 148 号关于建立和管理经济特区的法令》，英文版网址：https://faolex. fao. org/docs/pdf/cam204401. pdf。

7.《柬埔寨王国环境保护和自然资源管理法》，英文版网址：https://data. opendevelopmentcambodia. net/laws_record/law-on-environment-protection-and-management-of-natural-resources。

8.《第 72 号关于环境影响评价程序的法令》，英文版网址：https://data. opendevelopmentcambodia. net/laws_record/sub-decree-on-the-environmental-impact-assessment-process。

9.《第 224 号有关建设许可的法令》，英文版网址：https://ftr4transcribers. com/sub-decree-on-construction-permit。

10.《柬埔寨王国商业企业法》，英文版网址：https://www. nbc. gov. kh/download_files/legislation/laws_eng/88376 – Law-on-Commercial-Enterprises – 2005. pdf；2022 年修订条款，英文版网址：https://www. sithisak-lawoffice. com/legal-update-amendment-on-law-on-commercial-enterprises/。

11.《柬埔寨王国竞争法》，英文版网址：https://files. lbr. cloud/public/2021 – 10/Competition%20Law%20No. NSRKM1021013%20%26%20Press%20Release%20%28KH-ENG%29. pdf? VersionId = tqOR. mMWFbOM_x8s9HY. gaje519xagYA。

12.《企业合并条件和程序指令》，英文版网址：https://www. jblmekong. com/en/news/requirements_procedures_for_business_combinations/。

13.《柬埔寨王国劳动法》，英文版网址：https://www. ilo. org/dyn/travail/docs/701/labour；2021 年修订条款，英文版网址：https://www. camfeba. com/PDF/Law/Labour%20Laws%20and%20Regulations/Royal%20Krom/2021/RK_No_011_21_Law_on_the_Amendment_of_Labour_Law_Art_123，_138，_162%20（2）. pdf。

14.《外籍员工使用部长命令》，英文版网址：https://asean. org/wp-content/uploads/2021/12/14. – Prakas-No. – 196 – on-the-Use-of-Foreign-Workers. pdf。

15.《柬埔寨王国税法》，英文版网址：https://cdc. gov. kh/wp-content/uploads/2022/05/LAW-ON-TAXATION_970108 – . pdf；2003 年修订，英文版网址：http：//classic. austlii. edu. au/au/legis/cth/bill_em/tlab72003285/memo1. html。（注：2023 年 5 月 16 日，新的税法生效，因无法找到英文翻译，未使用）

16.《第 196 号关于年度所得税和每月工资税起征点指令》，英文版网址：https://commerce-cambodia. com/wp-content/uploads/2022/10/Sub-decree-on-Annual-Income-Tax-

and-Monthly-Salary-Tax-Thresholds_KH_EN_CN. pdf。

17.《柬埔寨王国外汇法》，英文版网址：https://data. opendevelopmentcambodia. net/laws_record/law-on-foreign-exchange。

18.《柬埔寨王国投资法》，英文版网址：https://data. opendevelopmentcambodia. net/laws_record/law-on-the-investment-of-the-kingdom-of-cambodia。

19.《海关法》，英文版网址：https://customs. gov. kh/en/laws-and-regulations? tags%5B%5D = en&limit = 12&page = 1&category_ids%5B%5D = 8。

20.《实施禁止和限制货物清单》（2020 年版），英文版网址：https://customs. gov. kh/en/laws-and-regulations? tags%5B%5D = en&limit = 12&page = 1&category_ids%5B%5D = 2&category_ids%5B%5D = 1&search = list。

21.《海关法和法规》（英文版汇编），英文版网址：https://customs. gov. kh/en/publications/11971 – publications。

22.《柬埔寨王国商事仲裁法》（英文版），英文版网址：https://ncac. org. kh/en/resources/rule/。

23.《仲裁规则》（英文版），英文版网址：https://ncac. org. kh/en/resources/rule/。

24.《柬埔寨王国著作权和邻接权法》，英文版网址：https://www. cambodiaip. gov. kh/DocResources/2536fcc7 – e801 – 4855 – a157 – a8de52f77008_c786a043 – b88d – 4f64 – 9429 – 60a330efdc5f-en. pdf。

25.《柬埔寨王国专利、实用新型和工业品外观设计法》，英文版网址：https://www. wipo. int/wipolex/zh/text/223116。

26.《柬埔寨王国商标、商号和不公平竞争行为法》，英文版网址：https://www. cambodiaip. gov. kh/DocResources/3fa818a0 – 0d4a – 48fa-b0fc – 2cefe207a533_c786a043 – b88d – 4f64 – 9429 – 60a330efdc5f-en. pdf。

云南财经大学法政学院
王 雪
2023 年 8 月 10 日